ベェトゲ，キルシュ，ティーレ著

ドイツ連結会計論

佐 藤 博 明 監訳

東京　森山書店　発行

Konzernbilanzen
5., überarbeitete und erweiterte Auflage
von
Jörg Baetge
Hans-Jürgen Kirsch
Stefan Thiele
Copyright © 2000

Translated by
Hiroaki Satoh, Yasuo Kawaguchi,
Katsuichi Kinoshita, Seiji Satoh, Toru Inami
Published 2002 in Japan by
Moriyama Shoten, Inc., Tokyo
Japanese translation rights arranged with
IDW-Verlag, Düsseldorf, Germany
through Prof. Dr. Toru Inami, Fukuoka, Japan.

MORIYAMA-SHOTEN-VERLAG
TOKYO
2002
ISBN4-8394-1965-5

Prof. Dr. Dr. h. c. Jörg Baetge

J. ベェトゲ教授略歴
　　1937年　ドイツ・エアフルトにて出生
　　1964年　商学士
　　1968年　政治学博士
　　1972年　大学教授資格取得
　　同　年　フランクフルト大学教授
　　1977年　ウィーン大学教授
　　1980年　ミュンスター大学教授
　　・ドイツ会計基準委員会（DRSC）評議委員会，および同連結会計作業部会メンバー
　　・国際会計基準審議会（IASB）起草委員会メンバー（割引現在価値および企業結合部門）
　　・ドイツ経済監査士協会（IDW）第1専門委員会メンバー
　　・ベェトゲ＆パートナー社（Baetge & Partner GmbH & Co. KG）筆頭社員

主要著書：
　編著（Herausgeber）：
　　-　Schriften des Instituts für Revisionswesen, 47 Bande (Stand: August 2000), Düsseldorf.
　共編著（Mitherausgeber）：
　　-　Rechnungslegung nach International Accounting Standards (IAS), Stuttgart 1997.
　共著（Mitverfasser）：
　　-　Handbuch der Rechnungslegung und Handbuch der Konzernrechnungslegung (Kommentare zum Bilanzrecht), hrsg. v. Küting/Weber, Stuttgart.
　　-　Konzernbilanzen, 5. Auflage, Düsseldorf 2000.
　　-　Bilanzen, 5. Auflage, Düsseldorf 2001.

日本語版への序文

近年、国内規準に起因して、会計問題が以前にも増して頻繁に生じており、また国際的な会計基準を背景に議論が繰り広げられています。その場合、国内規準に依然、重要な意味があることはいうまでもありません。各国の国内規準および適切な会計処理に関する認識は、多数の会計担当者および受手に利用される、国際的に調和化された会計基準を開発するための不可欠な要件です。質の高い、そして一般に認められ得る会計基準が、会計理論および会計実務のレベルにおいて、今まさに求められています。

今回初めて日本語に翻訳された原著『連結会計論 (Konzernbilanzen)』は、ドイツにおいて1994年に初版が刊行された書物です。初版以来、原著は絶えず現実の展開に即して改訂増補されてきました。しかも現行の専門上の議論に加え、とりわけドイツ会計基準 (DRS) によるドイツ連結会計法の新展開、並びにIASBの基準もまた随時考慮されています。

日本の読者の皆様には、ドイツの会計法規は非常に関心のあるところでしょう。日独両国の会計制度には多くの類似点がみられます。例えば、両国の会計制度は債権者保護の基本思考に基づいており、その結果、むしろ慎重な会計処理方法が選択される傾向にある点、そして国家が会計を規制している点などです。両国の会計法規の間に、いかなる具体的共通点と相違点が存在するのかという問題は、会計理論および実務上きわめて興味深いテーマです。加えて、両国の会計制度が、目下、民間により組織された基準設定主体（日本：企業会計基準委員会、ドイツ：DSR）の創設を通じて重要な変革の過程にあるという点でも軌を同じくしています。

原著『連結会計論』は、私のコレーゲ（研究仲間）である佐藤博明学長、川口八洲雄教授、木下勝一教授、佐藤誠二教授、稲見亨教授により、今回、日本

語に翻訳される運びとなりました。諸先生方は，いずれもドイツ会計制度に造詣が深い上，研究滞在を通じてドイツでの生活経験も豊富です。特に訳者の一人である稲見教授とは，ミュンスター大学の会計監査講座（IRW）において，2期にわたるセメスターを通して共同研究を行う機会に恵まれました。このように，日本のコレーゲたちとIRWとの間には，長期にわたりとても素晴らしい関係が保たれています。こうした両国の交流関係は，古くは，IRWの私の前任者であった故レフソン教授（Prof. Ulrich Leffson）と故吉田威教授との関係にまで遡ります。このように素晴らしく，まさに尊き関係が今後も保たれ，さらに発展させることができるよう切に願います。

　日本の読者の皆様には，邦訳書を通じて多くの興味深い知識を得て頂ければと思います。ドイツ語の原著と同様，皆様から多くのご批判とご教示を頂きまして，それらをもとに『連結会計論』の質をさらに高めていくことができれば幸いです。

　　　　2002年6月　ミュンスターにて

Prof. Dr. Dr. h. c. Jörg Baetge

目　次

序　章　ベェトゲ学説によせて ·· 1

第1章　連結決算書の目的と正規の連結会計の諸原則（GoK） ······ 17

第1節　商法上の連結決算書の目的 ·· 17
1　概　観 ·· 17
2　連結決算書における目的体系の諸要素 ································· 19

第2節　一般規範の内容と意義 ··· 28
1　一般規範の機能と個別規定との関係 ···································· 28
2　連結集団の財産・財務および収益状態 ································· 30
3　商法典第297条2項2文の一般規範におけるGoBの指示 ········ 35

第3節　正規の連結会計の諸原則（GoK） ································· 36
1　GoKの意義と発見 ··· 36
2　GoKの体系化 ··· 40
3　GoKシステムの要素 ·· 41

第2章　連結決算書の作成義務と連結範囲 ································· 51

第1節　基本的な作成義務 ·· 51
1　商法典に基づく作成義務 ··· 51
2　開示法に基づく作成義務 ··· 58

第2節　連結決算書の作成義務の免責 ··· 60
1　上位連結決算書による部分連結決算書作成義務の免責 ·········· 60
2　連結決算書の作成義務についての規模依存的免責 ················ 64
3　商法典第292a条による商法典連結決算書の作成義務の免責 ··· 66

第3節　連結範囲の区分 ··· 73
1　商法典の段階区分基準 ·· 73
2　全部連結範囲 ·· 74
3　比例連結範囲 ·· 78

　　　　　　4　持分法適用企業 …………………………………… *79*
　　　　　　5　投　　資 ……………………………………………… *81*
　　　　　　6　段階区分基準の概観 ………………………………… *81*
　　　　　　7　IASに基づく連結範囲の区分 ……………………… *81*

第3章　統一性の原則 ―連結の前提― …………………………… *83*
第1節　概　観 ………………………………………………………… *83*
第2節　決算日の統一性 ……………………………………………… *85*
　　　　　1　連結決算書決算日の確定 …………………………………… *85*
　　　　　2　被組入企業の決算日の統一 ……………………………… *86*
第3節　決算書内容の統一性 ………………………………………… *90*
　　　　　1　計上の統一性 ……………………………………………… *90*
　　　　　2　評価の統一性 ……………………………………………… *94*
　　　　　3　表示の統一性 ……………………………………………… *101*
第4節　通貨換算 ……………………………………………………… *103*
　　　　　1　換算問題 …………………………………………………… *103*
　　　　　2　伝統的な換算方法 ………………………………………… *105*
　　　　　3　機能的通貨の構想 ………………………………………… *110*
　　　　　4　連結附属説明書における説明 …………………………… *112*

第4章　資本連結 ……………………………………………………… *115*
第1節　パーチェス法と持分プーリング法の導入の経緯 ………… *115*
　　　　　1　パーチェス法の導入 ……………………………………… *115*
　　　　　2　持分プーリング法の導入 ………………………………… *117*
第2節　パーチェス法による資本連結 ……………………………… *119*
　　　　　1　パーチェス法の特徴 ……………………………………… *119*
　　　　　2　資本連結項目 ……………………………………………… *120*
　　　　　3　連結決算日 ………………………………………………… *122*
　　　　　4　簿価法と評価替法との比較 ……………………………… *123*

		5	含み資産の取崩しの上限 …………………………… *124*

		6	資本連結差額 ……………………………………… *125*

		7	少数株主持分 ……………………………………… *131*

　　第3節　持分プーリング法による資本連結 …………………… *133*
　　　　1　商法典による持分プーリング法 ……………………… *133*
　　　　2　持分プーリング法による資本連結 …………………… *136*
　　　　3　パーチェス法と持分プーリング法との比較 ………… *140*
　　　　4　持分プーリング法の継続適用 ………………………… *140*
　　　　5　連結附属説明書での報告 ……………………………… *141*
　　　　6　持分プーリング法の評価 ……………………………… *142*

第5章　比例連結および持分法 …………………………………… *145*

　　第1節　比　例　連　結 …………………………………………… *145*
　　　　1　比例連結の概念 ………………………………………… *145*
　　　　2　比例連結の適用要件 …………………………………… *146*
　　　　3　比例連結の手法 ………………………………………… *148*
　　　　4　比例連結の評価 ………………………………………… *151*
　　　　5　IASに基づく比例連結 ………………………………… *154*
　　第2節　持　　分　　法 …………………………………………… *155*
　　　　1　持分法の概観 …………………………………………… *155*
　　　　2　持分法の適用領域 ……………………………………… *157*
　　　　3　IASに基づく持分法の適用 …………………………… *167*

第6章　連結決算書における税効果会計 ………………………… *171*

　　第1節　連結決算書における潜在的租税 ……………………… *171*
　　　　1　連結決算書における潜在的租税の目的と概念的基礎 ……… *171*
　　　　2　法律規定と算定方法 …………………………………… *172*
　　　　3　HBⅡの作成から生じる潜在的租税 ………………… *180*
　　第2節　連結手続特有の問題 …………………………………… *183*

		1	概　　観	183
		2	資本連結による潜在的租税	184
		3	債権債務連結による潜在的租税	187
		4	内部利益消去による潜在的租税	191
		5	連結集団内部の利益振替による潜在的租税	194
		6	持分法適用による潜在的租税	198
	第3節	見越・繰延額の測定		200
		1	税率の選択	200
		2	個別差異観測法と総括差異観測法	201
	第4節	連結決算書における潜在的租税の表示		202
第7章	連結附属説明書と連結状況報告書			203
	第1節	連結附属説明書		203
		1	連結附属説明書の目的	203
		2	キャッシュ・フロー計算書およびセグメント報告書	206
		3	連結附属説明書の任意の記載	219
		4	連結附属説明書の作成と開示の簡易化	220
		5	連結附属説明書の構造	220
		6	商法典第298条3項による附属説明書と連結附属説明書の統合	226
	第2節	連結状況報告書		226
		1	連結状況報告書の目的	226
		2	商法典第315条2項による連結状況報告書のその他の記載	232
索　　引				237
あとがき				

〔略 語 表〕

APB	Accounting Principles Board	会計原則審議会
BiRiLiG	Bilanzrichtlinien-Gesetz	会計指令法
DRS	Deutscher Rechnungslegungsstandard	ドイツ会計基準
DRSC	Deutsches Rechnungslegungs Standards Committee	ドイツ会計基準委員会
DSR	Deutscher Standardisierungsrat	ドイツ基準設定委員会
EC	European Community	欧州共同体
EU	European Union	欧州連合
FASB	Financial Accounting Standards Board	財務会計基準審議会
GoB	Grundsätze ordnungsmäβiger Buchführung	正規の簿記の諸原則
GoK	Grundsätze ordnungsmäβiger Konzernrechnungslegung	正規の連結会計の諸原則
GoKons	Grundsätze ordnungsmäβiger Konsolidierung	正規の連結処理の諸原則
HGB	Handelsgesetzbuch	商法典
IAS	International Accounting Standards	国際会計基準
IASB	International Accounting Standards Board	国際会計基準審議会
IASC	International Accounting Standards Committee	国際会計基準委員会
IDW	Institut der Wirtschaftsprüfer in Deutschland e.V.	ドイツ経済監査士協会
KapAEG	Kapitalaufnahmeerleichterungsgesetz	資本調達容易化法
KapCoRiLiG	Kapitalgesellschaften- und Co.-Richtlinie-Gesetz	資本会社＆Co.指令法
KonTraG	Gesetz zur Kontrolle und Transparenz im Unternehmensbereich	企業領域統制・透明化法
PublG	Publizitätsgesetz	開示法
SEC	Securities and Exchange Commission	証券取引委員会
US-GAAP	US-Generally Accepted Accounting Principles	（米国の）一般に認められた会計原則

序　章
ベェトゲ学説によせて

　人々はいま，好むと好まざるとにかかわらず，物質的にも精神的にもグローバルな広がりと，そこでの密接な相互関係の中で生きることを余儀なくされている。しかもそれは，市場主義を駆動原理として，商品に対象化された資本が，世界市場を通じて自らの実現と増殖をはかる，ボーダレスな経済過程の展開に主導された事態に他ならない。人々の物質生活は，いまや全地球規模で拡散したグローバル資本主義の網の目の中で営まれ，政治や法制度などの社会システムが，これに即応した形で作動せしめられている。しかも，このグローバルな経済過程は，高度に発達した情報ネットワークを媒介に，より効率的な展開がはかられ，また時には，情報そのものが自ら商品として市場に登場している。会計情報もまた，資本市場を指向した企業の説明責任と意思決定に資する機能領域で，固有の役割を担っている。かくて情報は，いまや資本の自己増殖を担う"二重の媒介者"として立ち現われているのである。

　グローバル資本主義はこうして，今日，高度な情報システムを不可欠の随伴者とし，政治や法制度を忠実な下僕として，ボーダレスな市場を舞台に，モノ（資源，商品）とカネ（資本），ヒト（労働者）を高速回転させている。競争原理を駆動力とする市場主義はまた，勝者の論理に委ねて，淘汰とそこからの優勝劣敗を自らの帰結とし，文字通りグローバルな規模で富と豊かさの"非対称"の二極化をいっそう露わにしている。

　周知のように，今日のグローバル資本主義の主導者はアメリカである。そこでは，アメリカのナショナル・インタレストが，あたかもグローバル資本主義

のインタレストそのものであるかのように振る舞われている。その結果，政治や法制度が，経済上のインタレストの円滑で効率的な実現を可能にする不可欠のシステムであることから，アメリカ的システムやルールをもって，グローバル・スタンダードとする動きが圧倒的な潮流となって表れる。それはまさに，ユニラテラリズム（一方的主義）とすら言いうる事態である。ここに今日，経済過程での主導関係と一体となった，政治，法制度におけるグローバリゼーションが，アメリカナイゼーションと同義のものとして語られる所以がある。

　今日の会計グローバリゼーションをめぐる事態もまさに，この文脈の中で捉えられなければならない。

　さて，会計におけるグローバル・スタンダードは，実態においてほぼUS-GAAPのそれとみられ，IAS（現・IFRS）の設定を舞台に，EUや日本などがそれへの対応と選択をめぐって，熾烈なせめぎ合いを繰り広げている。会計グローバリゼーションをめぐる対抗と協調はそれ自体，各国のナショナル・インタレストの深刻なコンフリクトと同調のアンビバレントな表現であり，ドイツの場合では，一方での財政基盤の根幹にかかわる租税制度の保持と，他方では国際資本市場での資金調達にシフトした，多国籍企業の戦略的指向との葛藤に他ならない。ドイツにおける1990年代以降の商法改正の動きはまさに，こうしたナショナル・インタレストを背景にした商法会計レジームの"防御"と"妥協"の所産とみなければならない。

　ドイツの場合，会計グローバリゼーションへの対応はまず，1970年代後半以降の，一連のEC指令の国内法への転換として成し遂げられた85年商法典を第1段階とし，ひきつづく90年代での，国際資本市場を指向したUS-GAAP/IASへの対応としての商法改正の動き（「資本調達容易化法（KapAEG）」や「企業領域統制・透明化法（KonTraG）」など）をその第2段階として辿られた。特に後者は，連結決算書の免責条項（商法典第292a条）や，連結会計基準の設定を任務として創設された民間のドイツ会計基準委員会（DRSC）など特に，IASとの対応を意図して，商法会計法の中に組み込まれた補完装置としてのそれである。

そこでは，会計国際化への対応を，あくまで連結決算書レベルに限定し，したがってドイツ商法会計法の伝統的な編成原理たる，債権者保護—慎重原則—基準性原則を保持して，税・配当にかかわる個別決算書レベルでの対応を回避した，いわば二元的対応を基調とするものであった。

会計のドイツ的レジームの"防御"と"妥協"は，やはり正規の簿記の諸原則（GoB）を構成上の基軸とする，商法会計法の範型の中で果たされざるをえない。GoBは，それじたい商人の諸帳簿と年度決算書の作成に関する一般条項であり，その意味でドイツ商法会計の計算秩序を規律する基軸的法概念である。したがって，ドイツ的商法会計レジームの下では，諸帳簿と年度決算書の適正・適法性は，GoBへの準拠をもって認証をえたものとされる。

しかしながら，法的性質において不確定の法概念たるGoBは，学説による論理的解釈をもってする，内容の充填と発見をまってはじめて，一般条項としての法的機能を果たすことができる。対象となる会計諸事象にかかわる，諸帳簿と年度決算書における処理と作成上の適正・適法性の認証はこうして，不確定法概念・GoBに対する解釈に依存することを不可欠とする。GoBに対する解釈は，専門科学としての経営経済学，とりわけ体系上その枢軸をなす貸借対照表論によって担われてきた。ドイツの場合，貸借対照表論は，伝統的に商法上の会計規定，なかんずくGoBに対する主導的な解釈学説として位置を占めるところにその理論的生命がある。シュマーレンバッハ以来の多くの論者によって営まれ，展開されてきた貸借対照表論も，つまるところ正規の簿記の諸原則論（GoB論）としての，論理的精度をめぐって競い合われた学説上の所産とみなければならない。ドイツにおける貸借対照表論・学説が，すぐれて制度的性質のものとされる所以はここにある。

さて，いまなぜベェトゲ学説か，である。よく知られているように，J.ベェトゲは，1960年代後半以降のGoB論を主導した，U.レフソンの直接の後継者である。そればかりでなく，85年商法典以降のドイツ商法会計法のコンメンタールに精力的に取り組み，それによって現代ドイツ貸借対照表論，とりわけGoB

論の現代的展開を主導的に担った論者として，つとに有名である。しかも，現在，会計グローバリゼーションへの対応の，国内での拠点とされているドイツ会計基準委員会（DRSC）の評議委員会および同連結会計作業部会の中心メンバーであり，さらには国際会計基準委員会（IASC，現・IASB）の起草委員会のメンバーをつとめる，国際舞台でのアクティブな研究者としても知られている。特に，IASのヨーロッパでの受容・適用企業がもっとも多いとされるドイツにあって，IASのドイツ語への翻訳作業は，ミュンスター大学のベェトゲの会計監査講座（IRW）を拠点に取り組まれている。ベェトゲはまた，自らが主宰し，そしていまやドイツ有数の学会として注目されているミュンスター会計フォーラム（MGK）を舞台に，最新のテーマでのシンポジウムやモノグラフの出版を通じて，国際動向を見据えた意欲的な理論活動と，研究成果の精力的な発信につとめている。このように，会計の国際的調和化をめぐるEUの動向と，そのドイツ的対応を見ようとするとき，ベェトゲを中心とするミュンスター・シューレ（学派）の活動は無視できない。

しかも，2005年には，連結決算書への免責条項（第292a条）の失効期限が到来し，EU資本市場での上場企業の連結決算書に対するIAS適用の義務化がスタートする。こうした状況の中で，特にDRSCの役割と機能が注目されている。すなわち，DRSCはその成立の経過からして，商法典第342条により，あくまで連結会計に限定した基準設定機関として位置づけられており，その限りで，これまですでに策定してきた10を超える《ドイツ会計基準（DRS）》も，専門規範・Fachnormとしての通用性は持ちえても，法規範・Rechtsnorm としての有効性は持ちえないものであった。したがって，2005年以降，DRSCが文字どおり，法規範・Rechtsnorm たるDRSの設定主体として，役割を担う存在となりうるか否かが重大な焦点となる。いずれにせよ，新しい局面を迎えるドイツ的会計レジームと，これに対応する有力な学説の展開可能性を見極める上でも，ベェトゲの理論活動に注目することはいよいよ重要である。

ところで，レフソンがGoBの内容を，諸帳簿と年度決算書の目的から出発し

て，演繹的に獲得する方法によったのに対して，ベェトゲの方法は，法解釈学的方法のそれである。GoBのこの新しい獲得方法は，85年商法典においてGoBが重層的に成文化され，諸帳簿と年度決算書に関する個別原則が，一体的な規範システムとして形成されたことで，法規定の文言と語義，意味関係および形成史，さらには立法資料や立法者の見解などを源泉とし，そこからのシステム論的な解釈を通じて，内容の充塡を行うとしたものである。その場合，ベェトゲのGoBシステム論は，まず年度決算書の主要目的を，受手の相対的な利害調整においた上で，その達成にむけて，文書記録，会計報告責任，資本維持の3つの目的原則が円環状の相互作用関係を形づくり，それを支える個別の諸原則があたかもエッフェル塔のように，重層構造をもって互いに統合的な支持能力を発揮する原則体系のものとして描かれる（エッフェル塔原則）。

　85年商法典は，その第三編・第2章第2節において，連結決算書および連結状況報告書に関する規定を掲げ（第290条～第315条）**[次頁別表]**，連結決算書の作成に関する一般規範を，その第297条2項2文において示している。すなわち，連結決算書はGoBに準拠して，連結集団の財産・財務および収益状態の事実関係に即した写像を伝達しなければならないとする規定がそれである。この"写像"の伝達に関する第297条2項2文の要求は，第301条（資本連結）をはじめ，連結会計に関する多くの個別規定によって支えられているが，これら個別規定の適用は，一般規範による解釈を基礎としている。そこでは，個別規定における解釈や選択権の行使に関する裁量の余地が，一般規範に照らして判断され，これと合致したときはじめて，整合的，統一的な諸規定の解釈によった，事実関係に即した"写像"の伝達要求が充たされたものとされる。

　しかも，第297条2項2文において指示のあるGoBは，立法者の意図に即せば，連結決算書作成上の規範としては，個別決算書の意味でのGoB（第264条2項1文）だけでなく，正規の連結処理の諸原則（GoKons）および補完諸原則を含む「広義のGoB」と解するものとされ，これを《正規の連結会計の諸原則》(Grundsätze ordnungsmäßiger Konzernrechnungslegung・GoK）と呼ぶとしている。GoKは，連結決算書の作成に関して適用される法律上の個別規定を具体化

別表　連結会計規定一覧表

商法典第三編第2章第2節の表題 （連結決算書および状況報告書）	商法典の規定	
	条文番号	規定の表題
第1款　適用領域	第290条：	作成義務
	第291条：	免責連結決算書および連結状況報告書
	第292条：	免責連結決算書および連結状況報告書に対する法規命令授権
	第292a条：	作成義務の免責
	第293条：	規模に基づく免責
第2款　連結範囲	第294条：	組入れられるべき企業。呈示および説明義務
	第295条：	組入禁止
	第296条：	組入の放棄
第3款　連結決算書の内容および形式	第297条：	内容
	第298条：	適用されるべき規定，簡便措置
	第299条：	作成基準日
第4款　全部連結	第300条：	連結処理諸原則，完全性命令
	第301条：	資本連結
	第302条：	持分プーリング法による資本連結
	第303条：	債権債務連結
	第304条：	内部利益の処理
	第305条：	費用収益連結
	第306条：	租税区分
	第307条：	その他の社員持分
第5款　評価規定	第308条：	統一的評価
	第309条：	差額の処理
第6款　比例連結	第310条：	（比例連結）
第7款　関連企業	第311条：	定義，免責
	第312条：	投資の計上価額および差額の処理
第8款　連結附属説明書	第313条：	連結貸借対照表および連結損益計算書の説明，持分所有に関する記載
	第314条：	その他の記載義務
第9款　連結状況報告書	第315条：	（連結状況報告書）

（出所）Baetge/Kirsch/Thiele；*Konzernbilanzen*, 5. Aufl., Düsseldorf 2000, S. 19.

する一方，それがない場合には，これを補完する。しかしGoKは，法規定の上ではいずれにも定めのない不文の原則であり，したがって不確定の法概念である。そこで，これを一般規範を支える指示原則とした場合，どのような方法によってその内容の充填と機能が論理づけられるのかである。GoKが連結会計の規範・Normとして機能しうる，体系的論理の構築がまたれる所以である。

　ベェトゲの場合，GoKの内容の充填と獲得は，GoB論でのそれと同じ法解釈学的方法によってなされる。ベェトゲは，GoB論の場合と同様，連結決算書の目的を受手相互の利害調整におき，その目的達成にむけた，"文書記録および会計報告責任"，"情報に基づく資本維持"，それと"連結決算書に統合された個別決算書の欠陥の補完"なる3つの原則の作用関係を基礎に，GoKのシステム論的構築をはかっている。

　そこでは，連結集団における被組入企業の個別決算書が，親企業に適用される計上・評価規準に適合して，処理・作成されなければならないとする意味関係からすれば，連結決算書にはまず，文書記録義務があると解される。その上で，あらゆる取引事象について，文書記録目的を充たす形でなされた記帳が，第297条2項2文が求める連結集団の財産・財務および収益状態の写像にとっての基礎を成すとみるのである。そこから，会計報告責任は，受託資本の使途を開示し，連結集団の経済状態に関する適切な洞察をうるべく，第297条2項2文が求める一般規範たる写像の伝達要請を充たす，不可欠の原則であるとされる。

　ベェトゲのGoK論において特に注目すべきは，"情報に基づく資本維持"なる目的原則である。さきのGoBシステム論においても，たしかに資本維持が，文書記録や会計報告責任とともに，受手の利害調整にむけて相互に作用しあう年度決算書目的として措定されていた。この場合，資本維持は，ドイツ商法の伝統的な立法動機とされる債権者保護からの慎重原則が，実現原則や不均等原則として直接，利益の測定プロセスに作用し，そこから配分利益の限定と抑制機能がはたらくものとされている。一般に，利益の慎重な測定を要請する慎重原則によれば，例えば各年度に発生原因があり，将来に予測される消極的成果

貢献は，それが次の期間の費用となるはずのものであっても，不均等原則によって，費用として先取りすべきこととなる。連結決算書の場合，それは第298条1項により，個別決算書における低評価規定が準用される関係の中で表れる。

同様に，第298条1項における準用規定の意味関係から，例えば個別決算書に関する無償取得の無形固定資産の借方計上禁止や，偶発損失引当金の計上，一般的評価原則の枠内での慎重原則などの規定が，連結決算書における"情報に基づく資本維持"を基礎づける一連の規定とされている。

要するに，連結決算書における資本維持原則の顧慮は，受手に対して，慎重に表示された財産・財務および収益状態によって，連結集団全体の存続がどう保証されているのかについての情報を伝達することに他ならない。とりわけ，個々の被組入企業の利得源泉のいかんは，連結集団の存続の保証を推測しうる貴重な情報であるとみるのである。

こうしてベェトゲの場合，連結決算書に統合された，個別決算書における配分利益の限定と抑制などとしての資本維持の状況を，〈情報〉として受手に伝達するところに，固有の意味をおく。したがって，ここでの情報価値は，連結集団に組入れられた企業の，個別決算書に適用される規定の準用を通じて，資本維持原則が貫かれている状況を，受手が連結決算書を通して確認しうるところにおかれるのである。

いま，ベェトゲによるGoB論とGoK論の体系を図示すれば，図表1および2のようである。

ベェトゲにおけるGoK論の特徴は，連結決算書を徹底して情報機能に限定したところにある。そこでは計算利益からの（配当や税としての）株主や国庫への配分は，固有の法人格をもたない連結集団によってでなく，あくまで法的に独立した個別企業によって担われるべきものとする。独立の法人格をもたず，したがって法律上の権利・義務をもたない連結集団には，税・配当などとしての利益の配分主体としての当事者能力はないとするのである。制度上，資本維持—慎重原則の作用を所与のこととした配当利益の計算は，そもそも連結決算

図表1 商法上の GoB システム

```
┌─────────────────────────────────┐
│   簿記と年度決算書の主要目的      │
└─────────────────────────────────┘
              ↓
┌─────────────────────────────────┐
│ 利害調整による相対化された受手保護 │
│         (利害関係規準)            │
└─────────────────────────────────┘
              ↓
         ┌─文書記録─┐
        会計報告  資本
         責任    維持
```

文書記録の諸原則
簿記の組織的構成
勘定の完全性の確保
完全かつ理解可能な記帳
証拠原則／個別把握
保存・作成期間の順守
企業の種類および規模に適合的な内部統制組織（IÜS）による会計の信頼性と正規性の確保
IÜSの記録と保全

基幹諸原則

正確性		比較可能性	明瞭性および概観性	完全性：決算日および期間配分原則	経済性 ↓ 重要性 (実質性)
客観性	非恣意性	継続性	非継続性についての説明		

システム諸原則 (＝構想諸原則)		
企業活動の継続性（ゴーイングコンサーン）	収支計算	個別評価

貸借対照表に関する計上諸原則

借記原則： 独立の利用可能性および把握可能性の原則	貸記原則： 義務，経済的負担および数量化可能性の原則

年度利益に関する限定諸原則

実現主義（取得・製造原価主義）	事象および期間に応じた限定（区分）

資本維持諸原則

不均等原則	慎重原則

（出所）Baetge/Kirsch/Thiele ; *Bilanzen*, 5. Aufl., Düsseldorf 2001, S.117.

図表2 連結決算書の目的体系と GoK システム

```
┌─────────────────────┐
│    連結決算書の目的    │
└──────────┬──────────┘
           ↓
┌──────────────────────────────────────────────────┐
│ 内部および外部の連結決算書の受手間の利害調整による相対化された受手保護 │
│              (＝利害関係規準)                      │
│                                                  │
│   文書記録および    情報に基づく   連結決算書に統合された │
│   会計報告責任      資本維持      個別決算書の欠陥の補完 │
└──────────┬───────────────────────────────────────┘
           ↓
┌─────────────────────┐
│  正規の連結会計の諸原則  │
│       (GoK)          │
└──────────┬──────────┘
           │
    ┌──────┼──────┐
    ↓      ↓      ↓
┌────────┐ ┌────────┐ ┌────────┐
│HB Ⅱへの │ │合算決算書への│ │連結処理への│
│一般的要請│ │ 一般的要請  │ │ 一般的要請 │
└────────┘ └────────┘ └────────┘
```

HB Ⅱへの一般的要請：
- 統一性の原則：
  計上・評価・表示
  ・通貨
- 正規の簿記の諸原則：
  (GoB)
  文書記録―, 基幹―,
  システム―, 限定―,
  計上―, 資本維持の諸原則

合算決算書への一般的要請：
- 基幹諸原則：
  ・連結決算書内容の完全性原則
  ・連結範囲の完全性原則

連結処理への一般的要請：
- 正規の連結処理の諸原則：(GoKons)
  ・連結集団内取引消去の原則
- 基幹諸原則：
  ―連結方法の継続性
  ―連結の際の重要性

（出所）Baetge/Kirsch/Thiele ; *Konzernbilanzen*, 5. Aufl., Düsseldorf 2000, S. 63.

書の目的の埒外のこととされている。

　かくして，ベェトゲのGoK論にあっては，上にみた情報機能，とりわけ"情報に基づく資本維持"が，連結決算書の具体的な処理・作成に関する個別原則

を貫ぬくキーワードとして，連結会計の規範システムの構築にむけて，論理的機能を発揮しているのである。ベェトゲが，ドイツ的商法会計レジームの生命線ともいうべき資本維持原則を，情報の論理をてこにGoK論の中に位置づけ，その体系化の基軸に据えた点は注目しなければならない。

いま，本書の展開にそって，ベェトゲ連結会計論の主要な論点を整理しておけば，次のようである。

まず，第1の論点（第1章）は，《正規の連結会計の諸原則（GoK）》についてである。GoKは，連結集団が，その経済的単一組織体としての像を，財産・財務および収益状態として伝達するために作成する連結決算書の，処理・作成上の諸原則にかかわる規範システムである。その場合，個別決算書におけると同様，文書記録，会計報告責任および（情報に基づく）資本維持が，連結決算書の目的体系を構成する要素として措定される。つまり，連結集団の財産・財務および収益状態に関する写像はまず，あらゆる取引事象が，文書記録目的を充たす形で記録されることによって基礎づけられるとみる。そうした諸帳簿における文書記録を基礎に，連結集団の経済状態に関する，事実関係に即した写像の伝達としての会計報告責任が果たされる。その上で，連結決算書の作成にあたって準用される，個別決算書における慎重な（資本維持的な）処理からの，利得源泉をはじめとする連結集団全体の存続の保証状況を，情報として受手に伝えることを連結決算書の重要な目的とみる（情報に基づく資本維持）。

ベェトゲはこうして，受手相互の利害調整にむけて統合的に働く，互いに作用しあう目的要素を展開上の機軸として，「狭義のGoB」やGoKons（正規の連結処理の諸原則）から成る，連結決算書の処理および作成の規準体系を提示したのである。その場合とくに，一般規範をはじめ，連結決算書の作成に関する諸規定と処理原則を，もっぱら情報機能に収斂させた解釈論理をもって説示し，体系づけたところにGoK論としての際立った特徴がある。

第2の論点（第2章）は，連結決算書の作成義務と連結範囲の問題である。連結決算書の作成義務は，統一的指揮および支配力基準に従って導出される。

統一的指揮基準じたいは，65年株式法から受け継がれ，EC第7号指令によっても（選択的に）要請されたが，現行商法では，その内容は明確にされていない。統一的指揮は，その根拠を投資（資本参加）および企業契約におき，連結集団内の企業活動の調和を基本的指標として，そこから連結集団対象企業が，自己の個別利害を連結集団に帰属させることと解されている。他方，支配力基準の場合，子企業に対する親企業の支配力の可否の決定は，①過半数議決権，②管理・指揮機関もしくは監督機関の構成員の選任・解任権，③支配契約もしくは定款約定に基づく支配的影響の行使権，の指標のうちいずれか1つに対する親企業の権利行使の可能性によってなされるものとする。

他方，連結決算書の作成義務に関して，商法上各種の免責規定が施されている点がドイツの特徴である。特にここでは，国際化した資本市場要請に呼応して，IASもしくはUS-GAAPに基づく，国際的免責の連結決算書の作成が許容されているが，この免責の前提条件（商法典第292a条）にかかわって，ドイツ会計基準（DRS）第1号にそった仔細な解説がなされている。

またドイツ商法典によれば，連結決算書への企業の組入は，全部連結（子企業），比例連結（共同企業），持分法（関連企業），それと投資という4つの形態に分類される。そして「段階区分基準」と称されるコンセプトに基づき，連結集団内の影響力の強弱に応じて，段階的に組入形態が選択され，そこから連結決算書は，連結集団の影響圏を映し出す決算書とみなされる。つまりそこでは，連結会計の対象範囲は，連結集団の頂点企業（親企業）がその中心に位置する全部連結範囲（第1の円）と，それに次ぐ比例連結範囲（第2の円），持分法（第3の円），そして投資（第4の円）という円環状の4層から成る構造として捉えられている。

第3の論点（第3章）としては，連結処理の前提としての「統一性の原則」および「通貨換算」の問題が取り上げられる。それは連結決算書に統合される各個別決算書に対して，決算日，計上・評価・表示に関する決算書内容の統一性を図ることに他ならない。その場合，形式的には，個別決算書を決算日，報告期間，表示，通貨について統一的な基準に従って合算することであり，実質

的には，計上と評価について同様に統一的基準を適用し，それによって被組入企業の決算書作成原則と連結集団の決算書のそれとの調整を図ることである。またドイツ商法典は，統一性の原則との関連で，親企業の連結決算書をユーロ建で作成することを義務づけている。しかし現行商法は，外国通貨で作成された外国子企業の決算書に対する通貨換算の根拠を連結附属説明書で説明すべきものとするだけで，換算方法に関しての具体的な規定をもたない。現在，学説レベルでは，テンポラル法，決算日レート法と，英米で主張されているそれらの結合形態（機能的通貨構想）の是非に論議が集中している。通貨換算方法についてのベトゲの立場は，連結集団の財産・財務および収益状態の事実関係に即した写像の伝達という，一般規範に照らして採択されるべきというものである。

　第4の論点（第4章）は，資本連結に関してである。資本連結については，現行商法では，パーチェス法と持分プーリング法の選択適用が認められている。それまでは，株式法において，利益中立的な資本連結の方法が採用されてきたが，EC第7号指令がアングロサクソン方式の資本連結を取り入れたことをうけて，ドイツも他の加盟国と同様に利益作用的なパーチェス法に転換し，併せて持分プーリング法との選択適用を容認したのである。パーチェス法か持分プーリング法かは，その基礎にある企業結合の態様に関連しており，企業結合が買収によった通常の場合，前者の原則適用が求められ，他方，企業結合が持分プーリングによった特殊な場合には，後者の限定的適用が認められるとされている。しかし，最近の論議では，パーチェス法の適用を原則とし，持分プーリング法の廃止と，それに代わるフレッシュ・スタート法への代替可能性が検討されている。

　そして第5の論点（第5章）は，比例連結および持分法の位置づけである。「段階区分基準」のコンセプトによれば，連結決算書上に表現されるべき企業は，全部連結の対象企業にとどまらない。全部連結に後続する第2の方法として，比例連結による共同企業の組入が認められる。比例連結は，EC第7号指令の国内法化の際に，ドイツ商法上，選択権を付与された上で成文化された

が，その導入の是非をめぐっては今日もなお，多くの論議がある。しかし，比例連結の許容の当否に関しては，つまるところ連結決算書の目的，すなわち，"文書記録・会計報告責任"，"情報に基づく資本維持"，"個別決算書の欠陥の補完"の観点から判断されることとなり，その結果，比例連結は，"文書記録・会計報告責任"目的を一部侵害するものの，全体として連結決算書の目的にかなうものと位置づけられ，制度上承認されることとなる。また，持分法の対象となる企業は関連企業と称され，「重要な影響」基準に従い，比例連結に次ぐ第3の組入形態として位置づけられて，連結決算書に反映される。しかも関連企業は，「重要な影響」基準に基づき，概念上，持分法の適用が確認される「定型的関連企業」と，組入禁止規定や選択権を通じて，全部連結もしくは比例連結の対象から外れるため，その代替的方法（受け皿）として，持分法が適用される「非定型的関連企業」とに区分される。

第6の論点（第6章）は，潜在的租税についてである。擬制的租税とも称される繰延税金の計上問題については，商法典第274条での個別決算書の繰延税金に関する規定を受けて，連結決算書では，その法的根拠を第306条においている。個別決算書と同様に，連結決算書においても連結利益に見合う擬制上の租税負担は，各連結集団対象企業の課税所得に基づく，実際上の支払納税総額とは異なる。ドイツでは本来，連結税務貸借対照表は存在しないので，連結決算書に税務上の意義はない。しかし，連結利益を課税標準と仮定して，連結決算書を投資家に対する，有用な税効果会計情報の提供のための文書媒体として位置づけることにより，連結決算書の作成にむけた，個別決算書の第1の作成段階（HBⅠ）と第2の作成段階（HBⅡ）で認識・計上されるべき，繰延税金資産と繰延税金負債の会計処理が問題となる。さらに，連結手続きに固有の問題として，資本連結，債権債務連結，内部利益消去，費用収益連結，比例連結および持分法による連結等から生じる繰延税金の計上の問題が，それぞれ関係の法規定に即して明らかにされる。

そして最後の論点（第7章）として，連結附属説明書と同状況報告書が扱われる。まず，連結附属説明書の目的，記載，表示，分類および説明について，

関連規定（第313条，第314条）に即した論究がなされる。特に，連結附属説明書の拡大としてのキャッシュ・フロー計算書とセグメント報告書の目的，作成，表示の義務が，GoKとみなされるドイツ会計基準（DRS）第2号および第3号に基づいて解説される。さらに，連結状況報告書（第315条）による，将来の予測リスクや研究開発の状況，環境保全対策等についての情報提供が，連結集団の営業取引と状態についての，事実関係に即した写像の伝達を補完する機能を果たすことが説示されている。

　以上の諸点から明らかなように，ベェトゲの連結会計論は，GoK論を論理展開の機軸として，連結の範囲および形態から，処理原則，資本連結，そして繰延税金・税効果，附属説明書におよぶ連結会計の基本構造について，これを体系的に説示した，ドイツでも最有力の学説である。そうした連結会計論の先駆的な提起は，会計グローバリゼーションの巨大な潮流の中で取り組まれた，ドイツ的会計レジームの大改革にむけて，堅固な理論的基礎を準備したものであり，そのもつインパクトの強さと広がりは計り知れない。その意味で，ベェトゲ連結会計論の核心部を描出した，本書における紹介と研究は，会計グローバリゼーションをめぐる事態の引き続く展開を見据えて，今後わが国が，所要の制度的対応を図る上で，有効な課題設定と方向を見極める貴重な手がかりとなることは疑いを入れない。本書の価値は，まさにこの点にある。

第1章
連結決算書の目的と正規の連結会計の諸原則（GoK）

第1節　商法上の連結決算書の目的

1　概　　観

　連結会計に関する商法規定の解釈は，商法上の連結決算書の目的がその法的基礎から明らかにされてはじめて，妥当なものとなる。商法上の連結決算書の目的は，連結会計にかかわる現行規定の解釈にとって準拠枠となる，本質的要素を成すのである。したがって，連結決算書に関する作成規準の具体化は，基準となる商法典の連結会計諸規定にかかわらしめて行われる。

　株式法上のコンツェルン（Konzern：以下，連結集団）規定とは異なり，商法典では連結集団をどう解釈するのかについて定義を欠いている。EC指令で連結集団の定義を行おうとしたEC委員会の最初の提案は，連結集団概念の内容についての，加盟国の意見があまりにも多様なため，受け入れられなかった。結局，連結集団の定義は，連結会計の目的にとって必要とは認められなかったのである。そこで商法典は，第290条において，どういう場合に，連結決算書を作成すべきかの基準を掲げるにとどめた。そこでの判断基準とされている「統一的指揮」（第290条1項）および「支配力基準」（第290条2項）は，しかるべき連結集団概念を考慮したのではなく，特定の企業関係にかかわらしめたものである。それは，もっぱら親企業と子企業との関係を規定しているだけである。この関係の基礎は，下位の子企業を支配する上位親企業の可能性におかれている。商法典の意味での連結集団にあっては，原則的に，子企業が経済的に

親企業に依存し，かつ親企業と1つの経済的単一組織体を成す，2つもしくはそれ以上の法的に独立した企業が問題になる。連結決算書は，この経済的単一組織体の像を描き出すべきはずのものである。第297条3項1文では，財産・財務および収益状態，そしてその総体としての「経済状態」を，連結決算書に組入れられている企業が，全体としてあたかも単一の企業であるかのように表示すべきことを指示している。この場合，法的な関係がどうであるかは問題にはならない。

　第297条2項2文は，連結決算書の一般規範として，連結決算書が「GoBに準拠して，連結集団の財産状態，財務状態および収益状態の事実関係に即した写像を伝達しなければならない」としている。ここでは，資本会社の個別決算書に関する，第264条2項1文の規定とほぼ同じ文言をもって，連結決算書に関する規定としてこれを引き継いでいる。さらに第298条1項では，資本会社の個別決算書に適用される諸規定が，連結決算書にも適用されることを定めている。したがって，連結決算書は，基本的には――連結決算書の特色からくる特殊なものは別として――資本会社の個別決算書と同様の規準で作成されなければならない。勿論，そこから連結決算書がそのまま，資本会社の個別決算書と同じ目的に役立つものと考えることはできない。だが資本会社の個別決算書の目的は，非資本会社の個別決算書のそれとも本質的に同じである。すなわち，非資本会社の個別決算書の目的は，商法典第三編第1章の諸規定の意味関係からすれば，文書記録，会計報告責任および資本維持である。その同じ目的は，資本会社の個別決算書に関する，第264条2項1文の一般規範で明示されている。しかも，連結決算書の目的は，第297条2項2文の一般規範からだけではなく，連結決算書に適用される資本会社の個別決算書に関する諸規定からも明らかにされるはずである。連結会計固有の規定（第290条〜第315条）はむしろ，立法者が意図した連結決算書目的の獲得に当って留意すべきであり，また次のような法学的方法論に従って解釈すべきである。

■ 法規定の文言および語意
■ 法規定の意味関係

第1章　連結決算書の目的と正規の連結会計の諸原則（GoK）　19

■ 法規定の形成史
■ 立法資料および立法者の見解
■ 経営経済的または客観的・目的論的観点
■ 合憲性

　その場合，商法上の資本会社の個別決算書の目的―文書記録，会計報告責任および資本維持―が，連結決算書にも当てはまるのかどうか，またそれがどこまで当てはまるのか，そしていかなる目的が補完的に付け加えられなければならないのか，さらに連結決算書の目的を資本会社の個別決算書の目的と比べてどう評価すべきなのかといったことが検証されなければならない。

2　連結決算書における目的体系の諸要素
(1)　文　書　記　録

　資本会社の商法上の個別決算書は，簿記の基本的な目的である文書記録をまず充たさなければならない。取引事象は，第238条1項1文に法典化された帳簿記帳義務に基づいて，概観的かつ完全に，そして第三者にとって追跡可能なように記帳されなければならない。連結決算書に適用されるべき個別決算書の諸規定を定めている第298条は，第238条1項1文に法典化された帳簿記帳義務を含んでいない。そこから，連結決算書における文書記録目的は，第298条1項の文言からは妥当しないようにみえる。しかしながら，連結決算書は，第290条に従えば，連結集団に統合される個別決算書から成っているはずである。しかも，統合される個別決算書は，親企業の年度決算書に適用される計上・評価規準に適合していなければならない（第300条，第308条）。その意味関係に従えば，個別決算書やそれと適合する親企業の貸借対照表作成規準でも，文書記録義務がある。さもないと，連結決算書監査人がその監査義務（第317条2項1文）を果たすことができないからである。

　確かに，連結決算書への個別決算書の統合に関連して，商法典の条文では，連結集団に対する，何か特別の帳簿記帳義務を確言してはいない。だが，第317条2項1文との意味関係に従えば，連結帳簿記帳もまた必要である。つま

り連結帳簿記帳は，少なくとも資本連結の際に生じる子企業の資産と負債との差額の一部に，含み資産や含み負債がいかに組込まれ，また一部に，営業権または暖簾がどのように算定されているかを，記録しなければならない。その差額は，いわゆる補足計算の中で資産と負債に算入することができる。さらに第1次（初回）連結の場合には，発生した営業権または暖簾ではあるが，含み資産や含み負債と同じように，時の経過の中で，すなわち後続連結の際に，いかに相殺もしくは引き継がれていくか，またはいかに償却されるのかを記録しなければならない。

　したがって，文書記録目的は，連結決算書では，連結処理とのかかわりもあって，個別決算書の場合より広く解される。後続連結のための文書記録義務と，それ以降すべての後続連結の際に繰り返される，第1次連結の一定の記帳は，連結決算書が，完結した連結帳簿記録に基づいて作成されるのではなく，各年度の個別決算書の連結から作成されるという事実から自明である。要するに，第298条1項1文と関連する第252条1項1号に従って顧慮されるべき，連結開始貸借対照表と連結決算貸借対照表との同一性原則は，実際には直接充たされるのではなく，間接的にすべての後続連結の際の，第1次連結の一定の記帳の反復を通じて充たされる。しかしこのことは，第1次連結および後続連結の帳簿記帳の文書記録によってのみ可能である。したがって，同一性原則は，それに応じた最低限の文書記録が必要となる。

　しかも，統合された個別決算書そのものが，文書記録目的を充たしていなければならない。取引事象は，すでに個々の連結集団対象企業によって，その個別決算書（いわゆるHBⅠ）の作成の際に，または親企業に適用される貸借対照表作成規準に合わせて修正した個別決算書（いわゆるHBⅡ）において，その適合修正を含めて記録されていなければならない。

　したがって，結果的には，文書記録目的は連結決算書にも適用される。なぜなら，文書記録目的を充たすあらゆる取引事象の記録だけが，第297条2項2文で求められている連結集団の財産・財務および収益状態の写像にとっての基礎となるからである。

(2) 会計報告責任

"受託資本の使途を開示する"という意味での会計報告責任は，個別決算書においても，また連結決算書においても目的は同じである。連結決算書の目的としての会計報告責任は，第297条2項2文の一般規範の文言から明らかである。そこでは，連結決算書は，「GoBに準拠して，連結集団の財産状態，財務状態および収益状態の事実関係に即した写像を伝達しなければならない」とされている。

連結集団の経済状態の適切な洞察が，会計報告責任の中心的な要素である。とりわけ，会計報告責任の前提は，期間に応じた利益測定，すなわち収益と費用が，経済的にも最終的に帰属する，それぞれの期間において把握されていることである。関連して，期間に応じた費用測定への要請は，資本維持目的によって，すなわち一定の費用を，慎重原則に基づくいわゆる資本維持原則に従って，期間に先行させて先取りすることである。連結集団の収益状態の写像を伝達する義務としては，連結決算書が，連結集団がその"利得"目標を達成したかどうか，またどこまで達成したかを示すべきところにある。資本会社の個別決算書からと同じように，連結決算書からも"自己資本収益率"の指標が，相対的目標値として情報能力ある測定がなされなければならない。

会計報告責任目的は，連結決算書に適用される，すべての商人の年度決算書に関する個別規定の意味関係に依拠している。したがって，連結決算書は，第298条1項と関連する第246条によれば，連結集団の債務弁済能力および利益要素について，あますところなく報告しなければならない。連結決算書も期間に応じて，前期と比較可能な利益を測定表示しなければならない。そこでは商法上に規定されている，経過的な計算区分項目を計上すべきものとした義務が，この目的に役立つ。さらに，第243条2項で法典化されている，個別決算書に関する明瞭性および概観性の原則は，会計報告責任の要素として，第297条2項1文をもって連結会計規定に引き継がれている。会計報告責任を支えるこれらすべての個別規定は，統合される個別決算書にすでに適用され，そこから連結決算書の中にも及んでいるだけではなく，連結集団固有の帳簿記帳にも適用

されている。

(3) 情報に基づく資本維持

　個別決算書に当てはまる資本維持目的は、2つの異なる表れ方をする。第1の表れ方は、個別決算書において支払配当を限定することによってである。この支払配当の限定（配当抑制）による資本維持は、企業の存続が危うくなることを防ごうとするものであり、そのために利得源泉が確保されるよう配慮することである。連結集団に結合される企業は、たしかに経済的には従属しているが、法的には独立している。それゆえ、連結集団は商法典の上では何ら固有の法人格をもたず、したがって権利も義務も有しない。だからドイツでは、株主や国庫への「配当支払」は連結集団ではなされない。したがって、連結決算書にあっては、（資本会社の個別決算書とは違って）配当抑制は目的とはされないのである。配当支払は、むしろ法的に独立した各連結集団対象企業によって、個別決算書に基づいてなされるべきものである。その限りで、連結集団の存続は、配当を支払い、しかも配当抑制を図って資本維持も果たした、個々の連結集団対象企業の存続があってはじめて保障される。

　もう1つの表れは、資本維持が個別決算書において、情報に基づいて果たされるということである。したがって、年度決算書は、個人商人または人的会社の無限責任社員に、資本維持原則に従って慎重に測定された年度利益を越えて、いつから資本の引き出しが始められるかを分からせるはずである。この情報に基づく資本維持は、"資本縮小抑制"とも称される。支払配当限定による資本維持とは違って、それは支払配当の事実とは結びつかない。

　立法者は、第298条1項を通じて、掲げられている商法上の会計規定間の意味関係によって、情報に基づく資本維持が連結決算書にも当てはまることを明確にしている。だから、連結貸借対照表においても、第298条1項と関連する第248条2項で法典化されている、無償取得の無形固定資産に対する借方計上禁止を考慮しなければならない。無形資産の製造と結びついた支出は、この計上禁止によって、貸借対照表において利益中立的に計上するのではなく、損益計算書において費用として記帳されるべきである。それは、慎重な（資本維持

的な）利益測定に導くことである。第249条の規定に基礎をおく，偶発損失引当金を貸借対照表に計上することとした義務も，慎重な（資本維持的な）利益測定の意味での連結集団対象企業の将来の支払い義務を顧慮したものである。また第252条1項4号の規定に基礎をおく，一般的評価原則の枠内で設定されている慎重原則と，そこで同じく法典化されている不均等原則は，連結決算書での資本維持目的に具体化されている。慎重原則は，一般的には利益を慎重に測定することを要請するものであるが，各年度に発生原因があり，将来の予測される消極的成果貢献は，事由に基づく限定の原則に従えば，それが次の期間の費用となるはずのものであっても，不均等原則によって，費用として先取りすべきこととなる。とりわけ不均等原則は，第298条1項に従えば，連結決算書の作成の際にも考慮すべき低価評価規定によって具体化されている。

　連結決算書の受手は，その直接の利得源泉ないしその債務者，すなわち個々の連結集団対象企業を保証しているかどうかについての情報を期待している。各個別決算書は，それについての限られた情報を提供するだけである。個別の連結集団対象企業の経済状態は，その従属性から，連結集団全体の経済状態と密接に結びついているので，連結集団対象企業の利得源泉の保証は，連結集団の存続の保証のいかんにかかっている。だから，連結集団が全体として損失を出し，かつ任意の利益準備金をさらに積み立てられなくても，親企業または個々の子企業は，年度剰余を獲得できるし，配当支払いもできる。配当支払いを行っている企業の個別決算書からは，連結集団対象企業の保証の如何は推測できない。だから，連結決算書は，受手に，連結集団全体の存続の保証についての情報を伝達しなければならない。設けられている個別規定ないし連結決算書における資本維持原則の顧慮は，決算書の受手に，慎重に表示された財産，財務および収益状態によって，連結集団の存続が保証されるかどうか，またどこまで保証するかを認識させる筈である。そこから決算書の受手は，かの利得源泉の存続，すなわち経済的に従属している連結集団対象企業の存続を推測しうる。とりわけ連結集団全体にかかわる資本縮小抑制は，その支配的影響によって，子企業における配当抑制を意のままにできるので，連結集団の指揮にと

って重要である。そのため，連結集団に参加した時から，慎重に測定された連結利益を越えて資本が引き出され，したがって連結集団の存続が危機に陥っているか否かについて，連結決算書からの情報が必要である。

連結決算書での資本維持原則の顧慮は，より広い理由からも不可欠である。連結集団が，企業間の経済的結びつきを通じて，1つの経済的単一組織体を構成しているので，連結決算書は，あたかも「連結集団の個別決算書」のようなものである。したがって連結決算書は，連結集団外の独立した資本会社の個別決算書と比較可能でなければならない。つまりこのために，連結決算書では，資本会社の個別決算書におけるものと同じ会計原則が顧慮されなければならないのである。その原則には，当然，資本維持原則も含まれている。

(4) **連結決算書での個別決算書の欠陥の補完**

商法上の連結会計規定の形成史，並びに文言および意味関係から，連結決算書においては，"補完目的"と呼ばれる連結と密接に結びついた幅広い目的があることを読みとらなければならない。そのことを，株式法における連結会計規定に関する政府草案理由書は，すでに次のように述べている。

「連結決算書は，……次のような方法で個別決算書の欠陥を取り除かなければならない。それは単純な追記の方法によってではなく，連結集団内部の取引関係を十分に消去した上で，個別決算書を統合する方法によってである。この方法で調製された連結決算書は，連結集団の財産および収益状態を描出し，さらには個々の連結集団対象企業の評価に関する有益な指示を提供するのに適している。しかしながら，それは連結決算書が個別決算書に代わりうるものでも，また代わろうとするものでもないことを示す根拠になっている。」

連結決算書は，個別決算書を補完し，それによって個別決算書の情報欠陥を補整すべきものである。こうした任務は，連結決算書の補完目的と呼ばれる。それは個別決算書の欠陥を連結決算書によって補完するからである。なぜなら，法的には独立しているが，経済的には上位の企業によって統制されている企業間の取引関係は，経済的には，法的にも経済的にも独立した企業間の取引

第1章　連結決算書の目的と正規の連結会計の諸原則（GoK）　25

関係とは違う評価がなされなければならないからである。連結集団の観点からすれば，個々の連結集団対象企業の個別決算書にみるのとは違う，多様な事態が表れている。この補完目的は，個別決算書を連結決算書に統合して，経済的単一組織体としての連結集団の観点から，期間の個々の取引事象をあらためて評価し，かつ連結決算書において連結集団内部の取引とその影響を適合的に消去することによって果たされる。

　補完目的は，商法典の諸規定からも連結決算書にあてはまる。すなわち，商法典によっても，連結集団内部の取引とその影響は消去されるべきものとされているからである。会計指令法の政府草案理由書では次のようである。

　　「連結に関する諸規定は，連結決算書に組入れられる企業は1つの経済的単一組織体を構成していることを基礎としている。」

　このことは，法律の文言でも明確である。第297条3項1文に法典化されている単一組織体原則によれば次のようである。

　　「組入れられた企業の財産・財務および収益状態は，その企業が全体として，あたかも単一の企業であるかのように表示されなければならない。」

　これは，連結決算書においては連結集団内部の取引関係は消去されるべきことを意味している。連結集団内部の取引関係の消去は，いわゆる連結処理と呼ばれ，かつ補完目的の中心的な要素である。連結決算書における連結集団内部の取引関係の消去によって，会計報告責任および情報に基づく資本維持の目的が経済的単一組織体の観点から追求され，そして連結集団対象企業の経済的従属性から生じる個別決算書の欠陥が補整される。

　連結決算書の補完目的から，我々が圧縮任務あるいは補完任務と呼んでいる，2つの連結決算書の任務が導かれる。

　個別決算書は，連結集団の実質的な経済関係を十分に評価させる手段とはならない。それゆえ，連結集団対象企業の個別決算書と同時に，企業結合全体を圧縮して考慮するものが必要なのである。

　連結決算書においては，連結集団内部の取引が消去されるので，連結集団の経済状態は，重複することなく表示される。補完目的の結果として生じるこの

任務を，我々は圧縮任務と呼んでいる。すなわち個別決算書の合算と連結による圧縮の方法が，補完目的を果たすことに貢献する。

　ある連結集団に属する子企業はたしかに，法的にはともかくとして，経済的には独立性を失っている。連結集団対象企業の個別決算書では，連結集団内の売買取引の範囲や他の連結集団対象企業との財務上の関係の強さは推し測れない。しかし，この連結集団内の取引関係は，企業の財産・財務および収益状態の評価にとって重要なので，それを連結決算書の中で消去しなければならないのである。したがって，連結決算書では，連結集団の経済状態に関する情報としては，連結集団対象企業の財産・財務および収益状態に関する情報のうち，連結集団内の関係とみなされるものは圧縮される。つまり，連結集団内の取引関係は，個別決算書では，商法上の諸規定には反しなくても，連結集団対象企業の状態を歪めることになるのである。

　このための例として，次の場合が考えられる。ある連結集団の親企業である持株会社と子会社との間には，一切の利益引渡し契約はない。持株会社の子会社は，第1年次に個別決算書で利益を計上した。そして第2年次に，大きな損失を出したにもかかわらず，子会社は，この利益を持株会社に配当として支払った。持株会社は，この配当収入によって，その個別決算書において第2年次に，その相当分だけ高い利益を計上した。このような状況では，連結集団全体としては損失を被ったにもかかわらず，持株会社は，その利益を第2年次にその持分所有者に配分する危険がある。持株会社と子企業の個別決算書は，この場合，情報に基づく資本維持の目的を果たしていないのである。持株会社の利益の配分は，この例では，連結集団の存続を危うくし，それとともに従属企業をも危うくすることになる。この場合，連結集団対象企業の利益を圧縮した，第2年次の連結損益計算書のみが，連結集団の収益状態の事実関係に即した写像を描出しているのであり，さらには持株会社が情報に基づく資本維持を越えて，利益を配分しないようにできる。

　法的に独立した企業が，連結集団外の第三者とのそれと違う条件で行ったような連結集団内取引も，個別決算書の情報能力を損なう。市場外の価格で製品

第1章　連結決算書の目的と正規の連結会計の諸原則（GoK）　27

を連結集団内で取引することは，個々の連結集団対象企業の個別決算書の収益をそれだけ"改善する"が，それによって個別決算書の受手に対する収益状態の写像は歪められる。また，ある連結集団対象企業から他の連結集団対象企業に，自己創設の無形固定資産を販売する場合も，当該の個別決算書での財産・財務および収益状態は，連結決算書でのそれとの比較を誤らせる。連結集団内で販売した自己創設の無形固定資産を取得した連結集団対象企業が，個別決算書にそれを借記したとき，財産・財務および収益状態は，個別決算書においては歪められ，そのため会計報告責任ないし資本維持目的は果たされないことになる。なぜなら，連結集団の観点からは，自己創設の無形固定資産は連結集団の内部では借記禁止となっているからである。この場合，圧縮された連結決算書がはじめて，正しい財産・財務および収益状態を表わすのである。すなわち借記禁止は，連結決算書に対しても適用されるからである。連結集団内部の"セール・アンド・リースバック"による含み資産の取崩しも，連結集団対象企業の個別決算書における財産・財務および収益状態（経済状態）の表示に影響する。逆に，個別決算書の欠陥を補完した連結決算書における個別決算書の収益状態に対する"セール・アンド・リースバック"のプラスの影響は，外には表れない。

　連結決算書の圧縮任務の効果として，連結集団内部で資本と流動性を転移させる可能性によっては，連結集団対象企業での個別決算書の目的は，受手に対して不十分にしか果たされないままである。連結決算書における個別決算書の圧縮によってはじめて，受手にとって必要な情報が得られる。

　連結企業の財産・財務および収益状態は，個別決算書と連結決算書の分析によってのみ十分な判断がなされるはずである。こうして，連結決算書は，圧縮任務が連結決算書の補完目的から生じると同様に，個別決算書に対する，補完任務ももっている。補完任務は，連結決算書が個別企業の経済状態の判断にとって重要であるにもかかわらず，個別決算書と同じように，それ自体としては何ら十分な情報基礎を提供できないという事実から明らかである。というのは，全部もしくは多くの連結集団対象企業の個別決算書の統合によって，数値

上のデータが凝縮されてしまうからである。統合によって個々のデータが平均化されるので、個別決算書の中に表れる事実関係は覆いかくされてしまう。しかも連結決算書は、個別決算書からの細目を隠すだけではないので、貸借対照表の受手は、どの子企業が多かれ少なかれ利益を上げているか、どの分野が連結集団を代表しているかを知ることもできない。かくて、連結決算書は、個別決算書に代るものではなく、これを補完しうるかまたは補完するはずのものである。

第2節　一般規範の内容と意義

1　一般規範の機能と個別規定との関係

第297条2項2文は、連結決算書に関する一般規範を次のように述べている。

「連結決算書は、GoBに準拠して、連結集団の財産状態、財務状態および収益状態の事実関係に即した写像を伝達しなければならない。」

特別の事情のため、その写像が事実関係に即していないときは、第297条2項3文に従い、連結附属説明書において追加的報告をしなければならない。

連結決算書に関する一般規範は、イギリスの"true and fair view"原則に基礎を置いている。この規定において求められている事実関係に即した写像は、決して実像ではない。むしろ、この写像は法律上の写像規準、すなわちGoBと貸借対照表作成規定に基づいて創り出されるものである。この写像規準は、相異なる企業のすべての取引事象に対して適用すべきではあるが、同時に実際に起こりうるあれこれの事態について、こと細かに規定はできないので、そこにはさまざまな客観化や標準化、そしてかなりの裁量の余地が含まれている。その上法律は、多くの選択権を認めている。したがって、連結決算書において伝達される財産・財務および収益状態の写像は、せいぜいこの法律上標準化された「表象（Mal）」規準と合致したものにすぎない。この「描かれた」写像が、連結集団の事実関係を的確に表しているかどうかは、第1にこの「表象」規準が実際の姿を再現しうるものになっているかどうか、またそれをいか

第1章　連結決算書の目的と正規の連結会計の諸原則（GoK）29

に再現しうるかにかかっている。第2に，写像の事実近似性は「表象」規準，すなわち商法典に含まれている裁量の余地とそこで許されている選択権が，連結決算書の作成者たる「描き手」に適用されるのかどうか，またいかに適用されるのかにかかっている。これらの制約的な思慮は，一般規範の判断に当たって，連結決算書目的にかかわらしめて顧慮されなければならない。

　連結決算書に関する一般規範は，ある一定の方法で連結決算書の目的，会計報告責任および情報に基づく資本維持を具体化し限定する。この枠組みの中で連結決算書によって財産・財務および収益状態が明らかにされる。連結決算書の補完目的は，一般規範を具体化した第297条3項1文による単一組織体原則以上に，一般規範と密接に結びついている。単一組織体原則はやはり，一般規範の要素ではないのである。

　第297条2項2文の一般規範は，法律上の個別規定の解釈にとっての基礎をなしている。つまりドイツ法では，「特別法は一般法に優先する」とする原則が生きており，それは特別規定が一般規範によって無効にされないことを意味している。それでも一般規範は，特別規定における解釈の余地や選択権について自由裁量の余地を充たす場合の「義務的基準線」である。したがって自由裁量の余地は，一般規範に合致して，連結集団の財産状態，財務状態および収益状態の事実関係に即した写像が伝達されるという要求が充たされなければならない。こうしてはじめて，法律上の諸規定を客観的かつ統一的に解釈することが可能となる。

　連結決算書に関する一般規範は，「連結集団」とある箇所を除いて，資本会社の個別決算書に関する第264条2項1文の一般規範と同じ文言である。一般規範での両者の相違は，連結決算書における情報伝達の場合，連結集団の特性，すなわち法的に独立した企業の経済的従属性を顧慮しなければならないことである。それは連結集団対象企業の個別決算書の欠陥が補完されなければならないことを意味している（補完目的）。さらに，連結決算書に関する一般規範でのGoBの指示には，資本会社の個別決算書に関する一般規範とは対照的に，GoBとともにGoKonsをも含んでいる。

第297条2項2文で要求されている情報は，一般規範も連結会計に関する多くの個別規定も顧慮されたとき，はじめて伝達されうる。個別規定は，つねに一般規範と一致するとは限らない。事業経営の開業および拡張のための費用の借方計上は，事実関係に即した写像への要求を充たさない。なぜなら，貸借対照表に計上可能な費用は，必ずしも財産を意味しないからである。ここでは，すでに述べた「特別法は一般法に優先する」という規準を顧慮しなければならない。すなわち普遍的な一般規範の特別規定より，具体的な個別規定が優先するということである。

　もちろん，会計外の理由から法典化されている明示的な選択権は，ときには一般規範と矛盾しても，そのために限定されるわけではない。一般規範に抵触する貸借対照表処理法を個別規定が導いた場合，そこでの情報欠陥は，一般規範で要求されている写像に関して，いずれ追加的報告や連結附属説明書での説明によって補完しなければならない。

　さらに，あらゆる事態が，例えば通貨換算のように，法律の中で個別規定によって規律されているわけではない。同じように規定のない領域は，一般規範の考え方で埋められなければならない。その場合，選択された代替的処理は連結附属説明書において報告され，説明されなければならない。要求されている写像から乖離する原因となった特別の事情も，第297条2項3文に従って追加的な附属説明書の記載によって説明されなければならない。商法典の通常の規定範囲に含まれないような事態は，「特別な事情」と解されるべきである。例としては，高率のインフレ国に居住する企業の連結が挙げられる。

2　連結集団の財産・財務および収益状態

(1)　連結集団の財産状態

　連結決算書は，第297条2項2文で求められている構成要素たる財産・財務および収益状態についての情報を，別々に与えることはできない。多くの記載や説明が経済状態の多様な構成要素に同時にかかわっている。それぞれの部分の状態を別々に分析することは，たしかにやろうと思えばできるが，十分には

できない。

　連結決算書はまず，決算日現在の資産の価値に基づき，財産状態についての情報を与える。連結集団の借方側と貸方側は，相殺せずに記帳しなければならない。こうして連結決算書は，連結集団の債務弁済能力を示す。ついで連結決算書は，資産と負債との差額として生じる連結集団の純財産を示す。財産状態の表示は，連結決算書ではまず，第298条1項と関連する個別決算書の諸規定により，また財産状態にかかわる一連の連結処理規定によって規律されている。貸借対照表における資産と負債の計上に加えて，附属説明書と状況報告書での追加的記載を行わなければならない。その上，確定した貸借対照表計上能力のない事象と貸借対照表計上補助項目を記載しなければならない。

　第313条1項2文1号および2号に従えば，適用した貸借対照表計上方法および評価方法，並びに通貨換算の方法を連結附属説明書に記載しなければならない。連結決算書において，前の年度の貸借対照表計上方法，評価方法および連結方法との乖離がある場合も同様に，連結附属説明書に記載しかつ理由を示さなければならず，そしてこれらの乖離が経済状態の構成要素に及ぼす影響額についても，これを区別して示さなければならない。

　連結決算書の目的は，連結集団への企業の帰属から生じる個別決算書の不十分な情報能力を補うことである。この補完目的は，財産状態の表示に際しても顧慮されなければならない。そこから例えば，

- 債権債務は連結しなければならない（第303条）
- 内部利益は消去しなければならない（第304条）
- 連結貸借対照表における借方側および貸方側は，親企業に適用される計上規定に基づいて連結集団統一的に計上しなければならない（第300条2項）
- 資産および負債は，統一的に評価しなければならない（第308条）。これにより，連結決算書に計上される資産および負債は，親企業に適用される評価規定に従って評価しなければならない

ここに引かれた諸規定によって，一般規範の意味での，経済的単一組織体と

しての連結集団の実質的な財産状態が表示される。計上と評価の統一性の原則によって，同じ事象が事由と金額に基づいて，統一的な諸規定に従った連結決算書において，貸借対照表上の処理がなされることになる。

連結貸借対照表は，連結決算書の中では財産状態の表示のための重要な手段である。所定の分類によって，固定資産と流動資産，並びに負債についての情報が与えられる。連結集団の固定資産増減表のようないくつかの情報は，裁量的に連結貸借対照表か連結附属説明書において表示することができる。連結貸借対照表とともに，連結附属説明書は財産状態についての記載事項を伝える。ここでは，とりわけ重要なセグメント情報として財産状態の記載もなされる。

決算書の受手にとって重要な財産状態に関する未来指向的な情報は，連結決算書の中には含まれていない。しかし，連結状況報告書が連結集団の発展の見通しにふれている。発展の見通しは，将来の財産状態も含んでいる。実際にはこれまで，それに関する記載は不十分であった。それは，この種の記載が，競争上の不利をもたらすことを恐れたためである。それゆえ，決算書の受手は，通常では財産状態についての未来指向的な情報を得られないのである。

(2) **連結集団の財務状態**

一般規範の意味では財産状態と並んで財務状態も表示しなければならない。そのためには，財務と流動性についての重要な情報が必要である。この場合も，連結集団対象企業の経済的結合を顧慮しなければならない。連結集団の財務は，自己資本や他人資本の連結集団外からの調達と，これらの資本の利用，並びに連結集団内の資本配置と解されるべきであり，流動性は，連結集団の経常的な支払い能力と定義すべきである。

連結集団の流動性についての情報は，連結集団対象企業の個別決算書から引き出すことはできない。こうした欠陥は，—ほかには（年度決算書の考え方，会計方針といった）個別決算書に固有の制約もあるが—とりわけ流動性を連結集団の内部で移し代えることができることからもたらされる。個々の連結集団対象企業の流動性の隘路は，他の連結集団対象企業の負担によって調整されうるか，もしくは調整されなければならない。ある被組入企業の個別決算書での劣

悪な流動性は，連結集団の良好な流動性によって相対化されるし，またその逆にもなる。このような連結集団内の財務上の関係は，補完目的の意味での財務状態の表示の際に顧慮されなければならない。連結決算書に組入れられた企業の財務状態は，「連結集団の個別決算書」におけると同じように，連結決算書において表示しなければならない。したがって連結時には，財務上の結合関係は，第301条に従えば，連結集団内の資本結合（資本連結）を，そして第303条に従えば連結集団内の他人資本結合（債権債務連結）を連結決算書から割り出すことによって消去しなければならない。

　連結決算書の受手はまず，財務状態に関する情報を連結貸借対照表から手に入れる。借方側は，連結集団内での資本利用に関する情報を伝え，貸方側は連結集団の自己資本と他人資本を示し，それによって資金源泉を明らかにする。その場合，自己資本における多数出資者の資本持分と少数出資者の資本持分とが区分され，また企業が獲得した資金のそれとが区分される。連結貸借対照表とともに，連結附属説明書も財務状態に関する情報を提供する。第298条1項と関連する第268条4項によって，返済期間が1年を越える債権並びに返済期間が1年以内の債務は区別して注記しなければならず，また5年を越える債務は担保の種類および形態を記載しなければならない。

　財務状態の一部としての将来の流動性については，連結決算書の受手は，連結決算書が過去の重要なデータを提供する時にのみ，わずかに情報を得ることができる。その場合，連結附属説明書と連結状況報告書における，未来指向的な記載と説明にまで遡らなければならない。少なくともこれらの情報欠陥は，部分的には，第297条1項2文に従って作成される，上場親企業のキャッシュ・フロー計算書によって補われる。

(3) 連結集団の収益状態

　一般規範に従えば，連結決算書は連結集団の収益状態に即した洞察を与える。収益状態に関して求められる情報はまず，―連結貸借対照表とともに―損益計算書が，例えば連結総収益をその構成要素に分けるなどによって与える。

　収益状態の表示の場合も，連結集団内の結合関係が顧慮される。かくて，第

305条に従えば，連結集団内の取引からもたらされたすべての費用および収益は，連結損益計算書から消去されなければならない（費用収益連結）。

収益状態に関するそれ以上の情報は，連結附属説明書が提供する。ここでは，例えば第313条1項2文1号に従って適用される，貸借対照表計上方法や評価方法の記載を，そして売上収益は活動領域，市場または営業部門ごとに区分する義務を挙げることができる（第314条1項3号）。第297条1項2文によれば，上場親企業は，それ以上にさらに詳しいセグメント情報を作成しなければならない。収益状態の評価にとって重要な，将来の事業の発展に関する情報は，過去指向的な計算手段としての連結決算書では提供できない。これらの情報は，連結状況報告書においても，第315条2項2号が「連結集団の発展の見通し」に関する明確な情報を求めているにもかかわらず，ごくまれに入手できるだけである。

(4) 連結集団の経済状態

一般規範に従えば，連結決算書は，連結集団の経済状態を描出しなければならない。連結集団に属するのは，原則的に連結決算書に全部連結される親企業および子企業，それと選択的に持分に応じて連結される共同企業である。さらに，連結決算書に事実上連結される企業は，組入禁止によらず強制されるか（第295条），あるいは組入選択権（第296条）によって，選択的に全部連結されない連結集団対象企業である。

第295条および第296条に従って全部連結されない子企業も，連結集団の財産・財務および収益状態の表示の際に顧慮されなければならない。このことはまず，持分に応じて連結決算書に全部連結されない子企業の組入によってか，あるいは取得原価法によって行われる。これらの企業が，全部連結で組入れられない場合，一般規範は連結附属説明書における記載によって充たされなければならない。第313条2項1号によれば，企業の名称および居住地，並びに基本的な組入理由を記載しなければならない。第295条3項および第296条3項は，非組入について記載し，かつ理由づけることを求めてはいるが，経済状態への影響まで明らかにするには及ばない。ある連結集団対象企業が連結集団の

経済状態への影響が重要性が乏しいか（第296条2項），その連結集団外の活動（第295条1項）のために全部連結されずに，持分に応じてか取得原価で連結決算書に組入れられた場合，それらの処理を連結附属説明書において理由づけなければならない。親企業が限定的に行使した権利（第296条1項1号）による，全部連結への連結集団対象企業の非組入についても，連結附属説明書での経済状態に関する情報が望ましい。ただ，第296条1項3号に従った，売却による全部連結への子企業の非組入の場合は，連結附属説明書での追加情報は要しない。

ある子企業が連結による過度に高い費用もしくは遅延のために（第296条1項2号）全部連結されず，持分に応じてか，もしくは取得原価で連結決算書に計上された場合，連結集団の経済状態の事実関係に即した写像は，実際には制限されうる。このような場合，全部連結されない企業の財産・財務および収益状態は，連結附属説明書において示されなければならない。

一般規範で求められている情報は，持分に応じて共同企業を選択的に連結させる第310条の選択権によっても，損なわれることがある。一般規範は，これらの選択権がすべての共同企業に統一的に行使されたときはじめて充たされうる。ともあれ，これらの要請に関する法的な基礎は存在しない。

結論としては，一般規範が求める，連結決算書における連結集団の写像は，連結に組入れられずに，持分に応じてか，もしくは取得原価で連結決算書に計上された連結集団対象企業に関する，連結附属説明書での所要の記載と説明による開示をまってはじめて，伝達されることに留意すべきである。

しかし，法はここでも，一般規範にそった特別規定の解釈によってもなお，推論しがたい裁量の余地を貸借対照表作成者に認めている。したがって，連結決算書の受手は，いぜんとして貸借対照表作成者の善意に依存したままなのである。

3 商法典第297条2項2文の一般規範におけるGoBの指示

立法者は一般規範において，連結決算書はGoBに準拠して，事実関係に即し

た写像を伝達しなければならないことを要請している。しかるに，GoBのシステムは，個別決算書の目的から展開されている。GoBは，連結決算書の補完目的を顧慮しないので，もっぱらGoBだけの適用では，必要とされる連結集団の経済状態の写像は伝達されえない。GoBシステムは，そもそも，連結集団の経済的単一組織体を連結決算書において顧慮し，連結集団の事実関係の写像が伝達されるような，GoKonsを含んではいない。しかしながら立法者は，一般規範におけるGoBの指示によって，間違いなくGoKonsも念頭においている。GoB，GoKons，および連結決算書の目的をともに充たす一定の補完的諸原則は，かりに第297条2項2文の中でGoB概念として一括されているにしても，我々は，これらを併せて正規の連結会計の諸原則（GoK）と呼ぶこととする。

「正規の簿記（著者の補足では連結決算書）の諸原則に準拠して，連結集団の財産状態，財務状態および収益状態の事実関係に即した写像を伝達しなければならない」とする法律上の規定は，"true and fair view"との関連でも，GoBに反していないことは明らかである。GoBが，客観化や標準化によって様々に性格づけられるので，GoBへの準拠は，場合によって"true and fair view"に対する限定を意味する。したがって，客観化原則は，事実関係に即した経済状態の写像を相対化もする。かくして，取得原価主義に基づき，数年前に購入され，今日では価値がはるかに増大した土地の，市場によって客観化された取得原価をそのまま保持することは，価値に関する情報を著しく制限することになる。

伝達されるべき実質的写像が，貸借対照表および損益計算書におけるGoBの準拠によって限定されるような場合には，第297条2項3文に従い，連結附属説明書による説明が求められる。

第3節　正規の連結会計の諸原則（GoK）

1　GoKの意義と発見

どんなに詳細な会計規定でも，考えうるあらゆる事態の写像を規律すること

第1章　連結決算書の目的と正規の連結会計の諸原則（GoK）　37

はできない。さらに次のような事情もある。それは，立法者が，事柄の複雑性を考慮したり，経済活動を規定に柔軟に適合させるため，連結会計または連結処理のあらゆる領域を，確定的かつ明示的に規定することを意識的に避けたことである。そこで，それを用いることで，連結決算書作成の領域での未解決の問題をできるだけ解決しうるような，普遍的な規範が必要となる。その規範がGoKなのである。

　GoKなる概念は，法律の中では用いられてはいない。第297条2項2文による一般規範は，GoBへの指示を含んでいるだけである。そもそも，GoBシステムは，個別決算書のために開発されたものである。そこには，連結処理や連結決算書への統合にむけた，個別決算書の準備過程での問題解決に資するような規範は何もない。だからGoBは，連結決算書のためには，さらに別の諸原則によって補完されなければならない。GoBへの指示によって立法者が意図している，連結決算書に関する一般規範としては，我々がここで「狭義のGoB」と呼んでいる個別決算書のGoBだけではなく，むしろ，GoBへの指示と関係して，GoKonsや補完諸原則を含む「広義のGoB」が重要である。連結決算書の目的にかなう，この「広義のGoB」を以下では，GoKと呼ぶこととする。

　GoBまたはGoKへの法的指示は，法の欠缺を意味しない。反対に，連結会計規定に法典化されたり，掲げられているGoKへの周到な指示であるが，それはまた，法典化されたり，掲げられてはいないGoKへの周到な指示でもある。GoKは，法律上の個別規定を具体化する一方，連結決算書において認識されるべき事態に適用しうる法律上の個別規定がない場合には，それらを補完する。

　GoKは，具体化されるべき不確定の法概念である。連結決算書の作成者が，連結集団の財産・財務および収益状態の写像の伝達の際に，GoKを顧慮するという法律上の要請に沿うためには，GoKシステムは法律から抽出されたり，法律の外から獲得しなければならない。その際，3つの獲得方法がある。

　まず帰納法では，GoKは尊敬すべき商人または会計専門家の見解から獲得される。商人は確かに専門的知識をもってはいるが，この方法では，商人がGoKを彼らの利害に沿って具体化してしまい，そのために立法者が顧慮した，外部

およひ内部の連結決算書受手の公正な利害調整のための利害関係規準があいまいになるという危険がある。したがって帰納法は，あまり受け入れられない。それに対して，演繹法の場合，GoKはもっぱら連結決算書の目的から獲得される。しかしながら，連結決算書のための一般に認められた，統一的な経営経済的目的体系は存在しない。むしろ我々は，連結決算書の目的として，文書記録，会計報告責任，情報に基づく資本維持および個別決算書の欠陥の補完を，法学的方法論を用いた法規定の分析から発見するのである。かくて，経営経済的 GoK を獲得するための経営経済的演繹法は，その根拠を失うことになる。端的に言えば，一般的かつ統一的な経営経済的演繹法は，その前提となりうる明確で支配的な連結決算書目的がある場合にのみ，それによる獲得は可能であるが，連結決算書に関しては，法的意味での事情はそうなってはいない。

　商法的演繹法の場合，法律から発見され，かつ互いに矛盾する法律上の連結決算書目的を基礎にしている。立法者が顧慮した利害関係規準によれば，法律の中では，さまざまな目的（文書記録，会計報告責任，情報に基づく資本維持および補完）が同じレベルで併存している。このため，法学では通常，法解釈学と呼ばれる解釈法が適用される。この方法により，次の基準に基づいて，商法上の連結会計規定の解釈がなされる。

■ 法規定の文言と語義
■ 法規定の意味関係
■ 法規定の形成史
■ 立法資料と立法者の見解
■ 経営経済的および客観的・目的論的観点
■ 合憲性

　この場合，すべての基準が体系的に考量されなければならない。勝手に別の解釈基準をつけ加えることはできない。こうして，法学的解釈法（法解釈学）は，間主観的に検証可能な評価をへて，間主観的に検証可能な結果に辿りつくのである。連結会計の分野では，とりわけ，法解釈学が商法上の連結会計規定の解釈に役立つ。会計指令法による多くのGoKが，それぞれ法的に具体化され

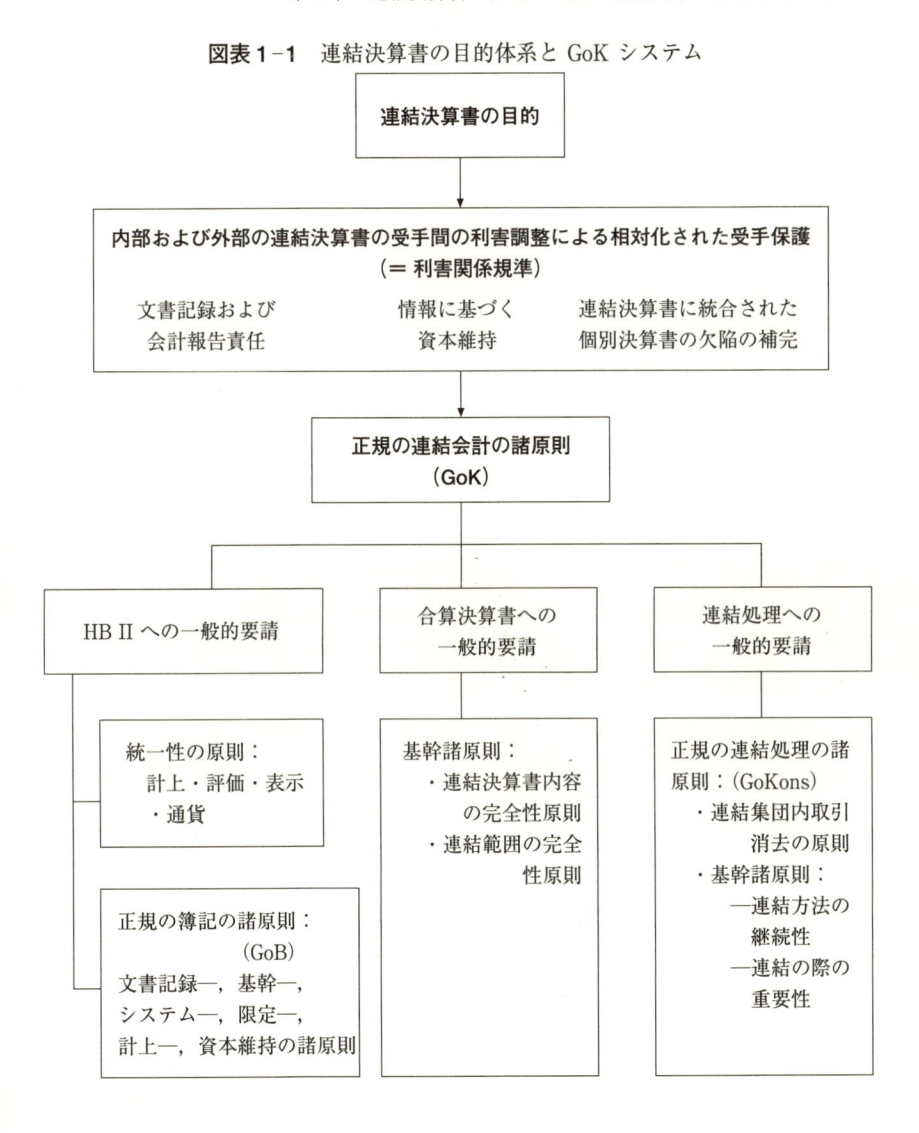

第1章　連結決算書の目的と正規の連結会計の諸原則（GoK）　39

図表1-1　連結決算書の目的体系と GoK システム

```
                    ┌─────────────────┐
                    │  連結決算書の目的  │
                    └────────┬────────┘
                             ↓
┌─────────────────────────────────────────────────────────┐
│ 内部および外部の連結決算書の受手間の利害調整による相対化された受手保護 │
│                  （＝ 利害関係規準）                        │
│                                                         │
│  文書記録および       情報に基づく        連結決算書に統合された  │
│  会計報告責任         資本維持          個別決算書の欠陥の補完   │
└────────────────────────┬────────────────────────────────┘
                         ↓
              ┌─────────────────────┐
              │ 正規の連結会計の諸原則 │
              │      （GoK）         │
              └──────────┬──────────┘
         ┌───────────────┼───────────────┐
         ↓               ↓               ↓
  ┌──────────────┐ ┌──────────────┐ ┌──────────────┐
  │  HB Ⅱへの   │ │ 合算決算書への │ │  連結処理への  │
  │ 一般的要請   │ │  一般的要請   │ │  一般的要請   │
  └──────────────┘ └──────────────┘ └──────────────┘
```

- 統一性の原則：
  計上・評価・表示
  ・通貨

- 基幹諸原則：
  ・連結決算書内容の完全性原則
  ・連結範囲の完全性原則

- 正規の連結処理の諸原則：（GoKons）
  ・連結集団内取引消去の原則
  ・基幹諸原則：
    —連結方法の継続性
    —連結の際の重要性

- 正規の簿記の諸原則：（GoB）
  文書記録—，基幹—，システム—，限定—，計上—，資本維持の諸原則

ている以上，GoKの解釈の重点は，法規定の解釈に置かれる。法解釈学的方法は，法規範を広くおおう，法学において一般に認められた方法である。この方法で獲得されたGoKシステムによって，連結会計がその目的に沿って行われ，

立法者が顧慮した利害関係規準が，確かなものとなる。GoKシステムの特徴は，これを構成するGoKが互いに密接に関連して併存するところにある。GoKシステムそのものは，階層的な上位・下位の秩序関係ではなく，網の目状の結合関係のそれである（エッフェル塔原則）。

図表1-1は，GoKの概観である。

2 GoKの体系化

GoKシステムは，連結決算書作成の際の手順に沿って組立てられる。つまり連結決算書は，次の3つの作業段階をへて作成される。

■ 第1段階：商事貸借対照表Ⅰ（HBⅠ）からの商事貸借対照表Ⅱ
　　　　　（HBⅡ）の作成
■ 第2段階：合算決算書の作成に向けたHBⅡの水平的加算
■ 第3段階：連結処理，すなわち連結集団内の内部取引の相殺

第1および第2段階で，連結固有の準備が行われる。第1段階では，被組入企業の統合される個別決算書（HBⅠ）は，統一した決算日に作成され，連結決算書に統一的に適用される計上，評価および表示規定，並びに連結集団内部の会計方針に適合される。ここでは，「被組入企業の個別決算書は連結決算書のために準備される」のであり，いわゆるHBⅡが作成される。つづいて，（第1段階でもなお）外国通貨で記載されている個別決算書は，連結報告通貨に換算しなければならない。HBⅡの作成に当っては，GoKとして計上・評価，表示，通貨および決算日統一性の原則を顧慮しなければならない。連結決算書では，親企業に適用される貸借対照表作成規定を基礎とすることを要する。貸借対照表作成規定は，統一性の原則とともに，連結決算書のために統合されるHBⅡへの要請を定式化しているGoBも含んでいる。それは，連結決算書におけると同様に，個別決算書に適用される会計報告責任と情報に基づく資本維持の目的を支える。

第2段階では，HBⅡが水平的に加算される，いわゆる「合算決算書」が作

られる。ここではとりわけ，連結決算書内容の完全性原則と連結範囲の完全性原則が顧慮されなければならない。

　第3段階では，実際の連結処理が行われる。GoKonsが，連結処理に関する一般的要請を定式化する。連結決算書の補完目的の意味では，GoKonsによって，連結集団内部の取引関係が合算決算書から消去され，それに伴って，第297条3項1文からの単一組織体原則の顧慮が確かなものとなる。合算決算書で二重に記載された状態が修正される。

3　GoKシステムの要素

(1)　HBⅡの作成の際に顧慮すべき諸原則

① 　HBⅡにおける計上，評価，表示，通貨および決算日の統一性の原則

　被組入企業の個別決算書は，目的に沿って連結決算書の統合および連結にむけて準備されなければならない。かくして計上，評価および表示が，統合されるHBⅡにおけると同じ規定に従う連結決算書によって，会計報告責任と情報に基づく資本維持が達成される。さらにHBⅡは，統一的な連結報告通貨に換算され，また統一的な決算日で作成されなければならない。これらによって連結決算書において，内容的に同質のものの統合が確保される。

　第300条2項1文では，計上の統一性の原則に関する次の規定が法典化されている。

> 「連結決算書に組入れられる企業の資産，負債および計算区分項目並びに収益および費用は，当該の企業の年度決算書におけるそれらの認識にかかわりなく，完全に収容されなければならない。ただしそれは，親企業に適用された法に従って，貸借対照表計上禁止または貸借対照表計上選択権が存在しない場合である。」

　したがって，連結貸借対照表における計上は，親企業に適用された法に照らして貸借対照表計上能力があるかどうかにかかっている。かくて，連結貸借対照表における計上にとっては，例外なく親企業が従うべき法が基準である。第290条に従って連結決算書を作成する，国内に居住する法形態が資本会社たる

親企業は，資本会社がその個別決算書において守るべき計上命令，計上禁止，計上選択権を連結決算書において顧慮しなければならない。非資本会社は，開示法第11条に従って連結決算書を作成することを義務づけられているが，その場合，商法典の計上規定を顧慮しなければならない。

計上選択権は，すべての子企業に統一的に適用され，また第300条2項2文に従って，個別決算書での行使のいかんにかかわらず，HBⅡにおいて新たに行使することができる。つまり個別決算書がもともと連結集団内の方針に基づくにしろ基づかないにしろ，すでにこの方法で作成されている場合には，計上の統一性の原則から，被組入企業の個別決算書（HBⅠ）は，統一的に親企業の選択権と適合させなければならないからである。つまり計上の統一性の原則は，第三者が跡づけうる規準に従って，連結決算書における計上が統一的になされるよう配慮することである。

計上の統一性の原則に次いで，第308条では評価の統一性の原則が法典化されている。第308条1項1文によれば，連結決算書に計上される資産および負債は，親企業の年度決算書に適用しうる評価方法に従って統一的に評価されなければならない。この規定にあっても，連結集団の指揮は，HBⅡにおいて，個別決算書におけると同じ評価選択権を行使することには縛られず，親企業に適用される法律に従った評価選択権を新たに，統一的に行使することができる。この原則は，連結決算書において，わずかな情報能力しかもたない価値集積が生じないことを避けるはずである。

表示の統一性の原則は，商法典の連結会計規定の中では明確に法典化されていない。それでも第298条1項と結びついた第265条，第266条に従えば，（法形態特殊・事業部門特殊の規定を条件として）原則的に大資本会社に対する項目分類規定が連結決算書にも適用される。したがってHBⅡの作成に際して，個々の連結集団対象企業が，大資本会社に対する項目分類規定をその個別決算書にも適用していない場合はなおのこと，項目分類もこの規定に合わせて統一的に適合させなければならない。この規定から離脱する場合，連結決算書の特性に基づいて，例えば連結特別項目で表示できる。

第1章　連結決算書の目的と正規の連結会計の諸原則（GoK）　43

　第298条1項と結びついた第244条に従えば，ドイツの連結上位会社の連結決算書は，ユーロ（Euro）で作成しなければならない。HBⅡは，通貨の統一性の原則に従って作成されなければならない。すなわち，外国の子企業および共同企業の年度決算書はユーロに換算しなければならないということである。

②　連結決算書に関連するGoB

　すでに述べたように，HBⅡにおける計上，評価および表示は，親企業の個別決算書に適用される貸借対照表作成規定に従わなければならない。その場合，個別決算書に対する規定とともに，個別決算書にも適用される法的には具体化されていないGoBも（第298条1項に従って）顧慮しなければならない。それはHBⅡにおける，そしてそこから，連結決算書においても会計報告責任と情報に基づく資本維持の目的を支えることになる。

　文書記録原則は，作成されるべき個別決算書にとって簿記が基礎となりうるよう展開され，商法典で法典化されている。文書記録原則については，簿記に関する一般規範（第238条1項）が，取引事象が簿記において正確かつ完全に記録され，組織的に配列されるように具体化されている。それが資産を保障し，不誠実な行為を避けることになるはずである。文書記録原則は次のものを含んでいる。

■ 簿記の組織的構成の原則
■ 勘定の完全性確保の原則
■ 完全かつ分かりやすい記載の原則
■ 証拠文書原則
■ 保存および備え置き期限遵守の原則
■ 企業の種類と規模に応じた内部牽制組織（IÜS）による会計制度の正確性および秩序性保持の原則
■ 文書記録の原則とIÜSの保全

　法の文言では，連結決算書を，独自の連結簿記に基づいて作成すべきことを義務づけてはいない。むしろ通例では，その作成に当たって，各企業の個別決算書を利用している。連結集団対象企業がドイツ商法に従って貸借対照表を作

成する限り，個別決算書は，文書記録原則に従って行われる簿記から作り出されるはずである。簿記が，文書記録原則に基づいて行われない外国の連結集団対象企業は，ドイツの文書記録原則を遵守して，HBⅡを作成しなければならない。これらの要求は，結局，外国の連結集団対象企業の簿記も，ドイツの文書記録原則に適合しなければならないことを意味している。

さらに，連結集団は追加の連結補助簿なしにはやっていけない。営業権または暖簾そして潜在的租税のような，連結決算書固有の項目は，連結される企業の数が増えるにつれて，連結補助簿がとらえ，引き継いでいく量を増やしていく。連結補助簿についても，確かに法律上の義務はないが，客観性の原則からすれば文書記録原則を適用すべき義務がある。それでこそ一般規範で求められている連結集団の経済状態の写像が連結決算書で伝達されうる。それによって文書記録原則は，連結決算書での会計報告責任と情報に基づく資本維持の目的を直接支えることになる。

簿記と年度決算書は，企業の経済活動に関する模写モデルを作り出す。この模写が事実関係に即した写像を提供するには，それぞれの情報伝達の一般的条件を充たさなければならない。それは，年度決算書に関する基幹諸原則によって確定される。基幹諸原則には次のようなものがある。

- ■ 非恣意性原則や客観性原則を含む簿記と年度決算書または連結決算書の正確性原則
- ■ 明瞭性および概観性原則
- ■ 完全性原則
- ■ 経済性または重要性原則
- ■ 一方での形式的および実質的継続性の原則と，他方での非継続性の説明原則を含む比較可能性の原則

さらに具体化されるべきことは，連結決算書における形式的継続性の原則である。この原則は，第298条1項と結びついた第252条1項1号において求められる貸借対照表同一性，並びに第265条1項において求められる科目・項目分類および表示の継続性が顧慮されたとき，適えられる。貸借対照表同一性の原

則は，計上価額が前年度の個別決算書から次の営業年度の個別開始貸借対照表に引き継がれるべきことを求めている。貸借対照表同一性はまた，連結決算書の時点および時の経過に関連した比較可能性（企業比較および期間比較）の基本的前提をなす。貸借対照表同一性と結びついた連結決算書の継続は，先行する決算書の各項目が連結簿記によって継続的に引き継がれるという意味で，実際には稀にしか実行されない。ここでの継続は，全く固有の連結簿記を前提としており，それに伴う多大な費用を前提にしている。かくして，連結決算書は，もっぱら各決算日に連結される，連結集団対象企業の個別決算書から出発して新たに作成される。それでも，個別決算書から連結決算書を，年度ごとに新たに作成することは，それぞれ後続連結の際に，第1次連結の当該の記帳が繰り返される限りで，いずれも前の連結決算書の継続と同じ結果となる。したがって実際上，貸借対照表同一性の原則は，連結決算書作成の実務の中で直接守られるのではなく，新しいHBⅡを基礎にした連結決算書がそのつど，最初の連結記帳を繰り返しながら，それぞれ後続連結の際に作成されることによって，間接的に代行される。

　もともと個別決算書の目的から獲得し，そして今日では大部分が商法典の中に掲げられ，法典化されているGoBは，HBⅡに適用され，その統合をへて連結決算書にも適用されている。このGoBは，同時にGoKの構成部分でもある。基幹諸原則は，あらゆる情報伝達の一般的条件として，合算決算書の作成の際にも，また連結処理の際にも顧慮されなければならない。

　システム原則は，そこから統一的，目的適合的なGoBシステムが展開されるはずの，商法上に法典化された基底的GoBである。それは，他の法典化されたGoBにとっての一般的規準を意味し，また法的に確定されていないGoBにとっての一般的規準を意味している。システム原則には次のものがある。

■ 企業活動継続の原則
■ 収支計算の原則
■ 個別評価の原則

この原則は，第三者にとって追跡可能な貸借対照表作成の形態を可能にし，

同時に決算書受手の情報に役立つ。システム原則は，HBⅡの作成の際に適用され，それゆえ連結決算書に完全に転用できる。

年度収益に関する限定原則は，「収入と支出が損益計算書において利益作用的か，それとも貸借対照表において利益中立的かで決まる」。限定原則には次のものが含まれる。

■ 実現主義およびその補完
■ 事由および期間に応じた限定

限定原則は，年度決算書における期間に即した利益測定をもたらし，同時に収益状態に関する受手への情報に役立つ。連結決算書でも期間的会計報告責任を負うべきことから，限定原則はGoKの一部として，統合されたHBⅡをへた連結決算書にも当てはまる。

計上原則に基づき，支払いと結びついたいかなる取引が貸借対照表に借記され，また貸記されるべきかが決まる。計上原則には次のものが含まれる。

■ 財産の借記にとって，それじたい独立の換金可能性を前提とした借記原則
■ 負債の貸記にとって，義務の存在，義務の計量可能性および経済的負担の基準を前提とした貸記原則

計上原則は，一般規範が求める財産状態の写像を，貸借対照表において伝達することをもたらす。かくてこのGoBは，同じく，GoKの一部として，HBⅡに，またそれゆえに連結決算書にも適用される。

個別決算書におけると同様，連結決算書においても会計報告責任目的と並んで，情報に基づく資本維持の目的が追求される。資本維持目的は，次の資本維持原則によって支えられている。

■ 不均等原則
■ 慎重原則

資本維持原則は，情報に基づく資本維持の意味では，連結集団が獲得し，かつ慎重に測定された利益や，時の経過の中での自己資本の変動について，連結決算書受手に情報を与えることを保証する。資本維持原則は，他のGoBと同じ

第1章　連結決算書の目的と正規の連結会計の諸原則（GoK）　47

ように，統合された個別決算書および連結決算書でのHBⅡに適用される。

(2)　正規の連結処理の諸原則（GoKons）

　合算決算書の作成後に，連結決算書作成の第3段階として本来の連結処理がつづく。その際，連結集団内の経済的取引関係は合算決算書から消去される。このようにして，連結決算書の補完目的が果たされるはずである。それゆえ，連結処理に際しては，GoKonsが顧慮されなければならない。GoKonsは，連結決算書目的として，会計報告責任および情報に基づく資本維持が，被組入企業間の経済的取引関係を顧慮して，果たされなければならないとする要請と結びついている。

　実際の連結処理に対しても，一般的情報原則としての基幹的諸原則が適用されなければならない。こうして連結処理方法にも，第297条2項1文で法典化されている明瞭性および概観性の原則，並びに正確性の原則および完全性の原則が適用される。連結処理に際しても，期間的比較可能性が顧慮されなければならない。それゆえ，連結処理方法の継続性はGoKonsとみなされる。連結処理方法における継続性のみが，連結決算書の期間比較を可能にする。第297条3項2文は明らかに，前年度の連結決算書に適用された連結方法が保持されるべきことを求めている。その際，それまでの連結方法を放棄する相当の理由がない限り，"Sollen"は"Müssen"と解釈されなければならない。ここでは連結処理方法を，「連結」概念の定義に沿ってまず，連結集団内の取引関係を消去する方法と解さなければならない。

　通貨換算や評価の場合と同様に，連結会計の他のあらゆる分野での継続性は，第298条1項と関連する第252条1項6号（「評価方法は維持されるものとする」）の要請によって，もしくは一般規範におけるGoBの指示によって保証される。

　連結処理の際の法律上の選択権や裁量の余地は，継続性の原則に従い，時の経過の中で基本的に同じように充たされるべきである。第297条3項3文に従えば，例外の場合，連結方法の継続性からの離脱が許される。離脱は，第297条3項4文および5文によれば，連結附属説明書において記載されかつ理由づ

けられ，かつ連結集団の経済状態への影響が表示されなければならない。したがって，非継続性に関する説明の原則は，連結処理についても当てはまる。継続性の原則からの離脱についての説明は，連結集団の経済状態が，あたかも継続されていた時のように，決算書の受手に追跡可能なように行われなければならない。

　経済性の原則は，連結決算書，個別決算書のいずれにおいても，情報の重要性を考量することから，重要性の原則にとって代わられる。この原則は，連結処理にとって特に重要である。重要性の原則は，法律のどこかで包括的に明文化されているのではなく，連結処理に関するさまざまな個別規定の中で，黙示的に顧慮されるものである。この個別規定は，事実関係に即した経済状態の写像の伝達にとって，その適用がさほど重要でないときは，裁量で適用することを要しない。したがって，一般規範において求められている写像が，連結処理法の放棄をめぐる選択権の行使にとっての尺度となる。そこでは，

- ■ 債権債務連結での第303条2項
- ■ 内部利益の消去での第304条3項
- ■ 費用収益連結での第305条2項

に従い，事実関係に即した写像に関する規定の顧慮が重要でない場合にのみ，断念することが許される。法律は，たしかにこの選択権を行使する場合，連結附属説明書における記載および説明義務を要求していない。このことは，経済状態の写像に対して，それを適用することが全体として重要ではなく，したがって説明も必要としない限りでのみ，そのときどきの連結処理規定を断念しうることを根拠づけている。いくつかの連結処理が行われなかったことについての，企業の簡単な説明は，連結集団全体に対する当該企業の重要さを決算書の受手に示すためにも，やはり意義がある。

　連結決算書における連結処理法の原則的要件は，連結集団内取引の消去の原則に依拠している。それは，連結決算書の補完目的または単一組織体原則から生まれる。連結集団内取引の消去の原則は，資本連結，債権債務連結，内部取引消去および費用収益連結によって具体化される。連結集団内取引の消去の原

則はまた，HBⅡまたは合算決算書に掲げられるすべての取引事象を，あらためて経済的単一組織体の観点から，連結集団内の関連を考慮して判断する。同時に，連結集団内取引の消去の原則は，実現原則や連結決算書内容の完全性原則のような，商法上のGoBを補完する。

とりわけ，年度利益に関する限定原則の場合，実現原則と事由に基づく限定原則が，連結集団内取引の消去の原則によって相対化される。実現原則によれば，企業が購入もしくは自家製造した財またはサービスは，それが販売市場で飛躍をとげ，年度決算書において販売価格で価値飛躍を果たすまでは，取得原価または製造原価で計上しなければならない。成果貢献は，販売によってはじめて実現したとみなされるからである。事由に基づく限定原則が実現原則を補完する。事由に基づく限定が，損益計算書において，実現した収益と，それに賦課する費用とを対比させる。連結集団内取引の消去の原則は，こうして連結決算書において，被組入企業の経済的単一組織体の成果を示す合算貸借対照表に適用すべきである。それによって，経済的単一組織体の成果は，給付が連結集団から引き渡されて，その価値が取引を通じて第三者によって確認されたとき，それが実現したとみなされる。年度利益に関する限定原則にしたがって，年度決算書で表示される連結集団内取引からの収益と，それに対応する費用もしくは成果の影響は，費用収益連結によって，連結損益計算書から除去される。帰属する財産や自己資本の価値上昇は，内部利益の消去によって連結貸借対照表から消去される。

また計上原則は，連結処理では，連結集団内取引の消去の原則によって補完される。なぜなら，借記も貸記も，経済的単一組織体の観点から，客観性の原則に従い，連結決算書において考慮されるべきだからである。だから被組入企業の年度決算書で借記および貸記義務ある財産および負債は，連結決算書では借記および貸記禁止となりうる。例えば，被組入企業が創出し，他の被組入企業に売却した無形資産がそれである。それを創出した企業の個別決算書では，この財産は借記要求だが，連結集団の視点からは，それは自家製造のものなので，連結決算書では借記禁止となる。例えば，連結集団対象企業の個別決算書

からの債権および債務の計上が，連結決算書にとっては，計上原則との関連で，経済的単一組織体たる連結集団の視点から判断される，債権債務連結がそれである。債権債務連結では，計上原則によって，連結集団対象企業の個別決算書に計上される，連結従属企業間の債権債務関係は，連結集団内取引消去の原則にしたがって，合算決算書から除去しなければならない。それによって，連結集団内取引消去の原則は，第300条2項1文による連結決算書内容の完全性原則とともに具体化されるのである。

第2章
連結決算書の作成義務と連結範囲

第1節　基本的な作成義務

1　商法典に基づく作成義務
(1) 概　　観
　商法典は，第290条において国内資本会社ないし第264a条の意味での人的商事会社が連結決算書を作成しなければならない前提を定めている。法規制はその場合，次の2つの異なる基準に従っている。
　① いわゆる統一的指揮の基準（第290条1項）
　② いわゆる支配力基準（第290条2項）
　2つのアプローチは，相互に依存せずに，作成義務を導き出しているが，接近したすべてのケースにおいて，2つの基準の前提は同時に満たされることになる（図表2-1参照）。
　経済的観察法に従う統一的指揮の基準は，株式法から移行された。この基準はEC第7号指令において，義務としてではなく国内選択権としてのみ規定されており，基準の副次的な性格は，指令がこの選択権を「以後の調和化までに」と期限を区切ったことによっても明らかである。
　EC第7号指令によれば，作成義務の中心的要素は，第290条2項に転換されたアングロサクソン流の会計から生じる支配力基準である。支配力基準によれば，連結決算書は，親企業が第290条2項1号〜3号の掲げる「連結集団に典型的な権利」を伴う他の企業（子企業）と関連を持つときに作成されなければ

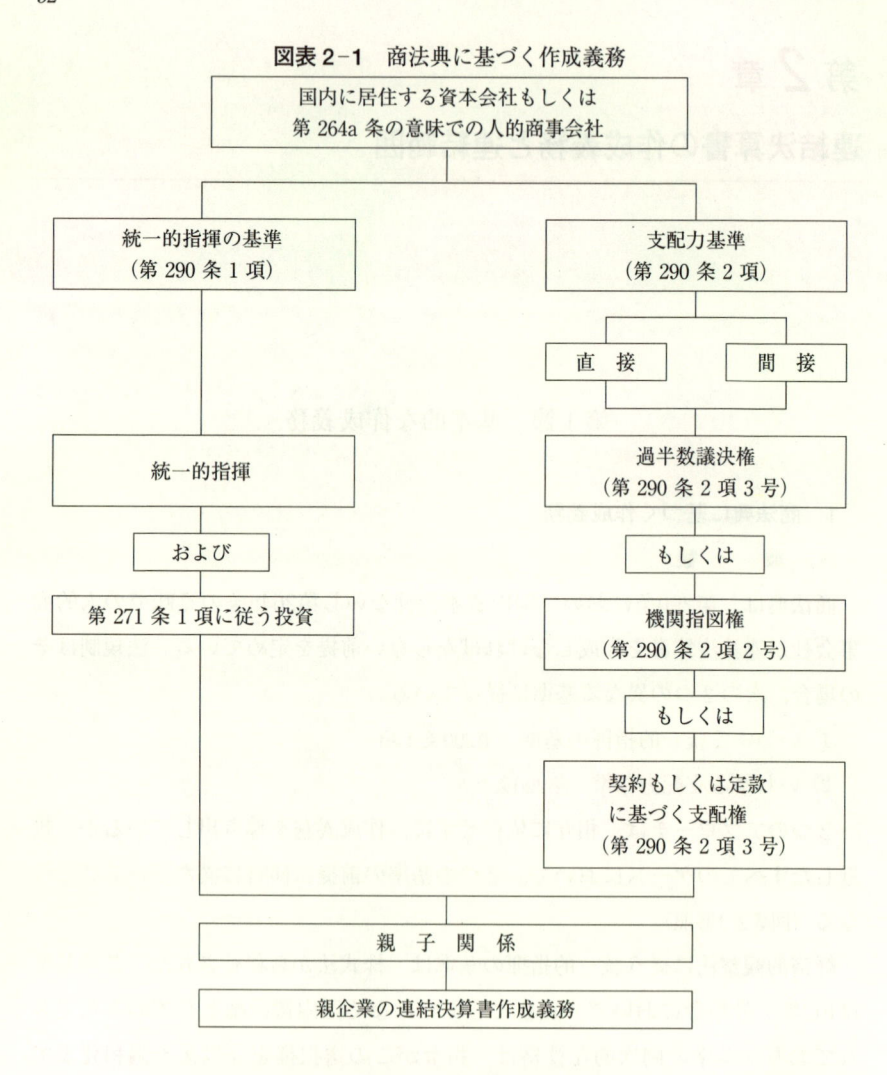

図表2-1　商法典に基づく作成義務

```
        国内に居住する資本会社もしくは
        第264a条の意味での人的商事会社
                    │
        ┌───────────┴───────────┐
   統一的指揮の基準              支配力基準
   （第290条1項）              （第290条2項）
        │                          │
        │                    ┌─────┴─────┐
        │                   直接        間接
        │                          │
        │                    過半数議決権
        │                   （第290条2項3号）
      統一的指揮                    │
        │                        もしくは
       および                       │
        │                     機関指図権
   第271条1項に従う投資        （第290条2項2号）
        │                          │
        │                        もしくは
        │                          │
        │                   契約もしくは定款
        │                   に基づく支配権
        │                   （第290条2項3号）
        └───────────┬───────────┘
                 親 子 関 係
                    │
            親企業の連結決算書作成義務
```

ならない。したがって，純粋に形式的アプローチに基づく法律上の構想とみなされる支配力基準は，支配の権利上の可能性と結びつくのに対して，統一的指揮の基準によれば実質的支配が作成義務の根拠となる。

(2)　統一的指揮の概念

　統一的指揮（第290条1項）の基準に従えば，国内に居住する資本会社もしく

は第264a条の意味での人的商事会社—親企業—は，次の場合に連結決算書を作成しなければならない。

① 少なくとも，親企業の統一的指揮のもとにある別の企業
② 親企業が当該の1つもしくは複数の企業に対して第271条1項に従う投資（資本参加）を行う

　統一的指揮の概念は，法律上詳細に規定されていない。統一的指揮は株式法第18条における連結集団の株式法上の定義に際して利用され，確かに，株式法において連結会計義務の根拠を有している。第290条1項は，表現上は株式法第18条を指示していないが，しかし，この規定の生成史からして，実質的に，株式法に基づく統一的指揮と結びつく作成義務が新法にそのまま引き継がれた。その結果，株式法で展開された具体化の方法は商法典にも移転されうる。しかし，統一的指揮としてなにを理解すべきかを詳細に決定することは困難なままである。株式法に対する立法理由書もまた，相対的に不確定のままである。統一的指揮は，「連結集団の指揮者が連結集団対象企業の営業政策と自身の営業管理のその他の基本的な問題を相互に調整」した場合に存在する。したがって，基本的指標は連結集団活動の調整であり，その結果として，連結集団対象企業はそのことを通じて自己の個別利害を連結集団利害に帰属させることになる。

　連結集団活動の調整は，営業政策と経営の基本的問題に関連しなければならないが，それは企業活動すべてにわたるものではない。むしろ，財務政策，販売政策もしくは人事政策のような個々の基本的な企業家的任務を中心に指揮が行われれば十分である。組織的に極めて階層化された連結集団の場合，統一的指揮は通常，財務領域に集中する。

　連結集団活動の調整に対して必要な影響は，会社法的根拠に基づくものでなければならない。ある企業が信用契約もしくは取引関係に基づき他の企業の著しい経済的影響下にあるときは，それは結果として統一的指揮ではない。統一的指揮の根拠は，投資もしくは企業契約（例えば，支配契約）にある。しかし，統一的指揮の最も実践的で主要な手段は過半数投資である。過半数投資は強制

的に資本の過半数所有を意味しなければならないものではない。契約上，締結可能かもしくは株主総会・社員総会において参加者割合に基づき存在する法的には確認されない議決権過半数もまた，それらが規則的に生じる時には統一的指揮の根拠でありうる。過半数の投資が存在せず，単純な投資のみが存在する限り，統一的指揮は個人的関係，共有の審査もしくは指針，並びに指図権によっても実現される（有限会社法第37条）。

統一的指揮は原則的に分割することはできない。それは最上位の親企業と部分連結集団の親企業とにより同時に行使されない。部分連結集団親企業は自身の子企業に対する統一的指揮を全体連結集団親企業がすべての影響を断念したときには行使し得るが，支配力基準に基づきその企業に付与された権利に基づいてのみ連結決算書を作成することが義務づけられる。

もちろん，2つの親企業は子企業に対して共同で統一的指揮を行使することができる。それは，2つの親企業が対等連結集団を形成するとき，一方の親企業にとって可能となる。しかし，共同の統一的指揮というのは，相互に依存関係のない2つの親企業によっても行使可能である。それは何よりも，2つの親企業が共通の子企業に対する自身の投資の観点から同一方向の利害を持って，親企業間での利害競合が存在しないことが前提である。さらに，共同の統一的指揮は法的に担保された根拠に基づいており，外部の第三者によって認識可能であることが必要である。共同の統一的指揮の法的基礎としては，複数親企業―支配契約，議決拘束契約，子企業の会社契約における規制がある。共同の統一的指揮の帰結は，子企業が2つの親企業に対して，第290条1項に従う親子関係が存在し，そのため両親企業のどちらかが連結決算書を作成して，常にそこに共同の統一的指揮下にある子企業を組入れなければならないということである。

第290条1項に従う連結会計義務は，統一的指揮に加えて，親企業が統一的に指揮する企業が投資に属することを前提としている。第290条1項と明らかに関連している第271条1項において，投資とはある企業の長期的拘束により自身の営業経営に役立てると定められる他の企業に対する持分として定義され

ている。第271条1項の定義は持分の目的規定(自己の営業経営を他の企業への長期的拘束を生み出すことによって役立てる)によって,限定に対する主観的指標を見いだしている。長期投資の目的と並んで,投資に伴い純粋な資本投資を越えて目標が追求されることが必要である。

資本会社に対する持分は,第271条1項3文の投資の推定に従い,その金額が名目資本の20％を上回るときに投資とみなされる。投資の程度を推定する場合,算定規定として株式法第16条2項が,また,帰属規定として株式法第16条4項が遵守されなければならない。

人的商事会社の社員としての地位は,それと結びつく社員権利と通常,長期におよぶ拘束のために,投資とみなされる。このことは資本持分の金額にかかわりなく,出資が行われないときにもまた妥当する。

(3) 支配力基準
① 基　礎

支配力基準は子企業を支配する権利上の可能性と結びついている。この支配可能性に関して,法律は第290条2項において親企業に次の権利が与えられる場合を前提としている。

■過半数の議決権
■企業が同時に社員であるときの管理・指揮もしくは監督機関の構成員の過半数を選任もしくは解任する権利
■子企業が締結した支配契約もしくは子企業の定款協約に基づいて支配的影響が行使される権利

支配力基準にとって特徴的なのは,親企業が上述の権利のうちの1つを自由に利用することが可能か否かだけを目指しており,これらの権利が行使されているのか否かを問わないことにある。ここでは,付与される権利に基づいて他の企業を支配する可能性で十分である。親企業の権利は,その場合,機会が発生していることを前提とせず,権利として確保されなければならない。

② 支配力基準を規定する権利
【過半数の議決権】

第290条2項1号によれば，国内に居住する資本会社ないし第264a条の意味での人的商事会社は，他の企業に対して議決権の過半数を有するときには連結決算書を作成する義務を負う。議決権過半数は多くの場合，資本持分の過半数と一致する。しかし，ここで後者については問題とならない。第290条2項1号の意味での議決権過半数は，議決権が権利上保障される根拠に基づいている場合にのみ生ずる。

　第290条2項1号の意味での議決権過半数は，親企業が子企業におけるすべての決定を遂行することを前提とするものではない。規定の語意によれば，形式的過半数のみが決定的である。

　第290条3項に従えば，親企業が直接保有する議決権のほか，親企業にはそれ以外の議決権が付着する。第290条2項において導入されたすべての支配力権に対して帰属計算規定が適用される。それと区別しなければならないのは，議決権の過半数の算定方法を確定する第290条4項2文の算定規定である。この規定によれば，親企業に付着するすべての議決権は議決権総数に比例して算定されなければならない。その場合，第290条4項2文は，議決権総数からその都度，次のものが減じられることを定めている。

■子企業自体に帰属する議決権
■子企業の子企業に帰属する議決権
■当該企業の計算に際して他者に帰属する議決権

【選任および解任権】

　第290条2項2号によれば，親子関係は，ある企業が別の企業の社員であり，さらに管理機関，指揮機関，監督機関の構成員の過半数を選任もしくは解任する権利が付与されるときに根拠づけられる。人的影響は通常，議決権の過半数に一致する。例外は，ドイツにおける子企業の場合に，社員に対して特別な派遣権が割り当てられるか，もしくは他の社員からその権利が譲渡されるときにのみ生ずる。

　管理機関，指揮機関もしくは監督機関の構成員とは取締役，業務執行者，営業指導社員，監査役，および評議会並びに—外国の子企業の場合に—比較可能

第2章　連結決算書の作成義務と連結範囲　57

な任務を有する個人である。ドイツのように，営業活動の指揮と監督が2つの異なる機関によって遂行される限り，第290条2項2号の前提は親企業が2つの機関のうち1つに対して権限を付与される場合に満たされる。従業員によって共同決定される企業の場合には，社員は監督構成員の一部のみを規定することができる。この場合にもまた，社員によって保証される監査役会構成員だけではなく，監査役会構成員総数の過半数が関係する。

　さらに，親企業は子企業の社員でなければならない。この前提は，第290条3項の帰属計算規定に基づき間接的な会社関係がある場合にも満たされる。子企業が人的商事会社であるときに，親企業は資本投資を行わなかったとしても社員でありうる。

【支配的影響に対する権利】

　支配力基準の第3の特徴として，第290条2項3号は，支配契約もしくは子企業の相応の定款協定に基づく支配的影響が行使される権利を挙げている。

　支配契約とはある企業が他の企業にその指揮を委ねる契約である。その場合，支配企業は従属企業に対して指図を与えることが正当化される。法律上は，株式会社もしくは株式合資会社が自身の社員の指揮を他の企業に従属させる場合にのみ，株式法第291条における支配契約が規定されている。しかし，この規定の類推適用として，その他の法形態の企業もまた，支配契約を締結することができ，その結果として，第290条3項は，契約を交わす企業の法形態にかかわりなく作成義務を導き出すことができる。

　支配的影響を行使する親企業の権利は，子企業の定款協約からも明らかとなる。ここではとりわけ，定款で保証された親企業の指図権，同意権，異議権が考慮される。むしろ，決定的なのは，すべての定款規定が全体として子企業の支配を可能とさせるか否かである。

　これらの規制は，定款の概念が想定しているような株式会社および株式合資会社という法形態の企業に対してのみ妥当するだけでなく，規定の意味と目的に従えば，別の法形態の企業に対しても適用されなければならない。そこに，規定の実践的意義がある。株式会社もしくは株式合資会社への適用は，定款の

法規定からの離脱がそれが表明上許容されているときには可能であるために（株式法第23条5項），せまく封じられている。その種の例外は過半数議決権株式（株式法第12条2項）および監査役会における派遣権（株式法第101条2項）に対して許容される。

③ 権利の帰属と除去

第290条2項の意味での権利として，親企業が直接行使する権利だけが該当するわけでない。第290条3項1文および2文によれば，親企業にはさらに次の権利が加えられる。

■他の企業に付着する権利
■親企業の計算もしくは他の子企業の計算で取扱われるある個人に付着する権利
■親企業もしくは他の子企業に当該企業の別の社員との契約に基づいて付着する権利

子企業に付着する権利の帰属計算を通じて，多段階の連結集団における間接的親子関係が根拠づけられる。他の子企業に付着する権利は親企業に対して完全におよびその投資持分の大きさのみ帰属計算される。

また，親企業に直接的もしくは間接的に付着する権利からは，第290条3項3文に基づいて次の権利が除外される。

■親企業もしくは他の子企業によって他者の計算について取扱われる持分と結びつく権利
■担保として保有される持分と結びつく権利で担保提供者の指図もしくはその利害により行使されるもの

権利の帰属と除去は経済的観察法に従う。権利は経済的所有者に帰属するのであり，法的所有者に帰属するものでない。

2 開示法に基づく作成義務

資本会社でも第264a条の意味での人的商事会社でもない親企業に対して，開示法は作成義務を定めている。開示法第11条1項によれば，国内に居住する企

業は，次の場合に連結決算書の作成義務を負う。
- 当該企業がある別のもしくは他の複数の企業に対して統一的指揮を行使するとき
- 連結集団が一定の規模基準を上回るとき

開示法は一般的企業に対し，その企業概念を定義することなく連結決算書を作成することを義務づけている。開示法の適用領域は否定的な限定によってのみ特徴づけられている。連結会計義務に関しては，開示法によると，次の親企業が明確に除外される（開示法第11条5項）。
- 資本会社
- 信用機関
- 保険企業
- 第264a条の意味での人的商事会社
- 財産管理に限定される人的商事会社および個人商人

資本会社，信用機関，保険企業および第264a条の意味での人的商事会社に対する例外は，それらの企業がすでに別の法規範に基づいて連結会計義務を負わされていることに根拠がある。これに対して，財産管理への限定からは，開示法の企業概念への遡及が関係することになる。したがって，企業属性に関しては，単純な財産管理に関する活動から出発するという前提である。それゆえ，企業は継続してかつ外部から認識可能な営利経済的目標を追求しなければならない。

開示法は連結会計義務を統一的指揮の基準に結び付けている。第290条1項において追加的に要請される投資の基準は開示法の場合，連結会計義務の前提には含まれない。支配力基準と比較可能な規制もまた開示法には存在しない。開示法は，連結集団が一定の規模基準を上回るときにのみ，親企業に対し連結会計を義務づけている。

開示法第11条1項1号〜3号によると，親企業はその都度少なくとも次の規模基準のうち2つを満たしているときに，連結決算書の作成が義務づけられる。
- 連結決算日での連結貸借対照表総額が125百万マルクを上回る

■ 連結決算日より前の12カ月における連結売上高が250百万マルクを上回る
■ 国内に居住する連結集団対象企業が連結決算日の前の12カ月間において平均5,000人を上回る従業員を雇用している

第2節　連結決算書の作成義務の免責

1　上位連結決算書による部分連結決算書作成義務の免責
(1)　タンネンバウム（もみの木）原則

　ある企業がある別の企業の親企業であるときには，当該親企業は多段階連結集団において自身がある別の親企業の子企業であったとしても，第290条もしくは開示法第11条に従い，原則的に連結決算書の作成が義務づけられる。したがって，多段階連結集団では，原則的に各連結集団段階で部分連結決算書が作成されなければならない。部分連結決算書に対するこの原則的義務は，大陸ヨーロッパ的観念ではなくアングロサクソン的な観念に合致している。ドイツでは，各段階における部分連結決算書への義務をしばしばタンネンバウム（もみの木）原則と名付けている。

　多段階連結集団の中間局面に位置する企業は通常，支配力基準に基づいて下位の連結集団対象企業の親企業でもありうる。それに対して，統一的指揮の基準それだけでのみ考えれば，部分連結会計義務を根拠づけることはできない。というのは，一定の連結集団対象企業についての統一的指揮は，異なる連結集団局面にある複数の企業によって同時に行使されることはできないからである。したがって，統一的指揮は分割不能であり，多段階連結集団では最上位の親企業の場合にのみ存在し得る。

　開示法では統一的指揮の基準のみが適用されるために，統一的指揮を行使する連結集団頂点企業のみが連結会計を義務づけられている。したがって，開示法によると，部分連結会計義務は存在しない。この場合，外国にある連結集団頂点企業によって統一的指揮が行使されるならば，状況に応じて―各国の法状

態に応じて―，連結会計義務は完全になくなってしまうだろう。かかる理由から，開示法第11条3項は統一的指揮が外国に居住する企業によって行使されるときに，外国の頂点企業に最も近く位置する国内に居住する企業に対して，部分連結会計を義務づけている。

部分連結会計への義務にそもそも意義があるのか否かは経済性の尺度に応じて判断されなければならない。部分連結決算書は，経済的には，貨幣単位で評価された部分連結決算書の追加的効用がその作成と結びつくコストを上回っているときにのみ正当化される。部分連結決算書が多段階連結集団において，多大な労力とともに（全体）連結決算書の追加的多くの作成コスト，通常は少なくとも一定の帯域幅のなかでの数量化可能なコストをもたらす。特に，部分連結集団対象企業の少数株主，債権者および従業員に対しては，部分連結決算書の効用をそのように判断してはいけない。部分連結決算書によってもまた，部分連結集団親企業の少数株主に対してさらに情報欠陥の存在を回避することができる。連結集団帰属により制約された個別決算書の欠陥は全体連結決算書だけでなく，部分連結決算書によっても相殺することができる。というのは，すべての連結集団内部関係はすべての連結集団対象企業が連結決算書に組入れられる場合にのみ排除されるからである。このことは部分連結決算書の場合，当然にあてはまるものでない。ここでは，部分連結決算書に組入れられない連結集団対象企業に対する内部関係は除去されない。したがって，連結集団対象企業の個別決算書に対するすべての留保条件が部分連結決算書にも当てはまる。確かに，部分連結決算書は少数株主に対する補足的情報を含んでいる。しかし，上述の理由から，部分連結決算書を通じて伝達される追加的情報の効用がその作成と結びつく費用を上回っているのかどうかは疑ってみなければならない。

(2) **上位企業の法形態と居住**

EC第7号指令と商法典においては，確かに部分連結会計に対する基本的義務が存在する。しかし，それは多くの場合，広範囲の免責規定によって棚上げされている。この免責は部分連結決算書の情報能力を制限し，それとともに経

済性の原則を考慮させるものであり，第291条および第292条において規制されている。そこでは，上位企業によって，一定の要件を満たした連結決算書が作成されなければならない（免責連結決算書）。開示法第11条6項によれば，開示法に基づき作成義務がある親企業についてもまた，第291条が適用される。

　免責連結決算書はその法形態および居住地にかかわりなくすべての企業によって作成されなければならない（第291条1項2文）。免責効果を伴う連結決算書を作成する親企業は，ドイツ，他のEU加盟国あるいは欧州経済圏もしくはEU/欧州経済圏以外の一定の国において住所をおくことができる。ドイツもしくはEU/欧州経済圏のその他の加盟国に居住する親企業によって作成された上位連結決算書による免責は，第291条において規制されている。第292条はEU/欧州経済圏以外の一定の国における親企業の連結決算書による免責が法規命令を通じて許可されるという，連邦法務大臣の授権規定を含んでいる。いわゆる連結決算書免責命令第1条2文によれば，免責親企業は，EU/欧州経済圏に居住する資本会社として上位の連結決算書を免責されるべき親企業とその子企業を組入れた上で作成する義務を有する限り，任意の法形態を維持することができる。したがって，私個人，団体，州および地方自治体は連結会計規定の意味における免責親企業としては除外される。1991年11月15日付で施行された連結決算書免責命令は，一定の条件のもとでEU/欧州経済圏でない国における親企業によって作成される連結決算書についても免責効果を拡大した。当該命令は1996年12月31日までの期限付きであり，その結果，1995年12月31日までに終了する営業年度につきドイツの親企業は部分連結決算書を作成する義務を一定の条件のもとで免責される。この規制は実務において有効であったために，1996年10月28日付の法規命令をもって，連結決算書免責命令はさらに，その適用を期限を設けず延長されるように変更された。

(3) **免責連結決算書への要件**

　上位親企業の連結決算書は第291条ないし第292条および連結決算書免責命令に従い，その連結決算書が下位親企業に対して免責効果を持つときには，次の条件を満たさなければならない。

① 免責連結決算書は原則として，EC第7号指令の要請に合致しなければならない。ここでは，一方でEU/欧州経済圏の参加国の親企業間，他方でEU/欧州経済圏以外の国の親企業間を区別しなければならない。
② 親企業はドイツもしくは他のEU/欧州経済圏において居住するときには，親企業が居住する国のEC第7号指令に合致した法律に基づいて，連結決算書を作成しなければならない（第291条2項2号）。
③ EU/欧州経済圏参加国に居住しない親企業の連結決算書は，連結決算書免責命令第2条1項2号に従い，次のいずれかの場合，免責効果をもつことになる。
■EC第7号指令と合致するEU/欧州経済圏参加国の法律に従い作成される
■当該法律により作成された連結決算書が等価値である
④ 作成義務が免責されるべき親企業とその子企業は免責連結決算書に組入れられなければならない。その場合，連結禁止（第295条）および連結選択権（第296条）に関する規定が遵守されなければならない。
⑤ 免責連結決算書はEC第8号指令（監査人指令）の規定に従い認められる（第291条2項2号）かもしくは当該指令に合致した資格を有する（第292条2項および連結決算書免責命令第2条1項3号）決算書監査人によって監査されなければならない。
⑥ 免責連結決算書は連結状況報告書および確認の付記ないし確認の付記の差控えに関する注記を伴い，免責されるべき親企業によって公示されなければならない。免責連結決算書はドイツ語で，免責されるべき連結決算書に適用される規定に従い公示されなければならない。ドイツマルクもしくはユーロへの換算は要請されない。
⑦ 免責されるドイツ親企業の個別決算書は，附属説明書において次の記載を含めなければならない（第291条2項3号および連結決算書免責命令第2条1項4号）。
　(a) 免責決算書を作成する上位親企業の名称および住所
　(b) 作成義務の免責に関する指摘

(c) 免責連結決算書においてドイツ法から離反した貸借対照表計上,評価および連結方法の説明

(4) 免責の例外(少数株主持分の保護)

前節で挙げた諸前提が満たされるときでも,第291条3項の前提のもとでは,部分連結集団親企業の少数株主は部分連結決算書の作成を要請することができる。第291条3項は,上位連結決算書の免責効果を例外規定として定め,一定のケースにおいて部分連結決算書に対する少数株主の利益を保護している。第291条3項によれば,部分連結決算書を作成する義務を有する親企業は次の2つのいずれかの場合には免責されることはない。

① 免責されるべき親企業の社員が株式会社もしくは株式合資会社の場合少なくとも10%,有限会社の場合は20%の持分を所有し,遅くとも連結営業年度の経過前6カ月に部分連結決算書の作成を請求している場合

② 上位親企業の持分が免責されるべき親企業に対して少なくとも90%を所有し,他の社員が免責に同意しない場合

第291条3項の規定は,部分的には,少数株主各々の表明上の合意が必要であるように解釈される。しかし,公開株式会社の場合,実務的には,すべての株主の合意を得ることは可能でない。したがって,少数株主各々の表明上の合意への要請は,少数株主保証を越えるものである。というのは,少数株主の保証は遅くとも「保証されるべき社員がその権利を行使できないか,もしくは行使しようとしない」ときにその意味が付与されるからである。

定款ないし会社契約においてそれが規定されるときには,原則上,要請される少数株主の個別合意は少数株主の特別決議によって代替することができる(株式法第138条)。免責が特別決議によって同意されるべきならば,株主総会ないし社員総会の場合に出席した少数株主の過半数が免責に同意することで十分である。

2 連結決算書の作成義務についての規模依存的免責

上位親企業による全部連結決算書を通じた部分連結集団親企業の部分連結決

算書への作成義務の免責に加えて，商法典はもう1つの免責を規定している。一定の規模を下回るときには，第293条に従い，その連結集団は親子関係が存在するにしても連結決算書を作成する必要はない。規模基準として，貸借対照表総額，売上高，平均従業員数の指標が関連づけられている。

　第293条1項は，貸借対照表総額と売上高の基準を算定する，異なる限界値をもつ2つの異なる方法を規定している。いわゆる総額法（第293条1項1号）の場合，連結決算書に組入れられる企業の個別決算書に親企業の決算日における数値を加算することによって，貸借対照表総額と売上高が導出される。合算貸借対照表に含まれる二重把握，およびその他の不足する連結計算を考慮して，総額法の場合，限界値が別の方法—純額法（第293条1項2号）の数値を20％上回った場合，適用される。ここでは，連結集団内部での結合がすでに除去された連結決算書の数値と関係づけられる。従来，連結決算書を作成する必要がなかったときには，純額法の場合の数値は試算-連結決算書によってのみ算定することができる。企業にその計算を免除するために，立法者は総額法もまた許容している。

　総額法においても純額法においても，2つの異なる決算書作成日に，次の3つのうち2つの基準を上回らない場合，親企業は連結会計義務を免除される。

　親企業が両方法に基づき基準値を算定し，一方の方法の場合にのみ限界値を上回るときには，第293条が2つの方法間での選択権を認めているので，親企業は作成義務がない。決算日として，総額法の場合は親企業の年度決算書の決算書作成日が，純額法の場合には連結決算書の決算書作成日が関連する。

　第293条4項は，要請された免責に応じて，限界値が連続する連結決算日の

図表2-2　商法典第293条に基づく免責のための規模基準

規　模　基　準	総　額　法	純　額　法
貸借対照表総額（100万DM）	≦ 26.89	≦ 32.27
売上高総額（100万DM）	≦ 53.78	≦ 64.54
従　業　員　数	≦ 250	≦ 250

1つに対して上回っている事例を規定している。この場合，立法者が親企業に対して，基準が現在あるいは前決算日において上回っていたが，しかし，以前の決算日に第290条の意味での親子関係が存在しないために作成義務が存しない場合においてもまた，免責を保証しているために，連結会計義務の免責は生じない。そのことは「2つの連続する決算日において限界値を上回る場合に」連結会計義務となるという別の表現で示されている。

信用機関（旧第293条2項）および保険企業（旧第293条3項）に対する規模依存的免責は，銀行会計指令法および保険会計指令法によって棚上げされた。信用機関と保険企業は，連結集団の規模にかかわりなく，連結決算書を作成する義務を負っている（第340ⅰ条1項および第341ⅰ条1項）。2つの場合とも，親企業が信用機関もしくは保険企業であるか否かが基準である。1つもしくは複数の子企業が当該の業種に属しているかどうかは基準とならない。第340ⅰ条によれば，もっぱらもしくは広範囲に信用機関である子企業に対する投資による獲得，管理，利用にその活動が限定されるような親企業もまた，信用機関としてみなされる。類推的に第341ⅰ条に従い，唯一もしくは主要な活動が，もっぱらもしくは広範に保険企業である子企業に対して獲得し管理し「収益性を図る」ための投資であるような親企業もまた保険企業とみなされる。

投資家保護の理由から，親企業は規模基準を下回る場合でもまた，決算書決算日に有価証券取引法第2条5項の意味での組織化された市場を，自身の発行する有価証券取引法第2条1項1文の意味での有価証券を通じて利用するか，もしくは組織化された市場における取引の認可が申請されるときには，作成義務を免除されることはない。

3　商法典第292a条による商法典連結決算書の作成義務の免責
(1)　概　　観

国際的に活動するドイツ連結集団のグローバル化とそれに伴う自身の会計報告の国際化の進行に基づいて，これまで商法上会計報告義務のある親企業は，同時に国際的基準も考慮することをしばしば強いられてきた。一方でこの強要

は外国の資本市場の具体的要請から生じたものだし，他方で，例えば，国際的仕入先，取引先もしくは投資家は国際的決算書にしばしば関心をもっていた。あるいは，直接的な競合者がすでに国際的決算書を提示し，そうした企業の競合者もそれによって同様に比較可能な国際的決算書を提示する刺激があった。

商法典に従い連結会計を行う連結集団にとって，第292a条の発効以前は，国際的会計報告の要請を満たす上で次の可能性があった。

(a) 年度損益および自己資本に対する調整計算表の作成
(b) 2つの規範システムを同時に考慮するいわゆる二元的（デュアル）連結決算書の作成
(c) 並行的（パラレル）決算書，すなわち2つの独立した決算書の作成

そこからは多大な作業費用が生じる一方で，調整計算表もしくは並行的（パラレル）決算書の場合，異なる規範システムに基づいて生ずる異なる年度損益が通常，決算書の読者に対して不信を招いた。

こうした理由から，立法者は第292a条を導入し，親企業に対して一定の条件のもとで，国際的な会計原則に基づく連結決算書だけを作成し，その場合，第290条～第315条に従う連結決算書の作成義務を免除する可能性（国際的免責連結決算書）を生み出した。目的適合的な国際的会計原則としてIASもしくはUS-GAAPが対象とされ，その場合，「IASはUS-GAAPよりも明らかにより多くの信任を享受している」という。

第292a条に掲げられた国際的連結決算書の免責効果に対する諸前提は，DRS第1号に集中されている。DRS第1号は2つの部分から構成される。第1の「一般的部分」では第292a条の要件指標を一般に取り扱い，第2の「特殊部分；個々のIASとEC指令との合致」では，IASないしUS-GAAPにより要請される個々の会計処理方法がEC第4号指令および第7号指令と合致しているか否かが検討されている。

(2) 個々の免責要件の指標

親企業が第292a条を適用しようとするときには，次の免責要件指標を満たさなければならない。

■ 親企業は組織化された市場（有価証券取引法第2条5項）を，自身もしくはその子企業によって発行された有価証券を通じて利用しなければならない（第292a条1項1文）。

外国市場に上場される親企業にのみ開かれたKapAEGにおける政府草案，また，取引所上場企業にのみ第292a条の適用領域を示したKapAEGの最終法案とは対照的に，KapCoRiLiGの施行以後，第292a条の最新の法文によれば，組織化された市場（有価証券取引法第2条5項）を利用するすべての親企業は，その他の条件が満たされる限り，第292a条に基づく連結決算書を作成することができる。2文によれば，そうした市場で取引の認可が申請されることで十分である。その場合，国家によって認められた機関により規制され監督され，正規に存在し，公衆に対して直接もしくは間接的に開放される市場が，有価証券取引法の意味での組織化された市場である。ドイツにおいては，公式市場，規制市場，新規市場がそれに該当する。有価証券取引法第2条1項1文の意味での有価証券とは，株式，株式代理証券，債権，利益配当付社債，新株引受権証および市場で取引されうる株式または債権と比較可能なその他の有価証券である。有価証券の取引がいまだ認可されていないときには，遅くとも連結決算書の作成期間のあいだに認可が申請されていなければならない。

■ 親企業および子企業は免責国際連結決算書において第295条，第296条にかかわりなく組入れられなければならない（第292a条2項1号）。

この要請に基づいて，連結範囲の区分に対する商法典規定が遵守されなければならない。そこから基本的に生ずる問題は，ドイツの規定が国際的に認められた基準と矛盾し，その限りで対立し得るということにある。連結決算書に親企業が組入れられることは当然なため，上述の要件指標はそもそも，連結ないし非連結の問題に関連している。この関連では，2つの観点，すなわち一方での親子関係，他方での組入禁止と組入選択権が重要である。親子関係の限定の観点では，商法典第290条の規定の適用は問題ない。というのは，支配力基準は本質的にIASおよびUS-GAAPの規制と合致し，統一的指揮は実務上，ほとんど絶えず支配力基準と交錯しているからである。

ドイツの連結選択権(第296条)もまた,選択権が弾力的に行使されるために,IASおよびUS-GAAPの適用と対立するものではない。問題なのは,IASもしくはUS-GAAPに相応の規定がない第295条のドイツの連結禁止である。もちろん,第295条が正当にして非常に限定的に解釈されれば,この規制は実務においてほとんど適用されることはないだろう。

■連結決算書は,国際的に認められた会計原則に従い作成されなければならない(第292a条2項2号a)。

立法理由書によると,IASとUS-GAAPに関して,第292a条の意味での国際的に認められた会計原則が問題となっている。DRS第1号においても,IASとUS-GAAPが表現上,国際的に認められた会計原則とみなされている。EC指令に基づいて厳格に作成される決算書の場合もまた,合致推定が適用される。別の会計システムもまた国際的に認められた会計原則として分類されるのか否かは,詳細な説明はないものの,それにはほとんど実践的な意味はないであろう。

国際的に認められた会計原則の適用は,その時々に選択された規制システムが原則的に,全面的に考慮されることを意味している。DRS第1号に従うと,例外として,選択された規制システムにおいて外部の規範が収容されることが認められる。そうした例外の事例は,規範体系の中で規制の欠陥があるために,現存する別の国際的規制に遡及するときに存在する。かかる状況はIASを適用する信用機関と保険企業にとっては特別な意味を持つ。IASにおいて業種特有の規制が広範に不足しており,その結果,そうした欠陥はUS-GAAPの相応の規定の適用を通じて埋め合わされるからである。

DRS第1号においてもまた,規制の欠陥が存在する場合,他の規定に遡及することを正当とみなしている。さらにそこで,EC指令との合致の要請が別途に達成されえない例外事例が挙げられている。しかし,この場合には,第292a条の目的,すなわち国際的に比較可能な連結決算書の作成の容易化がなお達成されるのかどうかについては問題がある。しかし,IAS−決算書は完全にIASに合致しなければならないので,IASに不都合な個々の規制を適用することは認

められない。確かに，DRS第1号も，どのような会計報告概念が適用されているのかが，絶えず認識可能であり続けなければならないと要請している。

■ 免責国際連結決算書はEC指令と合致しなければならない（第292a条2項2号b）。

その他の免責要件指標として，国際的連結決算書はEC第4号指令および第7号指令と合致しなければならない。DRS第1号において，この要請については指令の具体的用語ではなくむしろ全体的情報能力および指令の目的が決定的であると解釈されている。総じて，DRS第1号によって，EC指令との合致基準は広義に解釈され，その結果，第292a条の適用領域は過度に限定されることはない。正当にも，DRS第1号は，EC指令がドイツではなく欧州の局面から解釈されるべきことを要請している。欧州的観点からみた解釈は，会計処理方法がEU加盟国におけるEC指令の転換と規制の容認された適用に一致しているならば，合致要請が満たされることを意味している。

IASがその全体においてEC指令と調和しているのかどうかは，諸々の委員会によってそれぞれの時期に検討されている。その際，かなり異なる結果が示された。EUの折衝委員会による検討の場合，2つだけ重要でない不一致が確認された。その後行われたIDWの調査は7つの重要な相違を確認し，DRS第1号は国際的規制を適用するに際して結局，2つの回避可能な離反を識別している。US-GAAPの指令合致に関しては，ドイツの立法者はUS-GAAPがドイツの慎重原則に対して，例えばイギリスの会計実務よりもより近くに位置し，したがってその限りでUS-GAAPは指令と原則的に一致するという見解を擁護している。最近の調査はなるほどUS-GAAPとEC指令とのあいだに若干の相違しかないことを確認している。

しかし全体としては，国際的な免責連結決算書を作成する場合，会計実務および監査実務がIASもしくはUS-GAAPを具体的に適用することを通じて，その指令合致に関する疑いを広範に克服していることを確認することができる。未だ多かれ少なかれ存在する困難な相違は，規制，例えばEC指令の一層の調整を通じて近い将来において減じられ，もしくは完全に除去されることが目指

されるだろう。

■ 国際的な免責連結決算書の情報能力は商法典決算書および商法典状況報告書のそれと少なくとも等価値でなければならない（第292a条2項3号）。

連結決算書の受手に対して質的低下からの保証を行うためには，国際的な免責連結決算書はドイツ決算書と少なくとも等価値でなければならない。その場合，連結決算書全体の情報能力が基準となり，すべての補足情報（注記）と追加計算がその検討に関連づけられなければならない。指令合致そのものがすでに免責要件に含まれているために，質的低下が予想されるべきではない。特に，IASもしくはUS-GAAPを適用する場合，商法典と等価値の決算書が作成される。この等価値性に関しては，すでに立法理由書が詳述している。確かに商法典の要請は，第297条第1項2文に従い取引所上場親企業についてキャッシュ・フロー計算書およびセグメント報告書の作成が強制されているように，いまや多くの点でEC指令を上回っている。しかし，こうした決算書構成要素は，IASもしくはUS-GAAPに基づく義務的構成要素に以前から属している。

問題なのは，この関連において，連結状況報告書を作成し開示しなければならないとする第292a条1項1文の要請である。IASにおいてもUS-GAAPにおいても連結状況報告書に類似した情報用具の作成に対する具体的規制が存在していないからである。DRS第1号に従えば，免責連結状況報告書において商法典状況報告書に対して規定される義務内容が含められているときにのみ等価値性が存在することになる。

■ 附属説明書および連結決算書に対する説明は所定の記載を含むものでなければならない（第292a条2項4号）。

附属説明書では，適用される会計原則が示され，ドイツ法から離反した計上方法，評価方法，連結方法が説明されなければならない。IASもしくはUS-GAAPを挙げるときには，適用に際して，そのときに従来の基準の改訂に基づく選択権を行使する場合，具体的に適用された基準の改訂版が報告されなければならない。免責IAS-決算書の場合にはまさに，規制の動態に基づいて，具体的に基礎となっている基準の指示がその時々の規制指針となっている。貸借

対照表計上方法，評価方法，連結方法に関して，第292a条の最初の適用とその後の適用とのあいだの区別がなされなければならない。最初の適用の場合，貸借対照表関連の原則が計画的に侵害されるので，自己資本の数量的調整計算が追加的に報告されなければならない。その後引き続き適用する場合，決算書の受手は，言葉による説明を通じて，作成されない商法典決算書を想像できるようになる。その場合，2つの連結決算書の作成による作業負担がまさしく回避されねばならないために，数量化された調整計算は必要でない。

■ 免責国際連結決算書の監査に対しては一定の要件が設定される（第292a条2項5号）。

国際的な免責連結決算書は，指名された決算書監査人によって監査されなければならない。その場合，決算書監査人（経済監査士もしくは経済監査会社）は，誠実性の原則に基づいて，自身が監査に必要な商法典の知識，国際規範，EC指令，適用される監査原則を利用できるときにのみ監査契約を受け入れることが要請される。

第292a条に基づく連結決算書を監査する場合，商法上の義務監査が問題となっているために，IDWが公表するドイツの監査基準が強制的に適用されなければならない。しかし通常は，監査原則体系間の相違のために追加的監査手続きが必要となろう。国際的免責連結決算書に対する監査証明の具体的な様式はPS400に含まれている。そこで，決算書監査人は例えば監査証明において，免責要件指標を満たしていることを明確に確認しなければならない。

■ 連結決算書はドイツ語およびDM／ユーロで公示されなければならない（第292a条1項）。

国際的な免責連結決算書は第325条，第328条によれば，ドイツ語およびユーロで公示されねばならない。その場合，本来の連結決算書の作成は別の言語およびもしくは別の通貨で行うことも可能である。国際的な免責連結決算書を公示する場合，ドイツ法に従って作成されていない連結決算書が対象であることが明確に指摘されねばならない。すべての書類は連邦官報において公告され，商業登記所に提出される。

第3節　連結範囲の区分

1　商法典の段階区分基準

　連結決算書にはいかなる企業が組入れられるべきか。この点に関し商法典は，いわゆる段階区分基準に依拠している。

　親企業は中心円の真中に位置する。中心円においては，親企業の影響力の度合が外にいくにつれて弱まる。

　全部連結により連結決算書に組入れられる企業は，全部連結範囲もしくは単純に連結範囲と呼ばれる最も内側の円に属する。親企業は子企業を支配しているか，もしくは親企業に帰属する権利に基づき直接的もしくは間接的に支配する可能性を有する。

　第2の円—いわゆる比例連結—は共同企業である。共同企業は連結集団対象企業と，連結集団には属さない1社もしくは複数の企業により共同で経営される。共同企業を共同で経営する企業は出資社員企業と呼ばれる。共同企業に対する連結集団の中核企業の影響力は，子企業に対する場合よりも小さい。共同企業に対しては，出資比率に応じた比例連結が認められる（第310条）。すなわち，すべての資産および負債，並びにすべての費用および収益は比例的に－出資社員企業の出資比率で－連結決算書に引き継がれ，共同企業と連結集団対象企業とのあらゆる内部取引が比例的に消去される。比例連結選択権が行使されない場合，共同企業は，持分法により連結決算書に計上される。

　関連企業は第3の円で考慮される。第311条に基づき，連結決算書被組入企業が連結決算書に組入れられていない企業（関連企業）に第271条1項に基づき投資し，そして関連企業の営業政策および財務政策に重要な影響を及ぼすことが前提となる。関連企業は，持分法に基づき連結決算書に計上される。持分法の場合，関連企業の個々の資産および負債，費用および収益は連結決算書に引き継がれない。そのかわり，関連企業に対する投資が連結決算書に計上され，関連企業の自己資本の増減に応じて継続記録される。共同企業および関連企業

図表 2-3　企業間関係および連結決算書における計上

企業間関係の形態	下位企業の特性	連結決算書での計上
統一的指揮ないし連結集団に特有の権利	子企業	全部連結
他の企業との共同経営	共同企業	比例連結（選択権），さもなくば持分法
重要な影響	関連企業	持分法
継続的な取引関係	投資	取得原価

は全部連結範囲に含まれないのと同時に，表現されるべき経済的単一組織体にも属さない。したがって，（親）企業が全部連結子企業に投資しておらず，たんに1社もしくは複数の共同企業あるいは関連企業に投資しているにすぎないときは，連結決算書は作成されない。連結決算書の作成義務があり，そして親企業が非子企業に対して重要な影響を及ぼさない場合，かかる非子企業に対して，取得原価で評価される投資として連結決算書における表示が認められる。このような企業は，段階区分基準によれば最も外の円になる。

　段階区分基準によれば，連結決算書は連結集団の影響圏を示すものであり，全部連結範囲に相当する経済的単一組織体を表示するだけのものではない。図表2-3は，様々な影響力の度合がどのように連結決算書において表現されるのかを要約的に示したものである。

2　全部連結範囲
(1)　組入義務

　第295条，第296条が連結義務の例外を列挙する一方，基本的には第294条を通じて（全部）連結範囲が限定される。第294条によれば，連結決算書には原則として

■親企業
■すべての子企業

が組入れられねばならない。親企業は国内に居住しなければならない。子企業の場合，このような制限はない。子企業はその母国に関係なく，つねに連結範囲に組入れられる。したがって，ドイツの親企業は原則として，世界決算書を作成する義務を負う（世界決算書原則）。ここに，旧株式法に基づく連結決算書との重要な相違がある。旧株式法においては，国内に居住する企業のみが強制的に組入れられねばならなかった（旧株式法第329条2項）。

　連結決算書の作成にあたっては，子企業の詳細な会計情報が必要である。したがって，親企業は連結決算書の作成に必要なすべての情報を把握し，子企業は，第294条3項に基づき親企業に必要なすべての書類を速やかに用意し，さらに親企業の求めに応じて必要な説明書および証拠書類の提出を行わなければならない。

(2) 全部連結の例外
① 組入禁止および組入選択権

　すべての子企業が全部連結により連結決算書に組入れられねばならない，という基本命令（第294条1項）は，1つの組入禁止（第295条）そして4つの組入選択権（第296条1項1~3号および2項）により相対化される。しかしながら，組入禁止および（行使された）組入選択権をもって，子企業の連結決算書における表示の可能性が完全に無くなるわけではない。子企業が，組入禁止ないし組入選択権を通じて全部連結されない場合，持分法の要件を満たしていないのかどうか個別に調査する必要がある。親企業が子企業の営業政策および財務政策に重要な影響を及ぼす場合，子企業は持分法により計上されねばならない。もしそうでない場合，子企業に対する投資は，取得原価で評価され連結決算書に計上されねばならない。第295条，第296条のために全部連結されなかった子企業に対して比例連結は適用されない。なぜなら，全部連結および比例連結の要件は概念的にみれば相互に排除しあうからである。子企業は同時に共同企業とはなりえない。

　比例連結が認められる共同企業に関して，第295条，第296条に相当する明確な規定はない。比例連結はともかく選択的に認められるため，第296条のよう

な選択権をあらためて付与することは無意味であろう。連結禁止は，子企業に対する第295条の組入禁止と同様，比例連結の場合，第297条2項2文の一般規範が基準となる。

② 第295条の組入禁止

すべての子企業の組入義務に対する例外として，第295条は次の場合に子企業の連結を禁じている。それは，ある子企業の活動がその他の被組入企業の活動と著しく異なるために，当該子企業の組入が，連結集団の財産状態，財務状態および収益状態の事実関係に即した写像の伝達義務に調和しない場合である。換言すれば，当該子企業の組入を通じて，連結決算書が経済状態の不適切な写像を示すことが考えられる場合である。この規定をもって，第297条2項2文の一般規範が強調される。

ただし，第295条を援用して，その組入が連結集団の経済状態の写像に著しい影響を与えたり，侵害する可能性のある子企業のすべてを連結範囲から除外することが認められるわけではない。第295条2項によれば，連結集団内に一部，工企業，商企業およびサービス企業が含まれ，または子企業が連結集団の活動とは異なる製品およびサービスを提供することのみを理由として，当該子企業の連結は放棄されてはならない。業種を越えて広がる連結集団もまた，基本的には異業種の子企業を含む連結決算書を作成しなければならない。

③ 第296条の組入選択権

第295条の組入禁止と並んで，連結集団に典型的な活動に対して，ドイツ連結会計法は，第296条において4つの組入選択権を定めている。すなわち，以下の場合には，子企業の全部連結義務は存在しない。

■重大かつ持続的な制約が，子企業の財産もしくは業務執行にかかわる親企業の権利行使を著しくかつ持続的に阻害する場合（第296条1項1号）

■子企業の組入が過度な費用もしくは遅延を伴う場合（第296条1項2号）

■子企業に対する持分が，もっぱら転売目的で保有されている場合（第296条1項3号）

■子企業の組入が，一般規範により要請される連結集団の経済状態の写

像の伝達にとり副次的な意味しか持たない場合（第296条2項）。

これら選択権は，連結禁止の場合と同様，もっぱら子企業に対して適用される。他方，親企業はつねに連結決算書に組入れられねばならない。組入選択権については継続性の原則が適用される。この原則は，GoKとして合算貸借対照表の作成に際して遵守されねばならない。継続性の原則によれば，対象となる事実に変化がない場合，後続年度においても同一の方法が用いられるべきである。

全部連結選択権は，第296条3項に基づき，連結附属説明書において記載され理由づけられねばならない。そこでは，該当企業およびその企業を除外した事実について言及されねばならない。連結範囲からの除外については，対象となる事実の指摘とともに理由が示されねばならない。第296条に基づく選択権を通じて全部連結されなかった子企業は，—要件が満たされる限り—持分法に従い連結決算書に組入れられねばならない。第295条の連結禁止の場合と異なり，この点に関し法律は明確に言及していない。連結禁止の場合でも持分法の適用可能性が検討されることからみて，段階区分基準に従えば，連結選択権の場合にも持分法の適用が可能になるはずである。

(3) 全部連結範囲の修正に際しての報告義務

ほとんどの連結集団では，時の経過とともに，既存の投資が一部もしくは完全に売却され，また新たな投資が生まれる。これにより，従来の子企業が連結範囲から除外され，また新たな子企業が全部連結の範囲に含められる。その結果，全部連結の範囲に変化が生じる。さらに，連結禁止の要件（第295条）もしくは連結選択権の要件（第296条）が満たされる，もしくは満たされないことにより，全部連結の範囲が変化することもある。そのため，これまで全部連結されていた子企業が連結決算書にもはや組入れられる必要がない，ないしは従来全部連結されていなかった子企業が，今回はじめて連結決算書に組入れられる必要が生じる。

全部連結範囲の変更は次のことを意味する。すなわち，2期連続する連結決算書が異なる報告対象に基づいているため，こうした連結決算書間の比較可能

性が損なわれるということである。外部の連結決算書受手は，要するに，連結決算書データの変更理由を判断することができない。すなわち，前年度の報告対象の経済状態が変わったのか，もしくは報告対象の内容そのものが前年度と比較して変化したのかという点についてである。こうした理由から，もし全部連結範囲が著しく変化したならば，第294条2項1文に基づき，連結決算書において「2期連続する連結決算書の有意味な比較を可能にする」記載がなされねばならない。

　全部連結範囲が著しく変化した場合，どの子企業が連結決算書においてはじめて組入れられたか，またはもはや組入れられなくなったのか連結附属説明書において示されねばならない。ただし，全部連結範囲の変更に関する言葉による説明は，前年の連結決算書との情報能力のある比較を可能にするものではなく，それゆえ第294条2項1文の報告義務を果たすものではない。

　法律は，第294条2項2文において明確に次のように規定している。すなわち，前年の該当金額を連結範囲の変化に適合修正させることによっても記載義務は果たされる，と。この適合修正を通じて，連結決算書の受手は，全部連結範囲の変更が貸借対照表および損益計算書のどの個別項目にいかなる影響を与えたかを認識することができる。もちろん，これは受手が前年度の連結決算書を比較対照することが前提である。

　第294条2項により求められる記載は，―連結貸借対照表および連結損益計算書における前年度数値の適合修正の代替として―連結附属説明書においても行うことができる。連結附属説明書においては，全部連結範囲の変更に基づく重要な連結決算書項目との乖離が，絶対額もしくは相対額でもって記載される。

3　比例連結範囲

　子企業ではない企業が，連結集団の親企業または連結決算書被組入企業と，連結決算書に組入れられない1社もしくは複数の企業とに共同で経営される場合，第310条1項に基づき，連結決算書への比例的な組入が認められる（比例

連結選択権)。比例連結を適用する典型的な事例は，いわゆる共同企業（ジョイント・ベンチャー）である。比例連結の許容のための決定的な要件は，ジョイント・ベンチャーの共同経営である。もっとも，共同経営に関しては法律上の定義も詳細な説明もない。支配力基準に依拠すれば，議決権の過半数，もしくは支配力基準に基づくものと異なる権利が，出資社員企業に共同かつ等分で帰属する場合，共同経営が確認できるであろう。支配力基準の場合とは異なり，共同経営の場合には，出資社員企業に帰属する権利が実際に行使されねばならない。実務上，共同経営が確認できるのは，2社もしくはそれ以上の出資社員企業が，他の企業にそれぞれ同比率で出資している場合である。

2社もしくはそれ以上の出資社員企業が，同じ出資比率でジョイント・ベンチャーに投資している場合であっても，第310条1項にいう共同経営が無条件に確認できるわけではない。同じ出資比率であるにもかかわらず，意思決定権が出資社員企業のうち1社にのみ帰属するのであれば，それは出資社員企業による統一的指揮である。この場合は，出資社員企業による共同経営とはみなされず，かかるジョイント・ベンチャーは子企業として出資社員企業の連結決算書に組入れられねばならない。

全部連結と比例連結間の選択権は存在しない。というのは，統一的指揮から生じる緊密な連結集団関係は，段階区分基準において，全部連結を通じて表現されるべきであり，全部連結よりも企業間関係の弱い比例連結形態にあえて移行する法根拠は存在しないからである。

共同企業の連結は，比例連結手続きに基づき実行され，すべての資産，負債，費用，収益の場合，持分に応じて連結決算書に引き継がれ，あらゆる連結集団内部取引が出資社員企業の出資比率に基づき連結される。

4 持分法適用企業

第311条，第312条に基づき，いわゆる関連企業が，連結決算書において持分法に従い計上されねばならない。連結決算書に組入れられる企業が関連企業に対して重要な影響を及ぼすことがその特徴である。その場合，統一的指揮を行

うこともなく，あるいは支配力基準に基づく権利を有することなく関連企業の営業政策および財務政策に働きかけ，また関連企業の利益処分に影響を及ぼしうる場合，重要な影響が確認される。議決権の少なくとも20％を有する場合，重要な影響が推定される（第311条1項2文）。

さらに持分法は，第295条1項2文に基づき，連結禁止により組入れられない子企業に対しても適用される。子企業が組入選択権に基づき連結されない場合，持分法の要件が満たされるか否かが検討されねばならない。とりわけ，過度な費用負担もしくは遅延の理由から子企業が組入れられない場合，当該子企業は持分法により計上されねばならない。費用負担と遅延を通じて親企業の影響力が減少するわけではなく，重要な影響はほぼ常に存在するため第311条1項による処理が行われるのである。第296条2項に基づき非重要性の理由で連結決算書に組入れられない子企業の場合にも，かかる子企業が持分法に基づき連結決算書に組入れられるか否かが検討されねばならない。全部連結されない子企業に重要な影響が及ばない場合，持分法の要件は満たされない。その場合，これらの子企業は，取得原価で評価される投資として連結決算書に計上される。

第310条1項の選択権に基づき比例連結されない共同企業は，基本的に持分法に基づき連結決算書において計上される。

持分法の要件が満たされるとしても，投資が連結集団の財産状態，財務状態，収益状態にとり副次的な意義しか持たない場合，例外的に，第311条2項に基づき持分法の放棄が可能である。しかし，このような投資が連結決算書においてまったく表現されないわけではない。むしろその場合，かかる投資は取得原価で評価される。

比例連結または全部連結の場合と異なり，持分法の場合には，関連企業の個別決算書の資産，負債，費用および収益が引き継がれることはない。むしろ持分法は，投資を会計処理する際の特別な方法である。投資の簿価は，関連企業の自己資本の変動に応じて継続記録される。

5 投　　資

企業に対する持分のうち，重要な影響を及ぼすことなく，そのため持分法が適用されないものは，その取得原価でもって評価されねばならない。これは個別決算書での方法に合致する（第271条1項）。

6 段階区分基準の概観

図表2-4は，連結決算書への企業の組入に関するさまざまな形態を示している（Ja：はい，Nein：いいえ—訳者）。

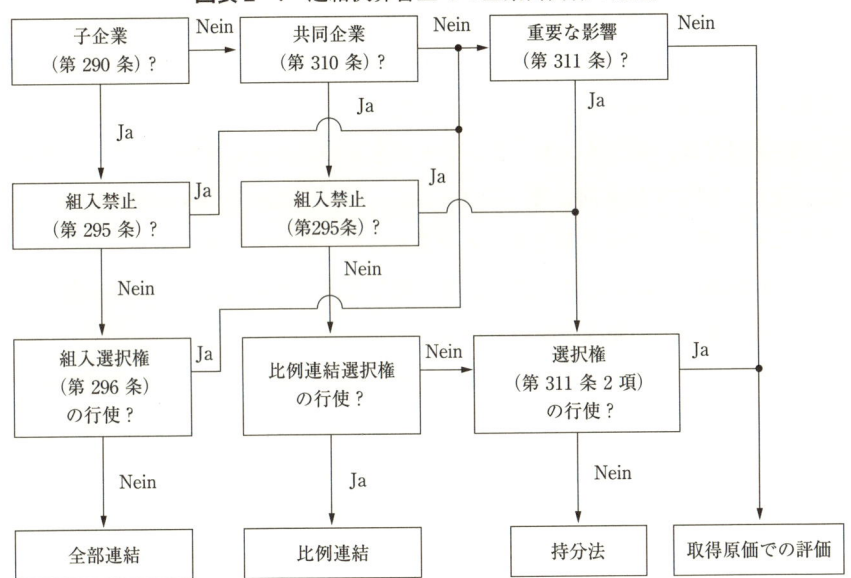

図表2-4　連結決算書上での企業間関係の形態

```
子企業              Nein    共同企業           Nein   重要な影響          Nein
(第290条)?  ────────▶  (第310条)?  ─────────▶ (第311条)?  ──────────┐
     │                    │                    │                    │
     │Ja                  │Ja                  │Ja                  │
     ▼                    ▼                    ▼                    │
 組入禁止      Ja      組入禁止                                      │
(第295条)? ────────▶ (第295条)?                                      │
     │                    │Nein                                     │
     │Nein                │                                         │
     ▼                    ▼                                         │
 組入選択権    Ja     比例連結選択権   Nein    選択権         Ja      │
(第296条)  ────────▶   の行使?     ─────────▶ (第311条2項) ──────────┤
 の行使?                  │                   の行使?                │
     │Nein                │Ja                   │Nein                │
     ▼                    ▼                    ▼                    ▼
  全部連結              比例連結              持分法          取得原価での評価
```

7 IASに基づく連結範囲の区分

(1) IASに基づく全部連結範囲

IAS第27号を通じて，連結範囲が基本的に区分されている。IAS第27号によれば，原則としてすべての子会社，すなわちすべての被支配企業が連結決算書に組入れられねばならない。かかる義務は親企業および子企業の法形態それに

居住地にかかわりなく存在する（世界決算書原則）。

　ドイツ商法典第295条（組入禁止）とは異なり，IASによれば，異業種の子企業に対しても組入命令が明確に存在する。IAS第27号では，この根拠は受手が獲得可能なより良い情報をもたらすという点である。異業種の子企業の連結および連結決算書上での当該子企業の活動に関する追加情報の記載は，受手に対する情報という観点からみれば，組入の放棄に優先する。IAS第27号によれば，連結集団内の異業種の重要性を受手に説明し，かつ連結決算書の情報損失を回避する目的で，例えばIAS第14号のセグメント報告書において追加的情報が伝達される。

(2)　IASに基づき組入れられるその他の企業

　親企業および子企業と並んで，IASの連結決算書においては共同企業，関連企業および投資が組入れられねばならない。

　IAS第31号は，ジョイント・ベンチャーを3つの形態に区分している。ただし，連結に関しては共同企業（jointly controlled entities）のみが相当する。1社もしくは複数の連結決算書非組入企業と共同で経営される企業がこれに該当する。IAS第31号によれば，共同企業に対しては比例連結もしくは持分法に基づく連結決算書への組入が認められる。

　IAS第28号によれば，いわゆる関連企業が連結決算書において持分法に基づき計上されねばならない。すなわち関連企業の特徴は，連結決算書に組入れられる企業が，IAS第27号の支配力基準に基づく権利を有することなく，企業に重要な影響を及ぼし得るという点である。IAS第28号によれば，投資企業が被投資企業に重要な影響を及ぼし得る場合に（実際の行使は問題ではない），かかる被投資企業は関連企業とみなされる。

　被投資企業に対して重要な影響を及ぼさない持分に対して，持分法の適用は認められない。かかる持分はIAS第39号（金融商品），ないしはIAS第25号（投資）に基づき会計処理される。

第3章
統一性の原則 ―連結の前提―

第1節 概　　観

　統一性の原則は，個別決算書の総合化が統一的会計基準に従い，行われなければならないことを要請する。というのは，この前提のもとで個別決算書と比較可能で，情報能力ある連結決算書が作成されうるからである。本来の商事貸借対照表，いわゆるHBⅠが統一的規範の要請を満たさない限りは，それに応じた適応措置が必要となる。結果として，いわゆるHBⅡ，すなわち，連結集団統一的な会計原則に従って作成される個別決算書が生ずる。

　しかし，統一性の原則は第297条3項1文がいう単一組織体原則に代替するものではない。単一組織体原則は連結方法のための指針を示しており，連結決算書作成の第3段階において意義をもっているからである。それに対して，統一性の原則の場合，連結決算書作成の第1段階が問題となっている。第1段階では，連結決算書に組入れられる個別決算書の数値が統一化され，それにより年度決算書が合算決算書に加算されることになる。模写される数値材料の形式的および実質的統一性への最低尺度が保証される場合にのみ，連結決算書が会計報告責任目的および情報に基づく資本維持目的を満たすため，特に統一性の原則は重要である。

　形式的統一性は連結決算書において組入れられる決算書の統一決算日ないし報告期間，連結決算書における統一的表示並びに統一的通貨を要請する。しかし，明確な商法規定は，決算日統一性と統一的通貨にのみ存在するにすぎない。第299条はどのような日に連結決算書決算日がありうべきか，どのような

根拠で連結集団からその営業年度の離反する企業が連結決算書に組入れられなければならないかを規定する。

さらに，立法者は第244条において，連結決算書が欧州で作成されなければならないことを規定する。外国子企業の決算書は外国通貨に基づいているために，この決算書は形式的および実質的統一性と結合して，ユーロ建で換算されなければならない（計算単位の統一性）。商法は連結決算書における通貨換算を規定する特別の規定を含んでいない。立法者は，第313条1項2号に基づいて外国通貨建で作成された決算書をユーロ建に換算するための根拠が連結附属説明書に記載されねばならないと規定するだけである。具体的な法規定が存在しないことから，文献では，方法選択権が主張されている。ただし，その議論は特にテンポラル法（時間関連法），決算日レート法並びに，これらの2つの方法の結合という外国通貨建決算書の換算方法に集中している。

実質的統一性は，被組入企業の決算書が連結集団統一的な貸借対照表作成原則に適合するときに保証される。ドイツの親企業に適用可能な法は計上と評価に関する適応措置の枠組みを形成する。明確な規定は第300条2項における計上および第308条における統一的評価に関して存在する。

図表3-1は統一性の原則に具体化されるHBⅡを作成する場合の措置を体系化し，それを連結決算書作成プロセスにおいて整理したものである。

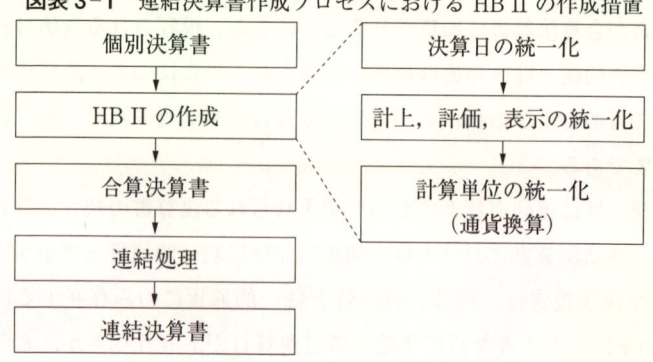

図表3-1 連結決算書作成プロセスにおける HBⅡ の作成措置

```
個別決算書
    ↓
HBⅡの作成  ┄┄┄  決算日の統一化
    ↓              ↓
合算決算書         計上，評価，表示の統一化
    ↓              ↓
連結処理          計算単位の統一化
    ↓             （通貨換算）
連結決算書
```

第2節　決算日の統一性

1　連結決算書決算日の確定

　立法者の意思によると，連結決算書は①原則的に親企業の年度決算書の決算日に作成されなければならない（第299条1項）。しかし，連結決算書は②それとは異なる最も重要な被組入企業の年度決算書の決算日に，もしくは③連結決算書に組入れられる過半数の企業の年度決算書決算日にもまた作成される。その他の決算日は連結決算書にとって問題とはならない。

　法律規定の文言からは，文献において一部，上述の3つの可能性が同等であると推論される。しかし，この解釈は第299条1項の前段と後段との意味関連を無視している。第299条1項後段は，連結決算書における親企業の決算日からの離反は，記載され理由づけられなければならないと要請する。結果として，②もしくは③の可能性が挙げられるときには，その（通常とは異なる）選択が説明され開示されなければならない。この法律規定は，立法者の意思が連結決算書決算日と親企業の年度決算書決算日とを原則的に一致すべきとしていることを明らかにする。親企業の年度決算書が連結決算書の基礎を形成するために，そのことは目的に適っている。すべての子企業が自身の個別決算書を親企業の決算日に作成した場合には，その決算日についての代替案は存在しない。

　連結決算書に組入れられる個別決算書の決算日が離反する場合にのみ，最も重要なもしくは過半数の被組入企業の決算書決算日もまた選択される。親企業の決算日と離反する可能性は，目的適合性を考慮しており，例えば，ある連結集団において，自身の営業経営を行わない持株会社（親企業）が連結決算書に対して異なる意味を持つ製造子企業および販売子企業とは異なる決算日に自己の個別決算書を作成する場合は目的適合的である。親企業の決算日からの離反は，この例外事例において連結決算書作成の際に費用を節約するとともに，第297条2項2文の一般規範をより満足させる。

連結集団における1企業ないし企業グループの重要性を決定するための判定基準として，文献では，主として，貸借対照表総額，連結の範囲並びに従業員数が提案される。一義的解決はすべての（目的適合的）基準が同じ結果をもたらす場合にのみ達成される。被組入企業の過半数は，これに対して，数によってのみ決定される。しかし，この例外規制の要請は，過半数の場合に小規模のそして全体の中では重要でない企業が問題とされるときには，第297条2項2文の一般規範との関連でコンフリクトがある。1995年度以降の連結決算書に関するC&Lドイツ監査法人の調査は，調査された100の連結決算書のうちの小規模のものについては，最も重要な子企業の決算書決算日が連結決算書決算日として選択されているが，例外なく，親企業の年度決算書の決算日は連結決算書決算日となっていることを示している。

2 被組入企業の決算日の統一
(1) 統一的決算書決算日の原則

決算書に組入れられる諸項目は同じ決算日に締め切られなければならず，それにより，決算書決算日における資産と負債，この決算日までの年度経過の中の収益と費用を適切に把握することができる。連結決算書は被組入企業の個別決算書に基づいて作成されるために，個別決算書は連結決算書決算日に作成されなければならない。HEINENは，この統一的決算書決算日の原則を「連結決算書作成にとって最も重要な要件」とみなしている。それが与えられない場合，連結決算書は情報能力を失うことになる。第1に，異なる時期に関連する項目がその状況の中で統括され，第2に，恣意的な資産と利益の見越しが次々と行われ，第3に連結集団内部の項目の信頼し得る一致がもはや保証されなくなることになる。こうした見解は，文献の中で等しく共有されている。

しかし，連結集団統一的決算日の要請は立法者によって明示的に要請されてはおらず，「連結決算書に組入れられる企業の年度決算書は連結決算書の決算日に作成されなければならない」という文言が第299条2項に規定されているにすぎない。この規定は，連結集団統一的決算日が世界決算書原則の観点から

は遂行され得ないとみなしているために、同様に統一的決算日を義務としていないEC第7号指令に遡及する。

しかし、被組入企業の個別決算書の決算日は任意に連結決算書決算日から離反してはならない。被組入企業の連結決算書決算日から離反した決算日を正当化する現実的な根拠が存在しなければならない。被組入企業の決算日が連結決算書決算日とは別に変更されるべき場合にもまた現実的根拠が要請される。連結集団統一的決算日のこの要件は第252条1項3号とそれに結びつく第298条1項に従い、連結決算書にもまた適用される。

(2) 中間決算書による決算書決算日の統一性

連結決算書決算日と一致した統一的な決算書決算日がすべての連結集団対象企業に可能でないときには、決算日の統一性は、当該企業自身が連結に際して、連結集団営業年度に作成されるいわゆる中間決算書を作成する場合にのみ達成される。連結集団対象企業の通常の営業年度とは異なり、中間決算書は連結決算書に当該企業を組入れる際の基礎となる計算期間を生み出す役割を果たしている。この中間決算書は、HBⅡと同様の規定に基づき作成されなければならない。第317条2項に従い連結決算書監査人によって、中間決算書もまたそれがGoBに合致しているか否か、連結決算書に収容するにあたり基準となる諸規定に準拠しているか否かが監査されるために、個別決算書ないしHBⅡと比較可能な質がこの中間決算書においても基本的に保証される。しかし、中間決算書は社員配当に対してもまた租税支払に対しても、連結集団対象企業の損益依存的支払の法的基礎を理由づけるものでない。したがって、中間報告書において表示される損益依存的費用、例えば利益ないし分配に依存的な配当をどのように算定すべきかが問題となる。将来の営業経過に関して不確実性があるため、この費用は予測によってのみ算定可能である。ここに、貸借対照表作成者にとっての裁量の余地が形成される。

EC第7号指令の指示に従い、商法典規定は被組入企業の貸借対照表決算日が連結決算書決算日を3カ月を越えて離反する場合にのみ中間決算書が強制的に規定される（第299条2項2文）。その場合、「3カ月基準」は、例えば、連結

営業年度が12月31日に終了する連結集団の場合，その営業年度が9月30日もしくはそれ以後—しかし，連結決算書決算日以前—に終了するときには，自身の前期個別決算書に基づいて企業が連結決算書に組入れられてよい。この場合，中間決算書は作成されるべきでない。しかし，第299条3項に従い，当該企業の決算書決算日と連結決算書決算日の間に連結集団の経済状態にとり特別に重要な事象が生ずる場合，それは連結決算書において計上されなければならない。当該企業の決算書決算日が連結決算書決算日以降の日にあるときには，当該企業は中間決算書の作成が義務づけられることになる。

第299条2項2文の規定は全部連結の規制に従い連結決算書に組入れられるすべての企業および第310条に基づき部分的に連結される共同企業に適用される。しかし，関連企業と持分法に基づき組入れられる共同企業には適用されない。第312条6項1文に従い，持分法は関連企業のその都度の最終年度決算書に基礎づけられている。すなわち，当該企業の最終年度決算書の決算日が連結決算書決算日から3カ月以上離反する場合にも中間決算書は作成される必要はない。その他，関連企業の場合，中間決算書を強いる上で連結集団に必要な指揮権を自由に持つことも保証されない。しかし，関連企業の最終年度決算書に基づき連結決算書決算日から生じる特別の重要な事象に関して，第299条3項から類推した報告義務が存在しないことは首尾一貫している。そこに，連結決算書の情報能力が損なわれる危険が存在している。

(3) 離反した決算日事例における中間決算書を断念した場合の，代替措置による統一化の試み

年度決算書決算日が連結決算書決算日から最高3カ月離反する企業は，連結に際して中間決算書を作成する必要はなく，自身の個別決算書を基礎に連結決算書に組入れてもよい。中間決算書作成の断念から生じる情報欠陥については，個別決算書決算日と連結決算書決算日の間に生ずる連結決算書に組入れられる企業の財産，財務，収益状態にとって特別に重要な事象が連結附属説明書に記載されるか，もしくは連結貸借対照表および連結損益計算書において計上されなければならない。

この新規制は必要でも目的適合的でもないために，文献では正当に批判されている。すべての要請されるデータは今日，現代のグローバルな伝達ネットを通じて（ほとんど）すべての世界中の場所に容易かつ迅速に転換されるために統一決算日の断念は必要でない。その限りにおいて，この例外規制はその正当性を失っている。

中間決算書を断念する場合，把握されない期間のすべての営業経過の完全な見通しを前提とするため，第299条3項に基づく報告義務もまた一部，作業が制約される。親企業は特別に重要な事象が連結貸借対照表および連結損益計算書に計上されるのか，すなわち記載されるのか，もしくは連結附属説明書において報告されるのか否かを自由に選択することができる。前者の選択肢は，結果として部分中間決算書を導く。そのことと，第299条2項2文に従う中間決算書に基づく連結とは，連結決算日での状況に適合しない決算日以降の特別な事象に該当しない子企業の年度決算書項目が連結に組入れられない点で異なる。第2の選択肢（附属説明書における記載）は，第1の選択肢と同等なものでなければならない。そこには，報告義務のある事象の連結集団の財産，財務，収益状態に対する影響が説明されなければならない。ここでは漠然とした記載では十分でなく，通常，情報能力のある補助計算が必要であり，その結果，2つの選択肢において重要な作業は節約されることはない。

これに対して，特に連結集団内部での引き渡しおよび給付関係が集約的である場合，中間決算書の断念は大きな連結技術上の問題を引き起こす。連結決算書決算日から離反して貸借対照表を作成する企業が，連結決算書決算日と決算書決算日が等しい他の連結集団対象企業との間で取引関係を有する場合，当該企業の決算書決算日と連結決算書決算日との間に生じる事象は当該企業の場合，前営業年度の年度決算書においてすでに組入れられ，その他の連結集団対象企業の場合には，それらは現在の年度決算書において把握される。離反した決算日を伴う企業の現在の決算書では連結に対する相応の対象項目は存在せず，連結決算書において連結方法の相違が生ずることになる。

離反した決算日を伴う年度決算書に基づく連結決算書における企業の組入

は，連結集団指揮者に多様な連結会計政策上の余地を，例えば，連結決算書監査人が必ずしも確認し得ないような連結集団内部の流動性の延長の余地を与えている。第299条3項に従う報告義務は一般規範の要請する連結決算書の情報能力を保証し得ないために，文献では，中間決算書の断念は連結集団内部の給付および収支取引が僅少であり，離反した決算日を伴う企業にとって，それほど重要でない場合にのみ許容されるという見解が擁護される。しかし，この解釈を法律から直接的に読み取ることはできない。

第3節 決算書内容の統一性

1 計上の統一性
(1) 連結決算書に対する統一的計上規定

連結決算書における諸項目の計上に対して，第300条2項1文は，連結決算書に組入れられる企業の資産，負債，計算区分項目並びに収益および費用は，親企業の法に従い貸借対照表禁止もしくは貸借対照表選択権が存在しない限り，それら企業の年度決算書においてそれらの項目を計上するか否かにかかわりなく，完全に含めなければならないことを規定している。親企業の法に基づき許容される貸借対照表選択権は，第300条2項2文に従い，それらが行使されたか否かに関係なく，HBⅡの中で，それゆえ，連結決算書の中で組入れられた個別決算書において新たに行使されてもよい。

連結決算書において，連結集団指揮者は資産と負債の計上に関して，基礎となる個別決算書においてそれが計上されているか否かにかかわりなく，新たな決定を行うことができる。その場合，連結集団指揮者は親企業に適用される計上規定を斟酌しなければならない。それには第300条2項1文に明示されている連結決算書内容の完全性の原則が関連する。しかし，組入れられる個別決算書に計上される諸項目は連結決算書において頭から収容されるのでなく，それが「親企業の法に従い貸借対照表能力があるとき，そして連結決算書の属性が何ら離反を条件づけないときに限り」において収容される（第300条1項2文）。

図表3−2 商法典の計上選択権および計上禁止

計上選択権		
	第249条1項3文	次営業年度の最初の6カ月間に埋め合わされる維持補修に対する未履行費用に対する引当金
	第249条2項	費用性引当金
	第250条1項2文	費用とみなされる，棚卸資産に対する関税および売上税および前払金に対する売上税
	第250条3項	借方計算限定項目としての社債発行差金
	第255条4項	派生的な営業権または暖簾
	第269条	営業経営の開設および拡張の為の費用
	第273条	準備金的性質を有する特別項目
	第274条2項	借方潜在的租税
商法典施行法第28条1項1文		1987年1月1日より前に法的請求権の獲得されたいわゆる老齢年金確約からの直接的年金債務に対する引当金
商法典施行法第28条1項2文		間接的年金債務および年金類似債務に対する引当金
計上禁止		
	第248条1項	企業設立および自己資本調達のための費用
	第248条2項	自己創設の無形資産および固定資産
	第249条3項	第249条1項および2項に示された事例としての他の目的に対する引当金

　国内親企業が資本会社であるならば，すべての商人に対する計上規定に加えて，資本会社に対する特別規定もまた適用される。個別には，親企業に対して適用可能な法は第246条から第251条，第255条4項，第269条，第273条，第274条の計上規定から生ずる。これらの計上規定は別の法形態の親企業が開示法第11条に基づき連結決算書の作成義務が存するとき，もしくは第291条2項2号による免責効果を有する連結決算書を任意に作成するときにもまた妥当する。

　したがって，すべての資産は借記原則の意味において，また，すべての負債は貸記原則の意味において，以下に示す計上選択権と計上禁止が考慮されない場合には，連結決算書に対して計上義務がある。

(2) 計上選択権の新行使

　すべての計上選択権は，基礎となる個別決算書においてそれが行使されたか否かにかかわりなく，HBⅡにおいて，それゆえ連結決算書において新たに行

使することができる(第300条2項2文)。このことは,連結決算書に組入れられるすべての企業,それゆえ,親企業にも適用される。例えば,社債発行差金が個別決算書においても前もって計上される,もしくはその逆であったとしても,親企業は連結決算書において社債発行差金を借記することができる。

文献では,被組入企業のHB II における計上選択権が同種の事実関係の場合にもまた異なって行使され,時間の経過の中で新たに行使しうるのかどうかについては議論がある。第300条は計上選択権の統一的行使を明確に要請していないために,連結決算書においても個別決算書と同様に計上選択権が各事実関係について個別に決定され得るという見解が擁護される。こうした見解に従うならば,同種の事実関係に対しても計上選択権は異なって行使されてもよい。しかし,そのことによって,恣意的な貸借対照表計上が可能となるだろう。それゆえ,ここでは,計上選択権は貸借対照表作成者に対して事実関係を一度判断し計上の当否を決定することを認めるとする見解を強く擁護しよう。その決定は同種の事実関係に対してもまた,基準とならねばならない。すなわち,同種の事実関係について,計上決定は連結決算書内部で常に統一的に行われなければならない。こうした判断のみが第297条2項2文の一般規範と合致する。

計上選択権がある項目の計上の当否に関する決定を弱めるか否か,その決定が次期の決算書決算日に対する計上選択権を引き合いに削減されてよいかどうかという問題に関しては,個別決算書の場合の継続性命令が計上選択権ではなく評価選択権にのみ関連するとする見解が文献上,多様に主張されている。連結決算書には個別決算書と比較してより厳格な尺度が設定されるべきでもないので,この見解によると,連結決算書においてもまた,同種の事実関係に対して時間の経過の中で計上選択権が異なって,それゆえ,前年度におけるその処理に関係なく行使されてもよい。しかし,第252条1項6号が要請する評価継続性が計上選択権の様々な行使によって離反され,その結果,個別決算書と連結決算書の情報能力が著しく制限されることは懸念されなければならない。したがって,ここでは第252条1項6号の「評価方法」の概念は,年度決算書に適用されるすべての会計方法の上位概念として明確に理解されなければなら

ず，計上選択権もまた時間の経過の中で継続性に基礎づけられるものという見解を支持する。この「評価方法」の概念に従わないならば，計上選択権を行使する場合，少なくとも，恣意性禁止が考慮されなければならない。すなわち計上選択権の不連続な行使が連結集団の財産，財務，収益状態の事実関係に即さない写像を導いてはならない。計上選択権の請求の変更によって，重要性のない項目の場合にのみ連結集団の状態が影響されないために，結論的には，重要な項目の場合，計上選択権の不連続な行使は一般規範を遵守するときには許容されない。したがって，同じ事実関係は時間の経過の中で同じく示されなければならない。貸借対照表補助項目，税務上の理由から設定される準備金的性質を有する特別項目に関してのみ，例外が存在する。

選択権に基づき前期に計上された項目は次期において原則的に消し去ってはならない。計上決定を伴う計上選択権はこれを最後に行使される。一度借記されたもしくは貸記された項目は評価継続性の原則に支配され，それゆえ，次期においても継続されなければならない。

(3) 貸借対照表計上の統一化のための適応措置の要請

貸借対照表計上の統一化のための必要措置の範囲は，標準的には，ドイツ企業，あるいはEUに居住する企業，もしくはEU非加盟国の企業が組入れられるか否かによって決定される。各国内法上の会計規定が部分的にドイツの商法上の会計規定と異なるためである。適応措置が次の2つの事例において強制的に命令される。

① 商法上の，それゆえ，連結決算書において計上義務あるが，しかし，子企業の個別決算書においては国内計上禁止もしくは国内計上選択権の行使に基づき計上されないところの事実関係は，その子企業のHBⅡにおいて事後的に借記もしくは貸記されなければならない。

② 商法上の計上禁止が存在するが，しかし，国内規定（命令もしくは選択権）に応じて個別決算書には計上される事実関係は個別決算書から除去され，HBⅡにおいて収容されない。

さらに，ここで擁護される見解によれば，同種の事実関係が連結集団対象企

業の個別決算書における計上選択権に基づいて統一的に計上されないときには適応措置が必要となる。しかし, 多くの連結集団は内部統制目的で連結決算書がより良い情報能力を持つという理由で貸借対照表内容の広範な統一化を求めている。しばしば, 計上選択権の統一的行使が, HBⅠの作成に際してすでに規定されて追加的適応措置の範囲を大きく減じるという連結会計指針が与えられている。

連結決算書における子企業の資産と負債の計上は第300条1項2文に従い,「連結決算書の属性が何ら離反を条件づけない」場合に限り許容される。適応措置は連結集団的観点からの事実関係が個々の連結集団対象企業的観点とは異なって判断されねばならないため必要となる。例えば, ある連結集団対象企業により開発され, 別の連結集団対象企業にする長期利用目的で売却された特許権は, 獲得企業の個別決算書において第246条1項の完全性命令を通じて借記されなければならない。獲得企業の観点では, 外部の第三者から報酬獲得が存在する。連結集団的観点からは, この特許権は, 連結集団結合を離れるのではなく, ある「経営場所」から別の経営場所へと移行するため自己創設の固定資産たる資産と性格づけられる。第248条2項により, 連結決算書における計上は許容されない。

結論として, 親企業の法に応じた統一的貸借対照表計上を通じてのみ, 第297条2項2文の一般規範が要請する事実関係に即した財産, 財務, 収益状態の表示が保証されることが確認され続ける。それには, 親企業の法に従い用いられる計上選択権は統一的かつ安定的に行使されなければならないことも含められる。

2 評価の統一性

(1) 連結集団統一的評価の原則

連結決算書における評価は第308条に明確に規定されている。第308条1項によれば, 第300条2項に従う被組入企業の連結決算書における資産および負債は親企業の年度決算書に適用可能な評価方法に基づき, 統一的に評価されなけ

ればならない。

　連結決算書における評価に対して，計上規定と同様に，親企業に適用可能な法がもっぱら基準となる。国内親企業が資本会社であるときには，第251条1項において法典化された一般的評価原則およびすべての商人に対する明示的評価諸規定（第253条〜第256条）のほかに，資本会社に特有の評価諸規定（第279条〜第283条）が遵守されなければならない。このことは，連結決算書が開示法の規定に基づきもしくは任意に作成される，そして第291条に従い免責効果が保持されるときにも妥当する。

　こうした評価規定の枠内で保証された選択権および裁量の余地は，統一的に行使されなければならない。すなわち，同種の事実関係は統一的に評価されなければならない。しかし，同種の事実関係がいつ存在するのかは問題である。文献において，同種の事実関係の限定に対して厳格な尺度で解釈することが要請される。さもないと事実関係の間での評価関連的な相違がなくなってしまう危険が生ずるからである。資産もしくは負債の種類もしくは機能についての相違も価値規定的要因の相違も評価関連的である。例えば，効用（単層ないし多層経営）の場所条件および範囲は経営慣行上の耐用年数に影響し，他方で，国内慣行的利子水準は現在価値の算定を，一般的支払方法は一括価値修正項目を規定する。異なる国での価値影響的諸要因は部分的に異質であるために，同種の資産は世界決算書において異なる方法に基づき評価され，種々の評価パラメーター（例えば，耐用年数）を利用することも許容されるか，あるいはそれどころか命令されなければならない。確かに，その種の相違は現実的に根拠づけられなければならないし，没恣意的でなければならないが，実際には，一定の事実関係の同種性を否定し，その事実関係に対して異なる評価基準ないし決定要素を正当化することは困難であろう。

(2) 評価選択権の新行使

　連結される連結集団対象企業のHBⅡにおいて，HBⅠでの行使にかかわりなく，評価選択権が新たに行使されることが許されている（第308条1項2文）。したがって，連結決算書に対して，評価選択権は計上選択権と類推的に再現さ

れる。この理由から，親企業の個別決算書と連結決算書において異なる評価選択権が適用されることは確かに可能であるが，しかし，評価選択権は親企業の個別決算書と連結決算書においてそれら決算書の比較可能性目的で，原則的には統一的に行使されなければならない。連結決算書において親企業の個別決算書と別の評価方法が適用されるときには，その離反は第308条1項3文に従い連結附属説明書において記載され理由づけられなければならない。それによってこれら決算書の比較可能性が保証され続ける。

連結集団指揮者は連結決算書に対して基本的に，次の評価選択権を新規に意思決定することができる。

- 第255条2項に従う製作原価の測定
- 第253条2項2文に基づく減価償却方法の決定
- 第279条1項2文を含む第253条2項3文に従う著しい価値減少が予想される場合の財務投資の減額記入
- 第253条3項3文に従う直近の将来における予想される価値減少に基づく流動資産の場合のより低い価値の計上
- 第254条に従う税法上許容されるより低い価値への減額記入
- 第255条4項2文もしくは3文に従う営業権または暖簾の償却
- 第253条1項2文に従う年金引当金の現金価値の算定のための利子率の選択

開示法の規定に従い連結決算書が作成されるときには，資本会社に対する厳格な規定に基づく連結決算書が適用される必要はない（開示法第13条3項1文）。ここでは追加的に，次のことが認められる。

- 理性的な商人の判断の枠内での第253条4項に基づく任意積立金が形成される
- 継続的価値減少が予想されない場合，すべての固定資産において計画外減価償却が行われる。
- 計画外減価償却に対する根拠が消滅した場合，より低い価値が留保される。

しかし，これらの選択権は，連結決算書が第291条に従う免責効果を持つときには要求されてはならない。

連結集団指揮者は，第380条1項2文に従い，上述の評価選択権を独立した連結会計政策の意味において新規に行使することが自由である。しかしそれは，彼らが統一的評価の原則と評価方法継続性の原則を遵守するときにのみ行うことができる。上記の2つの原則は，相互に密接な関連を有している。統一的評価の原則は，ある期間内の評価方法の適用を規定し，同種の事実関係を統一的に評価することを要請する。評価方法継続性の原則は，第298条1項を通じて，連結決算書に対しても適用され，一度選択された評価方法は次期以降の期間においても継続されることを保証する。したがって，評価方法継続性の原則は継続する連結決算書の比較可能性を確保する。計上選択権と同様に，評価選択権もまた，連結決算書内部において時間の経過の中で統一的に継続的に行使されなければならない。

第308条1項2文の規定は，連結決算書の情報能力という利害において不可欠である連結集団における評価選択権の統一的行使を保証する。例外的に，一般規範の意味での統一的評価の原則や評価方法継続性の原則からの離反が必要ならば，その離反は連結附属説明書において記載され，理由づけられなければならない（第308条2項4文）。

実務において，一般に，評価選択権の統一的行使は連結集団内部での貸借対照表計上および評価指針の事前提示を経て実施される。

(3) 評価の統一化のために必要な適応措置

連結されるべき連結集団対象企業の個別決算書において計上される資産および負債は，一定の場合，連結決算書に継承されるにあたって新たに評価されなければならない。資産と負債の評価替は第308条2項に従い，次の場合に絶えず必要である。

① 親企業の法に基づき連結決算書では許容されない評価方法が，個別決算書において適用される場合

② 個別決算書において資産および負債が，親企業の法に基づき，原則的に

許容されないが，連結集団の評価原則と離反して評価される場合

EU域外諸国において特別にドイツの評価規定に違反する評価方法が許容されるかないし義務づけられるところの外国子企業に対して，評価替が特に必要となる。例えば，高インフレ諸国において固定資産はインフレ率に応じて評価し直される。EU諸国においてすら，調達価値原則に違反する価値計上額が許容される。例えば，オランダにおいてはより高い再調達原価が見積もられてもよい。調達原価の場合以外にも，特に，製造原価の算定，減価償却方法，評価簡便化法の場合に，商法上の評価方法との相違が存在する。それ以外の適応措置も，第252条1項の一般的評価原則がすべての国で等しく適用されていないために必要である。アングロサクソン圏に居住する子企業の場合，そのことは特に妥当する。そこでは個別評価原則並びに慎重原則，実現原則に関して異なる状況が存在するためである。例えば，「完成度」に応じた長期請負契約について実現原則の違反が許容される。その種の特殊性はHBⅠからHBⅡへの組換えの場合に考慮しなければならない。

さらに，評価替は国内子企業を連結決算書に組入れる場合にも必要である。このことは，親企業が資本会社でありかつ，HBⅠにおいて含み資産を設定する国内の個別企業もしくは人的商事会社が連結決算書に組入れられなければならない場合に妥当する。この場合，資本会社に対する厳格な規定が連結決算書において統一的に遵守されねばならないために，HBⅡにおいて含み資産は除去される。

(4) 連結集団統一的評価の原則の例外

立法者はHBⅡに対して，連結集団に統一的評価の原則からの例外を明確に認めている。統一的評価からの例外はそれによると，次の場合，許容されている。

① 組入れられる信用機関もしくは保険企業が自身の特別な規定に基づき形成する価値計上額を留保しなければならない場合（第308条2項2文）

工企業，商企業もしくはサービス企業の連結決算書に組入れられる保険企業は，第308条2項2文前段に従い，信用機関もしくは保険企業に対する特別規

定のみに基づく親企業の法から離反した価値計上額を保持してもよい。この選択権が要求されるときには，連結附属説明書においてその点につき指摘がなされなければならない（第308条2項2文後段）。第313条1項1号に従えば，連結附属説明書においてさらに，その場合に適用される評価方法が記載されなければならない。信用機関と保険企業は第295条1項を引き合いに出して，工企業，商企業もしくはサービス企業の連結決算書において多分，それほど組入れられないために，この例外規定は実践上，意味のあるものになっていない。

② 評価適合措置が重要でない場合（第308条2項3文）

商法典は，統一的評価の報告に対してもまた，連結集団統一的評価の情報収益と追加的情報に結びつく費用とを比較考慮することを認める重要性限定を規定する。第308条2項3文に従い，個々の子企業に対して，それが連結集団の財産，財務，収益状態の事実関係に即した写像の伝達にとって副次的意味しかもたないときには，統一的評価は行われないことになる。この条件は通常，小規模の外国子企業の場合に満たされる。その場合，統一的評価から生ずる情報利益はそれと結合する費用と僅かしか関連しないからである。連結決算書の情報能力が評価適応を断念しても，この種の事例ではほとんど影響を被ることがないからである。その場合，もちろん，非重要性の他の事例と同様に，放棄される評価適応が全体としても重要な意味をもつものでないことが考慮されなければならない。

③ 一定の例外事例が存在する場合（第308条2項4文）

第308条に従う一定の例外規定は連結集団統一的評価からの離脱を許している。離脱は連結附属説明書において報告され理由づけられなければならない。しかし，この規定の限定的な解釈が命令されるだろう。伝統的な例示は，投資が決算書決算日のわずか前に行われ，その会計が十分に連結集団の基準へと転換されていない子企業の連結である。例えば，この企業が第296条1項1号の連結選択権にもかかわらず，より高い売上高に基づいて連結決算書に組入れられるならば，第1回目の組入の場合，個別決算書の連結集団統一的評価基準への適応を連結決算書において留保することが許容される。

④ 税法上許容され，逆基準性のために個別決算書にも計上される価値計上額が留保されねばならない場合（第308条3項）

原則上要請される統一的評価の例外として，第308条3項は，個別決算書における価値計上額が税法上の規定に基づき形成されるときには，それを連結決算書においてそのまま引き継ぐことを認めている。この場合，例外は，税務上の利益決定の場合にその価値額の計上が商法上の個別決算書において同時に計上されなければならないという条件（逆基準性原則）と結びついている。この例外規定は，所得税法第5条1項2文に法典化される逆基準性原則が利益決定において税法上の選択権を，商事貸借対照表においても相応の価値額が計上される限り認めているために，比較的重要である。

税法上許容される価値額が連結決算書において引き継がれるならば，第308条3項2文および第314条1項5号に従い，さらに連結附属説明書において詳細な報告がなされなければならない。個別的には，当該営業年度において，

■ 税務上条件づけられる減額記入
■ 計画される価値修正項目
■ 準備金的性質を有する特別項目への計画される設定

が連結附属説明書において報告され，理由づけられなければならない。さらに，これらの選択権の行使によって連結損益に影響の及ぶ程度が，連結附属説明書において，そうした評価から生ずる将来の負担の程度とともに記載されなければならない（第314条1項5号）。

ドイツ法によれば，連結決算書は課税基礎としては用いられない。税務上の価値計上額を連結決算書に引き継ぐことは，その限りで，報告義務の規定にかかわらず，連結決算書の情報能力に影響を及ぼすため目的適合的ではない。例外規定への根拠は，税務上の価値計上額を連結決算書において許容することをもって親企業の損益と連結損益との差異を減ずる点にみることができる。

結果として，連結集団統一的評価の原則に関する例外的事例は独立した連結会計政策にとって極めて大きな余地を与えている。連結会計政策上の余地は税法上の規定に基づき留保される価値計上額に関する連結附属説明書における報

告義務によって制限される。したがって，例外規定は，できるだけ利用されるべきではない。

3 表示の統一性

連結決算書の実質的情報は明瞭かつ概観的に示されなければならない。連結決算書に対するこの形式的要請は第297条2項から生ずる。決算書諸項目は，明瞭性の意味で一義的に示され，概観性の意味で理解しやすく序列的に分類されなければならない。

明瞭性および概観性に関するこの一般原則は，第265条，第266条および第275条に従い，一定の法形態もしくは業種に固有の規定は留保して，基本的に連結決算書にも適用される大資本会社に対する分類規定によって具体化されている。しかし，離反は連結決算書の属性に基づき要請される。その場合，重要なのは，本質的には，資本連結差額，債権債務連結からの相殺差額，その他の社員持分等の連結特有の項目および通貨換算差額である。連結に対する特別規定が正確に規定されていない限り，これらの項目は明瞭性および概観性の原則に照らして表示され，連結貸借対照表および連結損益計算書の分類の中に並べられる。

個々の連結集団対象企業が大資本会社の分類規定を自身の年度決算書において考慮しなかった限りには，HBⅡにおける分類替えが必要となる。このことは特に，国内の分類表示規定がないもしくは異なる状況が考えられる外国の子企業に妥当する。さらに，法規定がないため，もしくは簡便化規定に基づいて，大資本会社ないし連結集団に規定される分類に個別項目を集合するときには，その項目を明示，ないしは分類しなければならない。実務上，連結集団指揮者は，国内法上の決算書もHBⅡもそこから作成され得るように構築した統一的勘定計画を子企業に事前提示する。こうして，二重会計の多重労働が節約されることになる。

連結集団内部の会計指針は通常，被組入企業が多くの分類および表示の選択権をどのように行使するのかについて規定する。本質的に問題となるのは，貸

借対照表における個々の決算書諸項目の場合の表示選択権,一方での連結貸借対照表ないし連結損益計算書,他方での連結附属説明書との間の表示選択権,連結損益計算書を作成する場合の総括原価法(GKV)と売上原価法(UKV)との間の選択権である。

連結貸借対照表における個々の決算書項目,例えば,発行出資金,税務上の特別償却の場合に,表示選択権はGoKに従い,HBⅡに対する統一性を統一的に確保しなければならない。同じことは,連結貸借対照表ないし連結損益計算書において,あるいは連結附属説明書において一定の記載を行う選択権にも妥当する。表示選択権は連結決算書の明瞭性の原則のためにもまた,統一的に行使されなければならない。

GKVとUKVとの間の選択は,親企業および子企業の個別決算書とはかかわりなく,連結決算書において新たに行使してもよい。しかし,すべての連結集団対象企業は連結決算書に対して選択された方法を自身のHBⅡにおいて適用することを指針とせねばならない。というのは,GKVからUKVへの組替えまたその逆は多くの手間を伴い,多数の追加情報を条件づけるからである。

実務では,2つの決算書がそのまま一致しない場合,しばしば,まずはじめにHBⅡが連結集団統一的規定に従い作成され,最後にそこからHBⅠが展開され,そうして,個々の収益および費用の項目が統一的に期間限定されることが確保される。確かに,統一的な勘定計画と勘定分類指針にかかわりなく,個別企業とは異なり,連結集団の観点から事実関係が判断されうる。子企業が親企業の持分を自身の個別決算書において結合企業に対する持分として固定資産および流動資産に表示しなければならないのに対して,そうした持分は第301条4項に従い,自己持分として流動資産に分類表示される。場合によっては,連結集団的観点から,通常の営業活動の別の期間区分もまた費用と収益の場合,再分類が必要となりうる。

連結附属説明書の構成は特別の規定がないことから,明瞭性および概観性の原則に合致しなければならない。したがって,連結附属説明書は個別決算書の附属説明書と同様に,形式的には様々に構成されうる。しかし,その構成は法

律上規定される任意の記載と説明が明瞭かつ概観的に示されることを確保するよう実質的基準を指向しなければならない。連結決算書と親企業の個別決算書が一緒に開示され，親企業が連結附属説明書と個別決算書の附属説明書とを統合する場合には，親企業と連結決算書に関する個々の記載と説明の関連が明瞭にされなければならない。連結附属説明書を作成する場合の中心問題は，目的適合的な情報を調査し集結させる点にある。要請される情報は，通常，連結集団対象企業に関する相応の質問表とともに調査され，その場合の連結集団内部の紛糾は附属説明書の記載から除去されなければならない。

第4節　通　貨　換　算

1　換　算　問　題

　連結決算書は個別決算書と同様に，通貨建でのみ作成され得るために，外国子企業の年度決算書は，それが合算決算書に加算され，最終的に連結される前に，統一的な連結報告通貨への換算がなされなければならない。第244条に従い，ドイツ親企業の連結決算書はユーロ建で作成されなければならない。したがって，国内通貨建で作成される外国子企業の個別決算書は，連結決算書決算日および統一的会計基準に適合した後に，ユーロに換算されなければならない。

　統一的で安定した為替相場が存在する場合，外国通貨建で作成された外国子企業の個別決算書は簡単に連結報告通貨に換算することができる。実際には，確かに，一部著しい為替相場変動を時間の経過の中で考慮しなければならない。為替相場が下落する場合の換算問題は，年度決算書が異なる時間関連を伴う幾つかの項目を含むことから生ずる。決算書項目は異なる為替相場を伴う異なる時点での取引に引き戻される一方で，評価に関しては一定の時点を指向する評価規定を基礎に置いている。例えば，調達原価は獲得時点での歴史的価値と結びつき，より低い付すべき価値での評価は貸借対照表決算日での価値を目指している。そして，引当金の評価は理性的な商人の判断に基づき算定される

べき将来の支払金額が基準となる。連結集団の財産，財務，収益状態の事実関係に即した写像を伝達するために，為替相場の下落にもかかわらずすべての決算書項目が統一相場で換算されるべきか否か，もしくは異なる換算が可能であるのかどうかが問題である。異なる相場での外貨換算決算書が適用されるときには，その貸借対照表構造は変動的である。いわゆる換算差額が生ずる。この換算差額がHBⅡにおいて，それゆえ，連結決算書において利益作用的に連結損益計算書の中でもしくは利益中立的に準備金を伴って計算されるべきかが問題となる。

　法は，外国通貨建で作成される決算書がどのような方法でユーロに換算されるべきか何ら規定していない。もっぱら，ユーロに対する換算の基礎は第313条1項2号に従い，連結附属説明書に記載しなければならないとするだけである。通貨換算に関して具体的法規定を欠いているために，第297条2項2文の一般規範は連結決算書に対して，「一般法」として特別の意味が付与されている。したがって，一般規範を最良のものとするような換算方法が選択されなければならない。第297条3項1文において法典化されている単一組織体原則は連結方法，例えば換算方法に関して広範に原則的な意義を認めているとする見解は，立法者の意思によれば，この規定が連結方法への基準的な方向を示すにすぎないために従うことは出来ない。

　「正しい」換算方法への問題は相変らず論争的に議論されている。その場合，関心の中心は，テンポラル法（時間関連法）および決算日レート法の概念のもとで知られる2つの伝統的換算方法である。支持者はこの2つの方向性を受け入れ，許容される方法のみ擁護することを求めている。最近では，機能的換算が強く議論される。テンポラル法も決算日レート法も一定の前提のもとで，連結決算書の換算に対して容認され，この前提のもとでその都度，方法が選択されるという考え方が中心となっている。

2 伝統的な換算方法

(1) テンポラル法

ドイツにおいては，テンポラル法はアメリカのLORENSENと同時期の1972年にBUSSE VON COLBEによって展開された。この換算方法の目的は，外国通貨建で作成される決算書がそこに写像化する営業経過を直接的にユーロ建で記帳するかのように，ユーロで換算ないし評価される点にある。結果として，独立していない外国事業所と同様に，外国子企業の取引が連結決算書に組入れられる。テンポラル法は換算決算書の商法上の評価規定ができるだけ均衡して個別決算書に対して維持されるという目標に従っている。それゆえ，BUSSE VON COLBE / ORDELHEIDE は「均衡原則に基づく換算」と述べている。

テンポラル法の場合，商法上の評価規定への準拠は2つの作業段階を通じて確保される。第1作業段階は，すべての貸借対照表および損益計算書の項目に対して，一定の為替レートがユーロ換算に関連づけられる。歴史的レート (KH)，貸借対照表決算日レート (KS)，平均レート (KD) が区別されなければならない。歴史的レートは，価値の生成時点，例えば固定資産の獲得時点での為替レートに合致する。貸借対照表決算日レートとしては，連結決算書の決算書決算日での為替レートがみなされ，平均相場は，(ウエイト付けされた) 年次平均レートである。連結決算書に対する通貨換算に関しては，通常，配当資金レートが適用されている。貨幣レートと手形レートとの区分は確かに可能であるが，原則として必要でない。

基本的に，テンポラル法の場合，すべての借方と貸方は，その都度の借方項目もしくは貸方項目の把握に際し，貸借対照表に導入される取引時点で歴史的レートでもって換算される。したがって，取引が異なる時点で行われ，時間の経過の中で為替レートが下落するときには，テンポラル法は異なる歴史的レートを伴い適用される。借方側では，歴史的レートは資産の調達もしくは製作の時点に関連し，貸方側では，負債の経済的もしくは法的発生ないし自己資本および他人資本の成立時点ないし払込時点に関連を有している。流動資金は貸借対照表決算日レートでもって換算される。個別決算書では常に，貸借対照表決

算日の状況に応じても評価されなければならないためである。原則的に，年度余剰を換算貸借対照表項目の残額として算定することも可能であり，そのことは均衡原則に一致する。年度余剰の大部分が配当されるべきならば，現実のレートを通じた将来の配当が重要であるために，年度余剰を貸借対照表決算日レートで換算することは確かにより情報能力がある。

費用と収益は歴史的レートでもって，取引時点（純粋形態）もしくは実行可能性からは，（ウエイト付けられた）期間平均レートでもって換算される。しかるに，資産への価値変動（例えば，減価償却）は同一レートでもって相応の資産と同様に換算される。

実務では，異なるレートの選択により個々の貸借対照表項目の換算が本質的に相互に異なるというテンポラル法のこうした基本構想の一連のバリアントが存在する。

テンポラル法の場合の第2の作業段階は，（均衡した）商法上の評価原則が換算された貸借対照表において維持されているのか否かを統制することにある。

貸借対照表ないし損益計算書における通貨換算からの換算差額は，異なる為替相場によって作成されるとき絶えず生ずる。テンポラル法の場合，貸借対照表における換算差額は，歴史的レートが異なる場合のほか，決算日レートが利用されるために生ずる。損益計算書における換算差額は換算利益数値の残高と換算年度余剰との間に生ずる。利益数値が平均レートでもって換算されるのに対して，年度余剰は決算日レートでもって換算されるためである。基本的には，換算差額は準備金を伴って利益中立的かもしくは損益計算書において利益作用的に計上され得る。

しかし，テンポラル法の構想は，この換算差額を利益作用的にのみ処理する。というのは，換算差額を利益作用的に処理する場合にのみ，損益計算書のユーロ年度損益が当該期間におけるユーロ自己資本の変動を，直接ユーロ建で作成された決算書と全く同様に表示することになるからである。

実務では，テンポラル法は通常，多かれ少なかれ修正された形態で利用されている。例えば，固定資産は一部，低価テストを断念し，債権と債務の場合

は，未実現の相場損益が評価単位の形成を通じて相殺されている。IDWの第1専門委員会は連結決算書における通貨換算に対する意見書草案において，テンポラル法の場合もまた，長期営業循環からの短期債権および債務の決算日レートでの換算を許容している。多数の修正によって，テンポラル法の純粋形態と比較して，換算決算書の比較可能性は極めて悪化している。その限りでは，例えば第1専門委員会が提案する形態のような，すべての企業に対して統一的に適用される換算方法が望ましい。

(2) 決算日レート法

決算日レート法の純粋形態の場合，被組入外国子企業の貸借対照表および損益計算書における決算書項目は統一的に，貸借対照表決算日での為替レート（決算日レート）でもって換算される。決算日レート法は連結集団統一的な評価原則がそれぞれの国内通貨建で作成される個別決算書の局面で考慮され，したがって，通貨換算の局面では考慮されないことを基礎としている。外国通貨建で作成される決算書のユーロへの換算は，それゆえ，単純な線形転換とみなされる。

決算日レート法は，外国子企業が自己の法集団と通貨集団を含んだ封鎖的部分市場において営業し，その収益力が為替レート変動によって広範に影響されないことを前提とする。そうした外国子企業への投資は財務投資としてみなされ，全体としてのその価値は換算外国貸借対照表を通じて説明されるべきである。したがって，外国決算書の構造が中心であり，それは連結決算書に収容されなければならない。外国通貨建の財務投資のユーロ価値はその都度，現実の為替レートに依存するために，決算日レートのみが外国決算書に対する正確な換算要因とみなされている。

実務において，決算日レート法は，そうした純粋形態だけでなくしばしば修正された形態においても適用される。決算日レート法の修正形態は，純粋形態と比較して，個々の年度決算書項目が決算日レートでなく，歴史的レートもしくは平均レートで換算される点で異なっている。IDWの第1専門委員会は，決算日レート法の際の連結決算書における通貨換算に関する意見書草案の中で,

一連の修正を挙げている。決算日レート法の純粋形態も平均レートによる損益計算書の費用収益の換算も，期間計算としての利益計算の性格に応じるため，許容されるものとしている。決算日利益で換算される年度損益に対して生じた換算差額は，その他の費用ないしその他の収益のもとに，あるいは分離して表示されなければならない。さらに，第1専門委員会は決算日間の為替レートの変動の効果が自己資本に影響する場合，利益中立的に分離表示されるかもしくはそれを附属説明書で説明するかのどちらかを命じている。

(3) 説明された方法の批判的注釈

BUSSE VON COLBEによって展開された均衡原則に基づく換算（テンポラル法）は，連結集団の法的単一組織体を前提とする。外国子企業の決算書は連結報告通貨建で直接されるのと同様に換算される。その結果，親企業の計上と評価の規定は換算される決算書においてもまた厳格に保持されている。テンポラル法の支持者は，第297条3項1文の単一組織体原則の中に，連結決算書の最上位の指針をみて，テンポラル法のみを許容することを結論している。すでに示したように，EC第7号指令第26条1項とその第297条3項1文への指令に調和的な転換は，ドイツの立法者の意思によれば，一般規範の要素でない。むしろ，単一組織体原則はすべての連結処理に対してのみ関連づけられている。連結決算書における通貨換算に関して具体的な商法上の規定がないために，通貨換算に対して一般的規範，すなわち第297条2項2文の一般規範が適用される。

文献では，テンポラル法がすべてのケースにおいて事実関係に即した結果を導かないことが多様に示されている。一定の状況下では，テンポラル法により換算された決算書は，為替レート変動の予想される経済的影響と極端に矛盾する写像を示している。この問題は，比較的独立した外国市場を指向する外国の子企業の場合にしばしば生ずる。GEBHARDTはこの問題をいわゆるEXXON事例として示している。

自身の設備資産を国内通貨建ての長期他人資本によって資金調達したEXXONのオランダ子企業の場合を考察してみよう。この企業はすべての重要

な投入要因を国内で引き受け，収益をオランダの顧客からの売上高によってのみ生み出している。オランダ子企業はドルレートの展開とはかかわりなくEXXONに配当するコンスタントな利益を算定することができる。US-ドルがオランダ-ギルダーと比較して継続的に価値を下落させる時期において，ギルダー建のコンスタントな配当金額が毎年，高いドル建支払価値を算定できるために，EXXONはドル支払の増加を計算することができる。それによって，オランダ子企業のドル価値は上昇する。テンポラル法に基づく換算は，ギルダー負債が最高価値テストに従って常により高いドル価値で計上される一方で，固定資産は低い歴史的ドル調達価値で計上されることになるために，負のドル損益を導くことになる。

以上のスケッチした状況のもとでは，時間関連に基づく換算は連結決算書が連結集団の財産・収益・財務状態の事実関係に即した写像を伝達しなければならないとする第297条2項2文の一般規範に抵触する。

テンポラル法では，法的に独立した単位としての多くの外国子企業がその自己の権利と通貨領域を指向する。そして，これらの企業の場合，国内通貨建の仕切りのみが配当可能な損益を導くことが可能だという事実を否定する。この企業の将来キャッシュ・フローに対しては，為替レートの変動はしばしば影響を及ぼさない。子企業の場合に少なくともギルダー建のコンスタントな配当が予想される限りには（EXXON事例），国内通貨価値が上昇する場合，連結決算書の報告通貨での投資のドル価値（EXXON事例，投資ドル価値）が上昇するために，これらの企業は連結集団にとって価値がある。テンポラル法のこうした結果は「財産，財務，収益状態の事実関係に即した写像」の観点からすれば満足すべきものでない。一般規範が要請する写像は，テンポラル法を適用する場合，為替レート変動が頻繁にかつ強く発生するのに応じて，その子企業が連結集団にとって重要であればあるほど強力に侵害される。

EXXONケースのような特別な場合は別にして，決算日レート法の支持者は換算決算書においてテンポラル法を適用する場合，本来の貸借対照表構造が侵害されることを批判する。連結集団の財産，財務，収益状態における適切な写

像は，こうした見解によれば，貸借対照表関係が換算決算書においても保持されるときのみ保証される。テンポラル法に基づく換算は，通貨の引き上げの場合も，引き下げの場合も一面的換算損失を隠蔽するため，長期的利益傾向は時によっては悪化し，通貨リスクを過度に考慮させることになる。

決算日レート法の擁護者の見解によれば，さらに，テンポラル法は経済性の原則としばしば一致しない。それが，膨大な作業費用と結びついているためである。しかるに，ある方法に結びついた作業費用は唯一決定的な基準でありえない。むしろ，一般規範の充足が換算方法の選択に対する決定的根拠である。

確かに，決算日レート法もまた，第297条2項2文の一般規範の観点からより良い結果を必ずしも導かない。決算日レート法は，子企業が広範に親企業の営業活動に統合され，親企業と子企業の間に集約的な給付と支払の取引が存在するときには，悪い結果を導くことになる。この子企業の資産と負債とは，親企業の観点からすると，その価値が為替レートの変動から直接的な影響を被る自己のものと準じた資産と負債である。例えば，国内通貨が下落した時に，子企業と結合する資産は親企業の観点からは価値を減ずることになるし，他方で，親企業によって子企業に対して連結報告通貨で収容される負債は未変更の金額で存在し続けることになる。しかし，決算日レート法に基づく換算の場合，より低い負債が換算決算書において表示されるだろう。こうした状況において，決算日レート法は財産，財務，収益状態の事実関係に即した写像を伝達する上で適切なものとならない。

結果として，テンポラル法も決算日レート法も一般的なものとみなされないことが確認される。これに対して，一般規範の意味で，外国子企業が親企業から相対的に非依存的，独立的に営業活動するときには，外国子企業が広範に親企業の営業活動の中に統合されているならば，通常，テンポラル法が情報能力ある決算書を導くことになる。

3 機能的通貨の構想

機能的通貨の構想によって，テンポラル法と決算日レート法の間の矛盾の解

消が試みられている。国際的に普及したこの構想は，2つの方法を並立させ，どのような方法が適用されるべきかの決定を，その都度子企業のいわゆる機能的通貨に基づいて行わせる。アメリカのFASBの財務会計基準書（SFAS）第52号において，機能的通貨は，子企業が自身の営業を展開する国内の通貨として定義される。通常，その場合に重要なのは，子企業が自身の支払取引を行う通貨である。比較的独立した子企業の場合，それはその都度の国内通貨である。他方，広範に親企業の営業活動に統合される（依存する）子企業は親企業の国内通貨と機能的通貨を同一視する。

　親企業から広範に独立している子企業と，親企業の営業に広範に統合されている子企業との区分は大きな意味を持っている。2つのケースで為替レート変動が連結集団の経済的状態に異なって影響するからである。親企業の営業活動に完全に統合される子企業は経済的に外国の営業所とほとんど相違するところはない。この状況のもとでは，連結集団の経済的状態に対する為替変動の経済的影響は，国内通貨に基づく決算書が連結決算書の報告通貨つまりユーロで換算される子企業の個々の資産と負債が，外国の事業所とまったく同様に，直接ユーロ簿記の中で把握されるように換算される場合にのみ，正しく表すことができる。この状況下では，テンポラル法に基づく換算のみが第297条2項2文の一般規範が要請する事実関係に即した写像に合致する。

　子企業が外国における自身の営業を親企業から比較的独立して非依存的に展開しているときには，まったく別の前提となる。国内市場で広範に独立して活動する子企業の経済行為は為替レート変動によって少なくとも短期的にはほとんど影響が及ぼされず，その結果，親企業は―その他の条件が等しいもとでは―子企業の未変更の利益ないし配当を考慮することができる。その種の独立した子企業の場合，外国決算書の構造が広範囲に未変更であるとき，すなわち，決算日レート法に基づく換算によって連結決算書に収容されるときにのみ，第297条2項2文の一般規範と合致することになる。

　機能的通貨の構想はアメリカでは1981年に外国通貨の決算書の換算に関するSFAS第52号において規定された。それによって，FASBは，1976年に最初に

導入したテンポラル法のみを許容するSFAS第8号への批判に応えた。機能的通貨の構想は，その後すぐに，イギリス勅許会計士協会（ICAEW）によってSSAP第20号，IASCによってはIAS第21号において収容された。

　機能的通貨の構想を基礎づけるところのテンポラル法と決算日レート法との間の基本的相違は，国際的公表物の中で規定されている。ドイツでは，一部はその相違にかかわりなく，詳細な前提も伴うことなく，テンポラル法も決算日レート法も許容されるものと考えられている。GEFIU研究グループは，換算方法を選択する場合，個別事例の中の企業特有の所与性が考慮されるべきとする見解を擁護している。その場合，経済的に独立した企業と非独立の企業との区分は，連結集団内部の管理および財務戦略と並んだ基準として意義が認められるにすぎない。さらに，実行可能性の理由から，2つの換算方法はすべての子企業に適用できることが認められるべきであるとしている。

　この見解には，従うことはできない。どのような換算方法が適用されるべきかの決定は，ここで擁護される見解によると，一定の通貨換算方法の適用をもって，連結集団の財産，財務，収益状態の事実関係に即した写像を保証することができる点のみを指向しなければならない。そのためには，原則的に，比較的独立した子企業は決算日レート法に基づき，独立していない子企業はテンポラル法に基づき換算することが必要であろう。子企業が上の事例に明確に当てはまらない場合は，一般規範の観点から，理性的な商人の判断に基づき処理されなければならない。具体的個別事例において，2つの換算方法がそれぞれ第297条2項2文の意味で，事実関係に即した写像を伝達し得るかもしれない。通貨換算方法が第297条2項2文の一般規範に繋ぎ止めて適用されるかどうかは，結局のところ，連結決算書監査人の任務に委ねられている。

4　連結附属説明書における説明

　立法者は第313条1項2号において，ユーロへの換算理由を連結附属説明書に記載することを要請する。第1専門委員会は連結決算書における通貨換算に関する1998年の意見書草案においてこの説明義務に関して表明している。第1

専門委員会はそこで,貸借対照表および損益計算書のどの項目がどのような為替レートでもって換算されるのか,適用される方法の説明を要求している。さらに,換算差額の処理とその連結集団の自己資本に対する影響も説明されなければならない。異なる方法に基づき個々の年度決算書が換算される限りにおいて,その都度理由づけが行われなければならない。換算方法が変更されるときには,換算方法の選択が評価継続性の命令に基づいているために,理由づけが必要である。さらに,第313条1項3号に従い,方法変更の連結集団の財産,財務,収益状態への影響が個別に説明されなければならない。最後に,重要な為替変動の影響が連結決算書の重要な項目について説明されなければならない。

第4章
資本連結

第1節　パーチェス法と持分プーリング法の導入の経緯

1　パーチェス法の導入

　1965年株式法は，利益中立的な決算日法と呼ばれるドイツ方式と，利益中立的な第1次（初回）連結法と呼ばれる修正アングロサクソン方式の2つの資本連結の方法を許容していた。

　1985年12月19日の会計指令法によるEC第4号指令および第7号指令の転換によって，ドイツの連結会計法に資本連結に関するいわゆる真正のアングロサクソン方式（パーチェス法）が採用されたことで，ドイツ方式および修正アングロサクソン方式は，会計指令法の施行後は連結決算書に組入れられる子企業に関してもはや適用されなくなった。だが，このパーチェス法とも呼ばれる資本連結方法でも，修正アングロサクソン方式と同様に第1次連結と後続連結のあいだに違いがある。このことは，次年度の連結決算日にも連結決算書において買収した子企業の最初の組入時点の価値評価額をベースとして親企業の投資簿価と子企業の持分に応じた自己資本との相殺消去が行われることを意味する。それゆえに，子企業の組入によって発生した利益準備金の増減は，修正アングロサクソン方式と同様に，資本連結差額としてでなく，連結集団の自己資本の中に表示される。このようなやり方で，連結決算書は，連結集団の準備金の適切な概観を与える。

　修正アングロサクソン方式と違って，真正アングロサクソン方式（パーチェ

ス法)の場合には,子企業の資産および負債の価値評価額がそのままの額で連結貸借対照表に継承されず,第1次連結の時点で資産および負債が時価により再評価され,資産および負債に含まれていた含み資産または含み負債が取崩される。貸借対照表項目の時価による再評価は,親企業が子企業の資産および負債を個々に取得したのであって,自己資本持分だけを取得したのではないというパーチェス法の考え方に基づいている。そのため,子企業の個々の貸借対照表項目は,通常は時価である総買収価格の枠内での仮定上の取得価額で記載される。その際,時価の総額(仮定上の取得価額)が子企業を買収した時点の取得原価の総額を超えてはならない(取得原価主義の原則)ということに留意しなければならない。子企業の資産および負債の価値修正によって,資産と負債の残高である子企業の自己資本の金額が増減する。価値修正の際に,自己資本の増加(含み資産の取崩し)と自己資本の減少(含み負債の取崩し)が一般に区別される。

パーチェス法による第1次連結では,評価替えした子企業の自己資本と投資簿価との相殺消去によって,含み資産または含み負債の取崩し後にも,大半の場合,投資簿価が評価替えした自己資本の額を上回るため,通常は差額が発生する。パーチェス法の基本的な考え方から,この残存資本連結差額が連結貸借対照表の借方側に営業権または暖簾として計上される。

後続期間において,含み資産または含み負債の取崩しのもとに連結貸借対照表に継承された子企業の資産および負債,並びに残存資本連結差額は継続記録されねばならない。この後続連結の基礎となるのが子企業の側で最初の簿価の発展にかかわりなく継続記録されている第1次連結の時に確定した時価である。

それゆえ,後続連結の場合に,例えば,子企業の消耗性の固定資産の場合の含み資産の取崩しといった価値修正が後続期間の連結決算書の減額記入によって利益作用的に行われる。また,これ以外の利益作用が第1次連結からの残存差額の減額記入の結果として生じる。後続連結の意義に基づき,取崩された含み資産または含み負債とか,残存差額は独立した帳簿で継続記録されていなけ

ればならない。

　以上のことから，資本連結に関する真正なアングロサクソン方式（パーチェス法）は，その利益作用性に基づき後続期間において利益作用的に働く第1次連結法と特徴づけられる。そして，このパーチェス法は，商法の規定で認められているとともに，DRS第4号でも採用されている。

2　持分プーリング法の導入

　会計指令法によって，パーチェス法とともに，持分プーリング法が採用された。1965年株式法では，この持分プーリング法は認められていなかったが，EC第7号指令をドイツ商法に転換するかたちで，持分プーリング法がパーチェス法の代替的方法として導入された。

　持分プーリング法は，EU加盟国のイギリスとアイルランドの要請を入れてEC第7号指令に採用されたことから分かるように，アングロサクソンの法領域にその起源がある。EU加盟各国が持分プーリング法を強制的に導入するか，選択的に導入するか，拒絶するかについて任意であったが，ドイツは，その適用に関し企業に選択権を認めるかたちで持分プーリング法の導入を許容した。

　パーチェス法による資本連結は，子企業が資本持分の買収によって連結集団に引き受けられるという基本的な考え方に基づいている。子企業の資産および負債は，個別の買収を前提として連結決算書に表示される。子企業は，買収によってその経済的な独立性を失い，旧持分が擬似的に売却される。連結集団に結合される新旧の株主の範囲は，そのため，資本持分の買収後は決して同じではない。子企業の持分の買収によって，親企業から交付金のかたちで資源が喪失し，これに対し，子企業の資源が入ってくる。

　それに対し，持分プーリング法は，企業結合の別の形態に基づくもので，2つの企業がその資源を1つの企業体にプーリングすることを締結するという基本的な考え方に拠っている。アメリカでは，このような結合を持分プーリングと呼ぶ。このため，2つの企業の結合は，買収による資本持分の取得ではなくて，持分の交換によって行われる。この持分の交換によって，2つの企業の旧

株主が引き続き設立された企業体に対する新株主としての利害を有することになる。そして，この新株主が企業活動の共通のチャンスとリスクを担う。

　持分プーリング法は，連結決算書が配当可能な連結利益を算定するのに役立つとするアメリカに起源がある。パーチェス法による資本連結では，後続連結で必要となる含み資産または含み負債の取崩しおよび営業権または暖簾の減額記入を通じて連結利益が減少する。配当可能利益の減少は，連結集団の持分所有者の財務的利害に反している。アメリカの外部報告会計は，伝統的に資本市場指向的であるため，1960年代において，持分プーリング法に関し，企業結合を利益中立的に写像化するということが要請された。しかし，明確な指針が欠けていたため多くの乱用が見られ，この乱用を防ぐために，1970年に今日でも有効である会計原則審議会（APB）意見書第16号が出された。このAPB意見書第16号において，企業が持分プーリング法で連結されるのを許容するために満たさねばならない条件が列挙されている。アメリカでは，パーチェス法と持分プーリング法の選択適用は認められておらず，適用の条件をすべて満せば，持分プーリング法が強制的に適用される。適用条件を完全に満たさないときは，パーチェス法により連結を行わなければならない。その適用の前提条件は，総じて厳格であり，ドイツ商法典の第302条の前提条件よりも厳しく，アメリカにおける持分プーリング法が本来的に非常に限定的に適用されている。

　イギリスでは，持分プーリング法が長い議論の末に，アメリカの基準にならって，会計実務基準書（SSAP）第23号において確定がなされた。そこでは，この資本連結の方法は，企業結合会計として特徴づけられている。イギリスの基準は，その適用の前提条件に関して，アメリカの基準よりも厳格ではない。SSAP第23号は，1994年9月に財務報告基準書（FRS）第6号によって代替された。FRS第6号による適用の前提条件は，SSAP第23号と比較して強化されている。この前提条件が存在している場合は，企業結合会計の方法が強制される。FRS第6号において，IAS第22号との一致が明確に指示されている。IAS第22号もまた，持分プーリング法の適用を認めている。

第2節　パーチェス法による資本連結

1　パーチェス法の特徴

　パーチェス法の第1次連結については，簿価法と評価替法の選択適用が認められている。前者の簿価法では，投資簿価と持分に応じた自己資本の相殺消去によって生じた差額が含み資産または含み負債の取崩後に子企業の資産および負債に配分されるのに対し，後者の評価替法では，子企業の資産および負債に含まれる含み資産または含み負債が投資簿価と持分に応じた自己資本との相殺消去の前に取崩される。

　簿価法と評価替法との原則的な違いは，第1次連結の際の両者の連結手続き，すなわち，

- ■ 親企業の子企業に対する投資と子企業の持分に応じた自己資本との相殺消去
- ■ 子企業の資産および負債に含まれる，含み資産または含み負債の取崩しの連結手続き

の中にある。

　簿価法の場合に，最初に，子企業の持分に応じた自己資本に対し子企業への親企業の投資が相殺消去され，その後に子企業の資産および負債に含まれる含み資産または含み負債が取崩されるのに対し，評価替法では後者のことが最初に行われる。

　簿価法と評価替法は，選択適用が認められるが，選択した方法が1後続期間以降も継続されなければならないし（期間の継続性），同じ種類の取引に対して単一の連結方法が適用されなければならない（事由の継続性）ために，すべての子企業は，原則として同じ方法で連結されなければならない。このため，方法の選択権がそれぞれの子企業ごとに行使されることは許されない。また，選択適用した資本連結方法について連結附属説明書に報告しなければならない。さらに，例外として，両者の方法がともに適用されたときには，連結附属説明

書に簿価法と評価替法の適用領域が説明されなければならない。

DRS第4号は，資本連結について資産および負債を完全に再評価する方法，つまり，評価替法だけを採用している。

2 資本連結項目
(1) 親企業の持分

パーチェス法については，親企業の子企業に対する持分の価値と，親企業の持分に対応した子企業の自己資本額とが相殺消去されなければならない。

子企業に対する親企業の持分とは，出資の性格を有する子企業の自己資本に対するすべての投資を指している。これは，資本会社の法形態にある子企業にあっては，株式または有限責任会社持分，人的商事会社にあっては，社員権または社員の地位を根拠づけている持分である。組入れなければならない持分は，親企業の個別決算書において結合企業に対する持分という勘定科目で表示されねばならない。

子企業に対するすべての持分は，親企業の個別決算書でどのような勘定項目として表示されているかどうかにかかわりなく，資本連結に組入れられなければならない。さらに，連結集団の他の全部連結対象企業に属している子企業持分も連結に組入れられねばならない。このことは，EC第7号指令とも一致している。ただし，経済的単一組織体として連結集団を形成していない共同企業や関連企業については，借方計上されている持分を組入れてはならない。

(2) 子企業の自己資本

子企業に対する親企業の持分は，親企業の持分に応じた子企業の自己資本と相殺消去されねばならない。

資本会社の法形態を有する子企業の自己資本として以下の項目が列挙される。

- ■ 資本金
- ■ 資本準備金
- ■ 定款上の準備金

- ■ その他の利益準備金
- ■ 繰越利益または繰越損失
- ■ 当期剰余金または当期欠損金

　繰越利益または繰越損失と当期剰余金または当期欠損金の代わりに，子企業の当期損益の一部が処分されるときには貸借対照表利益または損失としてもよい。

　子企業が連結集団に帰属する前に取得した損益は，連結損益には含まれない。パーチェス法による第1次連結は利益中立的である。これに対し，含み資産または含み負債が後続期間以降に減額記入または取崩されねばならないため，後続期間以降の資本連結は利益作用的に行われる。

　企業は，借方側に表示される自己の持分に対する準備金を設定しなければならない。この準備金は，自己資本として自己持分準備金として別途に表示し，自己持分の金額に対応していなければならない。DRS第4号によれば，資本連結にあたって，この準備金は相殺対象の借方勘定と相殺されねばならない。

　子企業は，支配または過半数投資している企業に反対投資した場合には，貸方側に親企業持分準備金を設定しなければならない。そして，この親企業持分準備金は，連結貸借対照表においても自己持分準備金として設定されなければならない。反対投資となる親企業持分は，連結集団の観点から見れば，自己持分であり，連結貸借対照表に表示されなければならない。

　子企業が未払込出資金を第272条1項2文および3文によって資本金の中に表示している場合，以下のような区別が行われなければならない。未払込出資金を少数株主が支払い負担するのであれば，未払込出資金は，連結貸借対照表に引き継がれねばならない。第298条1項に関連した第272条1項3文の表示選択権は，連結貸借対照表においてすべての子企業に対し統一的に行使されるべきであり，そして，親企業の資本金に対する未払込出資金でないことが明らかにされる。これに対し，未払込出資金が連結集団の支払負担で行われる場合は，この未払込出資金は，払込みの必要があるものか，ないものかに区別されなければならない。払込みの必要のある未払込出資金は，他の子企業におい

て，または親企業の側で債務として表示されるべき債権としての性格を有している。それゆえに，払込みの必要がある未払込出資金と債務は，債権債務連結で相殺消去されねばならない。他方で，未払込出資金を払込む必要がない場合は，未払込出資金は単一組織体原則によって子企業の自己資本と相殺されなければならない（子企業の資本金に対する修正勘定）。

子企業の自己資本によって補填されない欠損金が借方側に表示されている場合，連結の義務を有する持分は，自己資本によって補填されない欠損金と相殺計算されなければならない。

連結決算書に引継がれるべき子企業の準備金的性質を有する特別項目は，それが連結決算書の目的からHBⅡに取崩されない限りで，連結義務を有する自己資本ではない。

子企業の増資および減資は，現存の投資関係の変更として扱われる。

3 連結決算日

子企業の第1次連結にとって基準となる価値評価を行う時点がいつかということに関しては，以下の異なる3つの基準日を選択できる。

(1) 持分を買収した日
(2) 連結決算書に子企業を最初に組入れた日
(3) 継続的な資本持分の買収によって該当企業が子企業となった日

第1の持分の買収日における資本連結は，第3の可能性と同様に，利益中立的な第1次連結である。この場合，持分の買収日までに獲得した子企業の利益は，後続連結の際に連結利益に含まれる第1次連結の連結義務を有する自己資本に組入れられなければならない。

目的に適合した価値関係の測定のために，子企業は，通常の場合，中間決算書を作成しなければならないが，最初の組入日という第2の選択肢は，経済性を考慮した第1次連結の緩和であるということでは決してない。この場合，過去の連結営業年度の経過中に持分を買収された子企業について，最初の組入日を連結決算日とすることが許される。

第 1 次連結の決算日の変更により，連結集団の経済的状況の写像に著しい混乱が生じた場合は，連結附属説明書において追加的な報告が行われなければならない。

DRS第4号は，買収日の後に続く連結決算日として最初の組入日を許容していない。

資本連結の基準日に関し，連結附属説明書において報告がなされなければならない。

4 簿価法と評価替法との比較

第 1 次連結の場合に簿価法と評価替法では，連結集団外の企業に投資していた子企業に属する資産および負債の中の含み資産または含み負債を取崩す勘定項目に相違が見られる。含み資産または含み負債は，簿価法では持分に応じているのに対し，評価替法では全額が取崩される。

第 1 次連結の場合，100％の出資比率では，簿価法と評価替法が同じ結果を示すが，100％以下の出資比率では，簿価法と評価替法の結果は違う。出資比率が75％以下の簿価法と評価替法を比較した場合，その他の固定資産，流動資産およびその他の貸方勘定について，簿価法ではこれらの勘定の含み資産がそれぞれに持分に応じてのみ取崩されるという違いがあることがわかる。少数株主持分という勘定項目についても，評価替法では持分に応じた含み資産または含み負債を含んでいるため，簿価法と評価替法に違いがある。簿価法と評価替法の場合の含み資産または含み負債の異なった処理に基づいて，2つの方法の貸借対照表総額が違っている。この違いというものが自己資本比率に見られるように連結決算書分析に影響を及ぼす。

後続連結の場合にも，出資比率が100％の場合には簿価法と評価替法は同じ結果を示すが，出資比率が100％以下の場合は，簿価法と評価替法に違いが生じる。すなわち，第1に，第 1 次連結の場合，簿価法では含み資産または含み負債が子企業に対する親企業の出資比率に応じて取崩されるのに対し，評価替法では子企業に対する親企業の持分にかかわりなくその全額が取崩される。そ

の他の条件が同じであれば、評価替法の場合の後続期間における減額記入が大きい。第2に、評価替法では連結集団外の企業が含み資産または含み負債に投資しているのに対し、簿価法では少数株主持分という勘定項目が持分に応じた含み資産または含み負債の額だけ低く、または高くなる。すなわち、簿価法によって計算した（貸借対照表上の）自己資本に基づいて少数株主持分という勘定項目が表示されねばならないからである。

これに対し、評価替法では、少数株主持分に対する調整勘定が持分に応じた本来の価値変動額だけでなく、含み資産または含み負債に基づく持分に応じた変動額だけ修正されねばならない。それに伴い、連結集団の持分にかかわる含み資産または含み負債の価値修正額の部分が連結利益と相殺消去することができる。

簿価法と評価替法の違いは、その他の条件が同じであれば、時の経過の中で減少していく。

以上を総括すれば、第1次連結では、
■ 投資簿価と持分に応じた自己資本の相殺消去
■ 含み資産または含み負債の取崩し

の2つの連結手続きが簿価法と評価替法で順序が逆になっている。簿価法では、含み資産または含み負債が持分に応じてだけ子企業に対する親企業の投資に対応して取崩されることが許される。これに対し、評価替法では、含み資産または含み負債が全額取崩されるから、この場合には、簿価法よりも高い貸借対照表評価額となる。もちろん、このような違いは時の経過とともに減少し、含み資産が取崩される限りで、完全に消滅する。

しかし、評価替法と比較して、簿価法には、連結貸借対照表において、時価と簿価が混在しているという欠陥があるため、DRS第4号では、評価替法だけが許容できるものと考えられている。

5 含み資産の取崩しの上限

パーチェス法による第1次連結では、子企業の資産および負債に含まれてい

る含み資産または含み負債が取崩される。しかし，含み資産の全額を取崩すことが許されない場合がある。含み資産の取崩しの上限は取得原価主義に基づき設定される。取得原価主義によれば，第三者から取得した資産は，その取得原価以下で評価することが許されている。このため，取得原価とは，子企業の持分に応じた純資産（自己資本）にかかわる取得価額に取得に要した付随費用を加え，そして，取得価額の引き下げを控除した金額である。

　ドイツでは，EC第7号指令に対応する規定がないにもかかわらず，上限を評価替法の場合の含み資産の取崩しに関して明示的に取得原価主義によることとし，会計指令法を通じて商法典に継承した。

　DRS第4号は，含み資産の取崩しを資本持分の取得原価に限定している。

6　資本連結差額

(1)　借方資本連結差額

　パーチェス法による資本連結で，含み資産または含み負債の取崩しを含めて投資簿価と子企業の自己資本との相殺後に借方差額が残存した場合，この残存差額は，連結貸借対照表の借方側に営業権または暖簾として表示されなければならない。

　借方資本連結差額の属性に関しては，それが貸借対照表計上補助項目であるとか，資産であるとか，または独自の価値物であるとかいったような見解がある。営業権または暖簾が貸借対照表上どのように処理されなければならないかは，営業権または暖簾の性格によって決まる。

　営業権または暖簾が貸借対照表計上補助項目の性格を有するとみる場合，貸借対照表計上補助項目の処理と同じように，一括の減額記入が許容されている。準備金との相殺消去もまた，営業権または暖簾について自己資本の修正項目であり，そして，貸借対照表計上補助項目であることを想定したものである。これに対し，無形固定資産として営業権または暖簾の表示を許容し，選択適用できる計画的減額記入からすれば，資産としての性格を有するものと考えられる。しかし，営業権または暖簾は，独立して換金可能なものでなく，それ

ゆえに，借方計上原則の意味での資産では決してないと考えられることから，貸借対照表計上補助項目とか資産とかいったことは明白に決定できない。むしろ，営業権または暖簾は独自の価値物であるとみるべきである。

連結決算書の作成者に個別決算書の営業権または暖簾の処理の可能性を越えて，資本連結からの営業権または暖簾の処理に関する多様な可能性が許容されている。すなわち，資本連結による借方差額の処理に関しては，全体として以下の3つの可能性が同列に認められている。

(1) 最大4年以内，少なくとも25％の減額記入
(2) 予想耐用期間内の計画的減額記入
(3) 準備金との明示的な相殺消去

このうち，営業権または暖簾の利益作用的な一括した減額記入という第1の可能性は，貸借対照表計上補助項目としての差額の性格に対応している。これに対し，利益作用的な（計画的）減額記入という第2の可能性は，その取得原価が減額記入として収益に対応する消耗性固定資産としての差額の性格を有している。営業権または暖簾の準備金との明示的相殺消去（第3の可能性）は，その差額が貸借対照表計上補助項目という形態で自己資本に対する修正項目の性格を有し，それゆえに，利益中立的に自己資本と相殺消去されねばならないということを前提としている。

借方資本連結差額の貸借対照表上の処理の第1の可能性の場合，次年度以降に少なくとも25％の減額記入が要請される。原則として，この方法によって，差額の配分が最大5年以内（第1次連結と後続の4年）に行われることが許される。後続年度以降の各年度において，営業権または暖簾がそれまでに少なくとも25％減額記入がなされていない限り，減額記入は，当初の営業権または暖簾の額の少なくとも25％に達していなければならない。減額記入は，第1次連結の年度にすでに開始することが許される。法律の条文は，第1次連結の年度に営業権または暖簾の少なくとも4分1の減額記入をなんら要請していない。すなわち，主として減額記入がなされる場合，僅少な減額記入が許容されないことが認められている。これに対し，その後の25％以下の僅少な減額記入は，営

業権または暖簾の減額記入の最後の年度において許容され，そして，営業権または暖簾の25％の残存簿価を下回らない限りで必要とされる。例えば，営業権または暖簾の第1次連結の年度に30％，後続年度以降の2年間にそれぞれ30％，そして，最後の年度に10％が減額記入されるということである。さらに，この事例は，立法者が営業権または暖簾の貸借対照表上の処理の第1の可能性の場合になんら計画的な減額記入を要請していないことを明らかにしている。それゆえに，この減額記入は，一括の減額記入と特徴づけられる。

　これに対し，営業権または暖簾を利益作用的に処理する第2の可能性の場合には，計画的減額記入が求められている。消耗性の有形固定資産の減額記入と同様に，減額記入計画の中で第1次連結の際の営業権または暖簾の取得のときに，予想耐用期間にわたって取得原価がどのように配分されなければならないかが確定されねばならない。この減額記入方法は，まずもって法律に採用された。なぜなら，各年度の少なくとも25％の減額記入が連結利益に非常に大きな負担をもたらし得るからである。この場合に，前提とされている取得した営業権または暖簾の償却期間は，4年以上となっているのが普通である。このところにおいて，個別決算書における営業権または暖簾の税務上の減額記入の期間である15年または米国の規定に準拠した40年までの償却期間との一致は可能であるが，これを越えた償却期間は認められていない。

　計画的減額記入の要請は，営業権または暖簾の減額記入期間中に低価法の規定に基づき計画外減額記入が必要となることを妨げない。減額記入計画は，その場合，それに従って適応しなければならない。計画外減額記入の理由がなくなった場合は，原則として，増額記入が必要とされる。

　借方資本連結差額を連結準備金と明示的に相殺消去するという第3の可能性は，イギリスの会計法に由来している。ドイツの連結決算書では，この方法は，営業権または暖簾が独立して換金可能な資産とみなされない場合にのみ適正であると思われる。イギリスがもっぱら準備金との差額の完全な相殺消去を許容しているのに対し，ドイツでは，不確定な条文によって異なる相殺消去の方法が議論されている。つまり，準備金との営業権または暖簾の相殺消去が多

年度にわたって以前に部分的に減額記入された営業権または暖簾の残存価額の事後的な相殺消去,あるいは,第1次連結の年度に部分的に行う準備金との相殺消去と残存価額の減額記入が許容されている。しかしながら,このような処理の方法では,連結集団の財産,財務および収益状態に関する事実関係に即した写像を示すという規定の目的も,また,EC第7号指令とイギリスの先例に見られた生成史もなんら考慮されていない。EC第7号指令によれば,プラスの連結差額は,直接的に準備金と相殺消去されなければならない。すなわち,直接の相殺消去というのは,第1次連結の年度に即時にということであり,かつ,それ以前の利益作用的な減額記入をしないで全額を相殺消去するという意味である。ドイツがEC第7号指令に合致させて国内法に変換しようとしたため,第3の可能性として,もっぱら第1次連結の年度に準備金との差額の完全な相殺消去を行うことが許容されているのである。

どのような準備金と営業権または暖簾とが相殺消去されるかについては不確定であるが,この場合,資本準備金や利益準備金が原則として考えられているため,以下の準備金は,法律上または定款上の処分の制限に反しているから,相殺消去に当てることができない。

■ 資本準備金(第272条2項1号～3号に関連した株式法第150条)
■ 法定(利益)準備金(株式法第150条)
■ 自己持分に対する準備金(第272条4項)
■ 定款による目的が特定されている準備金

DRS第4号は,資本連結差額が常に借方に計上されなければならないとしているが,商法上において許容されている暖簾の利益中立的な相殺消去は,DRS第4号と一致しない。その理由は,利益中立的な相殺消去は,子企業の買収を個々の資産および負債の取得と同じように処理するパーチェス法の基本的考え方とは矛盾しているということである。このDRS第4号の処理方法は,国際的な基準に従っている。また,DRS第4号は,多数の事業分野から成る企業を買収した場合の暖簾がそれぞれの異なる事業分野に属することを要請している。

暖簾は,計画的にその償却期間にわたって減額記入されなければならない

が，DRS第4号では，IASと同様，償却期間の上限が原則として20年であるとしている。この償却期間の上限は，正当な理由がある場合にのみこれを越えることが許される（DRS第4号）。定額法以外の他の方法が消耗の経過を適切に反映していることがあるが，原則として，暖簾は，定額法で減額記入しなければならない。減額記入の計画の変更は，特別な理由がある場合にのみ許容される。DRS第4号は，耐用期間の適切な評価に関する一連の可能な前提条件を明らかにしている。たしかに，減額記入の期間の客観化は，このような指標に基づき条件付でのみ可能であるが，しかし，少なくとも，現在，商法上の諸規定によって暖簾の耐用年数の恣意的な評価の可能性は制限されている。暖簾の減額記入からの費用は，DRS第4号によれば，損益計算書に別途表示されなければならない。

各連結決算日に暖簾の価値の含有性と残存耐用期間が検討され，場合によっては，計画外の減額記入または残存耐用期間の短縮が行われなければならない。将来の期間における計画外の減額記入を行う理由がなんら存しないときは，この減額記入は増額記入によって解消されなければならない。

(2) **貸方資本連結差額**

投資簿価と子企業の持分に応じた自己資本の比較の場合に，配分の制限を考慮して含み資産または含み負債の配分を行うことを含めて，マイナスの残存差額が生じるときは，このマイナスの残存差額は資本連結差額として連結貸借対照表の貸方側に表示されなければならない。貸方残存差額は，その具体的な表示と後続期間以降における取扱いに作用するさまざまな原因を有している。

貸方残存差額は，第1に，将来において投資からマイナスの損失貢献が予想される（負の暖簾）ということや，そのような予想があらかじめ相対的により低い投資の購入価額の中で，または，長期にわたる持分所有の場合に投資の計画外の減額記入によって考慮されるといったことで理由づけできる。これらのケースで，貸方残存差額は，予想される不十分な発展が実際に発生した場合にのみ，第309条2項1文によれば，利益作用的に取崩しが許されている引当金の性格を有している。

貸方残存差額の第2の原因として，いわゆる有利な低廉価額による買収という問題がある。この場合，親企業が特定の市場状況に基づいて子企業の投資を有利に買収し，子企業の持分に応じた自己資本よりも低い購入価額のみを支払うことができる。このようなケースでは，貸方残存差額は，自己資本のもとに表示し，そして，それが実現利益であるときは後続期間以降に利益作用的に取崩されなければならない。実現利益がいつ発生したかということが問題である。最終的には，譲渡によって，そのような利益が実現したかどうかが確定する。このことは，実現原則の厳格な解釈にもしたがっている。もちろん，貸方差額は，子企業の継続的に良好な収益状況および著しい利益留保に基づき理性的な商人の判断によって利益の実現が仮定され得るときにもあらかじめ取崩しが認められる。

　貸方残存差額の第3の原因は，子企業が連結されなければならないということや，また，子企業がその連結集団への帰属の経過につれて著しい大きさで準備金を積立ててきたということがなく，子企業に対する投資がすでに長期に保有されているということに存している。これによって，投資の最初の取得原価を超えて，持分に応じた自己資本を増加することができる。このようなケースでは，第1次連結のときに，負の暖簾または有利な買収が存するということがなく，貸方残存差額が生じることができる。このケースは，1990年1月1日に始まる営業年度の連結会計の新規準の最初の適用の際に大きな実務上の意味を有していた。すなわち，旧法によれば，外国の子企業についての組入選択権があったが，新法によれば，子企業の居住地にかかわりなく，組入義務があり，その結果，新連結会計法の発効にともなって，外国に居住する多くの子企業は，長期の投資にもかかわらず，はじめて連結されなければならなくなった。この貸方残存差額は，自己資本の性格を有し，したがって，自己資本として表示されなければならない。このような差額の他の処理については規定がないが，ここでは，子企業の自己資本の増減が擬制的な後続期間以降の連結の場合と同様に，子企業がすでに以前に連結されていたときでも，連結貸借対照表に反映していたということが考えられるため，差額を連結集団の準備金に組入れ

ることを推奨したい。連結集団の資本準備金および利益準備金は子企業の自己資本増減に照応して継続記録されなければならない。

DRS第4号が，マイナス差額のケースでは基本的にIAS第22号にしたがっている。APB意見書第16号の処理方法は，DRS第4号では許容されていない。

(3) 借方・貸方資本連結差額の相殺消去

資本連結からの借方残存差額と貸方残存差額は，原則として，それぞれに別途に表示されなければならない。ただし，すべての借方残存差額とすべての貸方残存差額はそれぞれに総括することが許される。借方残存差額と貸方残存差額の合計とその重要な変動（連結範囲における変動）は連結附属説明書において説明されなければならない。

ただし，残存借方差額と貸方残存差額は，相互に相殺計算することが許容される。その場合には，連結貸借対照表において，すべての差額の残高だけが表示されねばならない。このようなケースでは，この残高の残存借方および残存貸方の構成部分は，連結附属説明書において報告されなければならない。借方および貸方の差額の残高が生じれば，それは各々の子企業ごとにその残高が別々に継続記録，すなわち，減額記入および取崩しが行われなければならない。

DRS第4号によれば，マイナス差額は，連結貸借対照表において別途の勘定項目として記載され，そして，他の企業買収から必要な場合に表示された暖簾から明示的に控除されなければならない。したがって，現行法で許容されている残高の表示は，DRS第4号では排除されている。

7 少数株主持分

連結貸借対照表において，少数株主が子企業の自己資本に投資している場合，少数株主持分調整勘定が設定されなければならない。この少数株主持分調整勘定は，連結決算書に組入れられない企業によって保有されている持分に該当する連結対象の子企業の自己資本部分に関し設定されなければならない。少数株主持分調整勘定を設定する必然性は，資本連結の際に（パーチェス法を適

用した方法から独立して），子企業に対する親企業の投資簿価が連結対象の子企業の持分に応じた自己資本とだけ相殺消去されるということからきている。このため，この調整勘定項目なしに，少数株主に属する子企業の自己資本部分は合算試算表，したがって，連結決算書にそのものとして区分されないで残存する。それゆえに，この自己資本部分は，少数株主持分として別途に表示され，そして，このような方法で自己資本と限定区分される。

少数株主持分は，簿価法では，子企業の貸借対照表上の自己資本，すなわち，自己資本の簿価に基づき計算される。それゆえに，この資本連結の方法では，少数株主にはなんら含み資産または含み負債が帰属しないことになる。これに対し，評価替法では，この調整勘定は，含み資産または含み負債がその中に含まれた子企業の自己資本の時価評価額に基づいて計算される。それゆえに，少数株主持分という勘定項目は，連結貸借対照表において子企業の含み資産または含み負債に対する少数株主持分を含めて表示される。

このことは，簿価法と評価替法とのあいだの資本連結の法律上の選択権の客観化可能な行使の指示によっている。連結決算書の作成者は，子企業の清算のケースまたは持分の引き受けのケースで，少数株主との間において，少数株主が簿価でなく，実際の収益に基づいて補償支払いされるというかたちでの有償の買収が協定されているときに，評価替法を選択する。これに反し，連結決算書作成者は，子企業の清算または持分の引き受けのケースで，少数株主を簿価でのみ補償支払いされるときは，簿価法を選択する。

調整勘定の設定に関しては，なんら特定の名称はなく，自己資本の枠内でふさわしい名称で別途表示されなければならないだけである。実務では，少数株主持分，少数株主持分調整勘定などが用いられている。法律上の規準は，全部連結持分説に基づいている。

連結貸借対照表における調整勘定の表示とともに，少数株主は，連結損益計算書においても考慮されなければならない。連結損益計算書において，少数株主に属する子企業の利益部分は連結年度利益の後に表示される。その際，すべてのプラスおよびマイナスの利益貢献がそれぞれに総括されるため，連結損益

計算書において，少数株主に属する利益と少数株主に属する損失という勘定がそれぞれに表示されなければならない。連結決算書の会計報告責任目的から望ましいことや，実務でしばしば考慮されていることから，それよりも詳細な欄ごとの，または子企業ごとの項目分類を行うことは許容されている。

DRS第4号によれば，出資比率が100%以下の場合に，少数株主に属する自己資本持分は，自己資本の枠内で別途に表示され，そして，後続期間以降に少数株主に属する年度剰余金または年度欠損金の額だけ継続記録されなければならない。

第3節　持分プーリング法による資本連結

1　商法典による持分プーリング法

(1)　持分プーリング法適用の前提条件

パーチェス法に代えて持分プーリング法によって企業を連結決算書に組入れることを許容する前提条件が商法典に以下の内容で明定されている。

■ 親企業の投資が少なくとも90%に達している
■ 投資が持分交換によって取得されたものである
■ 交付金が持分の金額の10%を超えない

この3つの前提条件が同時に充たされる場合，親企業は，投資簿価を子企業の持分に応じた資本と含み資産または含み負債の取崩しを伴わずに相殺消去することが認められる。

(2)　親企業の最低出資比率

親企業の相殺消去すべき持分は，子企業の持分の額面金額の最低90%である。この90%という比率の設定は，企業結合に関する持分プーリング法の基本的な考え方に基づいたものである。

資本会社の法形態をとらない子企業についても持分プーリング法によって連結を行うことが可能である。

投資の大きさを計算するにあたって，自己資本の認識が必要である。投資に

は，間接的な投資も認められている。このため，資本連結と類似して，親企業と共同で執行している企業に対する他の子企業が保有する持分も計算に含まれる。だが，持分プーリング法によって連結されるべき子企業が保有する持分は算入されてはならない。最低出資比率の計算の基礎となるのは，親企業，その他の子企業およびその他の第三者が保有する持分である。

ドイツの規準は，アメリカと比較して重要な違いがある。アメリカでは，たしかに，議決権を有する資本に対する最低比率が90％とされているが，EC第7号指令とドイツ商法では，資本持分の比率とされている。

(3) 持分の交換による持分の取得

商法典は，子企業に対する持分が買収ではなく，連結決算書に組入れられた企業の持分の交付を予定している持分の交換に基づいて取得されていることを求めている。企業結合とは，旧株主の持分の買収，つまり，交付金を支払うことによってではなく，旧株主に対し株主権を交付することによるものである。子企業の旧株主は，将来もまた引き続き所有権者の利害を有している。子企業の旧株主は，親企業が取得した子企業持分に対する反対給付として他の連結集団の企業の持分，つまり，親企業またはその他の子企業の持分を保有することになる。

反対給付として親企業またはその他の子企業の増資によって持分を新たに発行するとともに，既存の持分を交付することも許容される。株式会社については，株式法によって自己株式を特定の条件で，かつ，一定の大きさの範囲で取得・保有することが認められている。だが，既存の自己株式を処分できるのはごく例外の場合であるから，通常は，増資によって親企業または他の子企業の新持分を発行することが認められる。

持分プーリング法に関するアメリカの規定と違って，保有持分に代えて，連結決算書に組入れられている（他の）子企業の持分もまた交付されることが許されている。これに対し，アメリカでは，子企業の持分を取得した親企業の交付持分であることが持分プーリング法の無条件の前提である。アメリカの規定は，子企業の旧所有者が旧企業の間接的投資によって2つの企業の新規に設立

した結合関係に影響を与えるから，持分プーリング法の本来的な意図に合致している。他の子企業の持分だけが交付されるときは，親企業の持分所有者の範囲はそのままである。アメリカにおける連結決算書が配当算定機能を有しているため，親企業は，取得した子企業の配当可能利益および準備金を持分所有者に配当することができる。これに対し，ドイツの企業結合法は，連結決算書をベースとした配当をいっさい考えていない。

　持分の交付は，連結決算書に組入れられた企業によって行われる。持分は，他の子企業からの発行も許される。このため，子企業の旧株主は，持分プーリングによって生じた企業結合に対する影響を失う。このことは，子企業の旧株主が持分の交換によって親企業の少数株主となるケースでも同様である。持分プーリング法に関するドイツの規準は，旧株主が引き続き連結集団に対し投資しているということだけをねらってのものと思われる。この結果，投資が1つまたはそれ以上の企業に対して行われているかどうかは重要ではない。そのため，交付された持分が連結決算書に組入れられた複数の企業のものであることも許容されている。親企業および1つまたはそれ以上の子企業の持分の結合もまたあり得る。しかし，子企業は，完全に連結決算書に組入れられていなければならない。完全に連結決算書に組入れられていない子企業の持分は，持分プーリング法をなんら理由づけるものではない。

　ドイツの法律上の規準は，保有持分との比較で，交付された持分がどのような権利を与えなければならないかに関して具体的に指示していない。EC第7号指令もまた，それに対応した規準をなんら設けていない。そのため，持分プーリング法の前提条件は，子企業の旧株主に対する持分の交付であり，また，交換した持分の種類についても特定していない。したがって，持分プーリング法は，議決権のない優先株が株式法第139条2項を遵守して議決権を有するすべての持分の引受と引換えに発行されたとしても適用が可能である。これと異なって，アメリカでは，APB意見書第16号は，少なくとも完全議決権付の持分が交付および保有の持分と一致していることを求めている。取得した企業の持分所有者が将来においても企業結合に対する大きな影響を有している限りで，

アメリカでは持分プーリング法が認められる。

(4) 交付金支払いによる持分の制限

持分の交換に関する協定の中に想定されている交付金の支払いは，発行持分の額面金額または計算価値の10%を超えてはならない。このことによって，子企業の旧株主が引き続き経済的単一組織体に対し投資していることが保証される。流動資金によってこれを超えた交付金の支払いが行われる場合は，旧株主は少なくとも部分的に買い戻しされ，部分的な持分購入が行われる。そのため，企業は，パーチェス法によって連結を行わなければならない。持分プーリング法は，2つの企業の経済的資源がプーリングされていることが前提である。このため，交付金の支払いが行われる場合は，流動資金のかたちで資源が喪失する。この限りで，交付金の支払いによって取得される持分の制限によって，プーリングされた資源に基づき共同した企業活動が実際に行われるということが確保される。

交付金の支払いという名称を明示している持分の額面金額または計算上の価値の10%を超えた現物価値の形態で反対給付部分をもたらすことは可能であるが，交付された現物価値のかたちでの資源は，企業結合を喪失しているから，商法規定の趣旨や持分プーリング法のコンセプトと一致しない。このため，現物価値またはその他の財産価値の交付は，規定の条文を越えて，交付持分の額面金額または計算上の価値の10%を超えてはならない。

商法上の規定は，EC第7号指令と同様に，交付金の支払いによって取得した持分を計算する基礎として，交付持分の額面金額，並びに計算上の価値を想定しており，持分の実質価値を算定基礎として考慮しなければならないというものではない。

2 持分プーリング法による資本連結

(1) 持分プーリング法の第1次連結

① 自 己 資 本

商法典が定める前提条件が同時に満たされるならば，親企業は，子企業を持

分プーリング法によって連結することを許される。持分プーリング法は，連結決算書を作成する際の資本連結の場合に適用される。その限りで，持分プーリング法は，HBⅡおよび合算決算書に影響を与えない。計上および評価の統一性は，2つのプーリングした企業についてHBⅡを作成する場合に適用されなければならない。持分プーリング法が適用される場合は，連結集団の内部取引が相殺消去されなければならない。債権債務連結，内部利益消去，費用収益連結が持分プーリング法によって連結する子企業にも実施されなければならない。

　パーチェス法による資本連結では，親企業の投資簿価と子企業の持分に応じた自己資本が相殺されなければならない。持分プーリング法では，もっぱら持分に応じた子企業の表示上の資本が投資簿価と相殺される。その他の自己資本項目—準備金，繰越利益または繰越損失，年度剰余金または欠損金は，資本連結で考慮されるのではなく，他のすべての貸借対照表項目と同様に，その他の連結手続きを留保のうえ，そのまま合算決算書から連結貸借対照表に継承される。

　貸借対照表に払込済資本金を表示した企業だけが持分プーリング法によって連結することが許される。このことは，資本会社の場合にだけ該当している。EC第7号指令は資本金の概念と払込済資本金の概念を用いている。しかし，資本金は，特定の企業形態に限定していない。払込済資本金の指示によって，ドイツの立法者は，もっぱら商法典に記されたすべての自己資本に対する限定区分を目指している。さらに，持分プーリング法の第1の前提条件が意識的にフォーミュレートされ，さらに，資本会社以外の法形態の企業にもこの方法が適用されることを示している。

② 後 続 差 額

　投資簿価と持分に応じた払込済資本金との相殺から生じた差額は準備金と相殺されなければならない。借方差額が生じるならば，それは準備金から控除され，貸方差額であれば，それは準備金に組入れられなければならない。

　差額の一部は，親企業が個別決算書において持分の交換からの取得付随費用

を借方計上していたことから生じたものである。しかし,持分プーリング法では,取得が前提とされていないため,取得付随費用は,統括された企業の期間費用として連結決算書に表示されるべきである。だが,通常の場合,この金額はそれほど重要ではない。

　残存差額は,完全に準備金と相殺計算されなければならない。パーチェス法と違って,差額の関連した配分を伴った含み資産または含み負債の取崩しは必要ではない。営業権または暖簾もまた,この方法で生じることはない。それゆえに,持分プーリング法は,後続期間以降においても,取崩された含み資産または営業権または暖簾に対する減額記入が行われてはならないために,利益中立的である。2つの企業の結合を処理する方法のコンセプトによれば,たとえ,はじめからすでに1つの企業であるかのように考えられていたとしても,損益計算書は,資本連結と関係していない。

　商法典は,どのような準備金が差額と相殺計算されなければならないかを一切指示していない。原則として,連結集団の総括された資本準備金または利益準備金が問題となる。文献上は,資本準備金との相殺計算または資本準備金および利益準備金への発生原因別の配分が提案されている。偶発的な残存差額の相殺計算のために準備金がなんら処分されないならば,残存差額は,連結決算書において自己資本の枠内で特別の名称を付して表示されるべきである。

③　少数株主持分

　持分プーリング法は,親企業が少なくとも90％の投資を行っているときにのみ,適用が許される。それゆえ,上限10％の持分を少数株主が有している。そして,この少数株主が有する持分について,少数株主持分調整勘定が設定されなければならない。その際,HBⅡに表示された子企業の自己資本総額が計算の基礎となる。これに対し,資本連結の場合,持分に応じた表示資本が認識されなければならないため,異なった取扱いが生じることによって,差額の相殺消去を行う場合に,少数株主の持分の虚偽表示となることもあり得る。したがって,差額は,子企業の準備金に対する少数株主持分の額だけ減額した連結準備金と相殺消去されるべきである。

(2) **持分プーリング法による後続連結**

　持分プーリング法は，パーチェス法と違って，後続連結でも利益中立的である。子企業は，時の経過の中でもっぱら自己の純財産の変動によって連結利益への貢献を果たし得る。これに対し，連結利益貢献は，子企業の資産の連結取得原価とか，営業権または暖簾の減額記入によって生じ得るものではない。それは，持分プーリング法では連結集団の視点からなんら取得という取引が行われないからである。持分プーリング法による資本連結の連結仕訳は，原則として第1次連結でも，後続連結でも1つの連結集団では同一である。これに対し，その他の連結手続きは，第1次と後続の連結で異なっている。各後続連結では，後続期間に発生したその他の連結集団の内部の取引，すなわち，連結集団の売買取引または債権債務取引のようなものは連結決算書から消去されなければならない。

　持分プーリング法による資本連結の場合に，第1次連結と後続連結の違いが生じ得るのは，親企業が個別決算書において合併する子企業の投資簿価に対する減額記入を行っているか，または子企業が準備金から資本組入によって増資を行う場合だけである。

　投資がより低い付すべき価値を有している場合には，親企業は，自己の個別決算書において，計画外減額記入を行うことができるか，またはそれを義務づけられる。税法上の減額記入もまた可能である。後続連結において，親企業の個別決算書におけるそのような投資の減額記入が連結決算書における資本連結の場合にどのように処理しなければならないかという問題が提起される。投資の代わりに，子企業の資産および負債が表示されるため，連結決算書において親企業の投資は存在しない。

　パーチェス法と違って，持分プーリング法による資本連結では，子企業の含み資産または資本連結の場合に発生する営業権または暖簾に対する減額記入は必要ではない。この限りで，投資の減額記入について，連結決算書において認められない。これに代わって，連結決算書において計画外減額記入は投資を体現した子企業の資産に対して行うことができる。このことは，親企業の個別決

算書において投資の減額記入が後続連結の場合に実施されず，資本連結が投資の歴史的取得原価に基づき行われなければならないということを意味している。

準備金から資本組入れによる増資が行われる場合，子企業の表示資本が増大するが，その一方で，投資の簿価には増減がない。このことによって，資本連結からの貸方差額が同額の大きさで増減する。差額が準備金と相殺消去されなければならないが，そのことが増資の場合に差額の変動額だけ減額されているために，実質的な結果はこのことから生じない。

3 パーチェス法と持分プーリング法との比較

第1次連結では，持分プーリング法による貸借対照表は，パーチェス法と比較して，含み資産および含み負債が取崩されず，発生した営業権または暖簾が即時に準備金と相殺消去されることから，貸借対照表総額は低く表示される。準備金の減少により，自己資本が減少する。連結貸借対照表に表示された資産および負債は親企業と子企業の貸借対照表簿価の総額を表している。

持分プーリング法による後続連結は，含み資産および含み負債が取崩されないことや，営業権または暖簾が準備金と相殺消去されることから利益中立的である。これに対し，パーチェス法による後続連結は，含み資産および含み負債の実現と営業権または暖簾の減額記入によって連結利益に影響を与える。減額記入が含み資産の実現を増額する限りで，パーチェス法による後続連結の方が持分プーリング法の後続連結に比べてより低い連結利益を表示する。時の経過につれて含み資産と営業権または暖簾の完全な減額記入，並びに含み負債の実現によってパーチェス法と持分プーリング法の連結利益が調整される。

4 持分プーリング法の継続適用

商法典の要件が満たされる場合に，持分プーリング法を連結対象の子企業に適用することが許され，パーチェス法との選択適用が認められているが，連結決算書において一度適用した連結方法については維持しなければならない（連

結方法の継続性)。ただし,例外的事例の場合に離脱することが許されるが,それまでに適用した連結方法からの離脱について,連結附属説明書において報告と説明を行う義務がある。このため,持分プーリング法によって連結した企業については,原則として,後続期間にも持分プーリング法で連結されなければならない(期間の継続性)。持分プーリング法でも,連結方法の選択権を認める一方,連結方法の変更について継続性の原則が適用され,例外的に,内容上の事情に著しい変更がある場合に限り,方法の変更が認められる。しかし,最低出資比率を変えて持分プーリング法の変更を行うといった連結方法の変更については,法律で許容された例外的事例にはあたらない。

しかし,商法典の規定を越えて,持分プーリング法の適用を行った場合の継続性については,法律上に確定されているとはいえない。このため,親企業は,ある特定の子企業に適用された方法に拘束されずに,適用条件が存在している場合は,その他の子企業を持分プーリング法またはパーチェス法の選択適用によって連結することができる。

5 連結附属説明書での報告

持分プーリング法が連結対象の子企業に適用される場合に,以下の事項について,連結附属説明書における報告を行わなければならない。

(1) 持分プーリング法の適用の指示
(2) 持分プーリング法の適用から生じた準備金の増減
(3) 持分プーリング法が適用された子企業の名称と住所

第1と第3の報告義務は,一括することができ,連結決算書に組入れられる企業に関する報告の場合に,持分プーリング法で連結された企業名の列挙が行われる。

また第2の報告義務が履行される場合は,すべての差額—これは準備金の増減に一致している—およびそれぞれの準備金の種類との相殺消去に関する報告が義務づけられる。このことによって,連結決算書の受手にとって,資本連結の特定の形態によって原因が発生している連結準備金の増減の大きさを知るこ

とが可能である。持分プーリング法による多数の子企業の連結の場合に、借方および貸方の差額の別々の報告を要求する明文規定はない。これに対し、パーチェス法では、これに関する明文規定がある。このため、持分プーリング法で連結した企業についても借方および貸方の差額の別々の報告が要求されなければならない。

6 持分プーリング法の評価

持分プーリング法による資本連結は、ある特定の形態の企業結合を連結決算書に組入れるものである。持分プーリングの中心的な要素は、2つの企業の資源のプーリング化である。2つの企業の持分所有者がプーリング化した企業活動の共通のチャンスとリスクを担っている。しかし、ドイツにおいて、持分プーリング法の法律上の規準は、その方法のコンセプトに関し、アングロサクソンの基準とは以下のような重要な違いを示している。

- 親企業の最低出資比率について、子企業の議決権の資格を有する資本ではなく、子企業の資本全体に対するものである。このため、持分プーリング法は、弱い資本連携やこれに関係した企業結合への親企業の影響の可能性の場合にも適用される。
- 持分の交換の場合に、連結決算書に組入れられるその他の子企業の持分もまた交付されることが許される。このことによって、連結対象の子企業の旧株主は共同で担うべきチャンスとリスクから排除され得る。
- 持分の交換の場合に、完全議決権の持分が交付した持分と一致してはならない。子企業の旧株主が親企業の持分を保有しているとしても、旧株主は企業結合に対し主たる影響を保証されているわけではない。親企業の少数株主として影響力は制限される。

持分プーリング法に関するコンセプトのこうした違いは、ドイツ法とヨーロッパ法においてもみられる。

一般に、持分プーリング法は、新旧の株主が将来もまた効果的にその利害を代表することができる場合に適用されるものであるが、商法典の要求は、子企

業の特別の種類の取得に関する指標だけを定義しているに過ぎず，したがって，パーチェス法によって連結を行わなければならない親子関係の場合にも適用され得ることになる。このことから判断して，パーチェス法と持分プーリング法という2つの完全に異なった連結方法の選択適用が許容されることは目的適合的ではない。

　ドイツ監査法人の100大連結集団の1995年度の連結決算書に関する調査によれば，持分プーリング法を連結決算書において採用した事例はなかった。その後，持分プーリング法への関心が経済の国際的連携の前進と国際基準へのドイツ企業の指向に基づいて高まったが，英米圏やドイツで，持分プーリング法について，その濫用が頻発しているとの批判が増大している。この結果，持分プーリング法を全面的に廃止し，2つの企業の場合の持分の交換と同等の資格を有する企業結合のケースで，資産および負債を時価で評価し，準備金と差額の相殺消去を行わないフレッシュ・スタート法（fresh-start-method）への代替的可能性が議論されている。

第5章
比例連結および持分法

第1節 比 例 連 結

1 比例連結の概念

法的な意味での連結決算書の基礎には段階区分基準がある。この段階区分基準によると，連結決算書作成企業と下位企業との関係の強さに基づき，次の4段階に区別される。つまり，

- ■ 子企業
- ■ 共同企業
- ■ 関連企業
- ■ 第271条1項にいう投資関係が生じる企業

連結決算書は，この段階区分基準を通じて「連結集団の影響圏にかかわる決算書」となる。下位企業に対する連結集団上位会社の影響力の度合は，連結決算書における企業の計上方法により明らかとなる。第290条にいう子企業が全部連結されねばならないのに対して，第310条は共同企業に対して比例連結選択権を定めている。かかる選択権が行使されない場合，共同企業は段階区分基準に従い持分法により計上される。

比例連結選択権は，ドイツ法によれば，連結決算書を作成する出資社員企業が同時に第290条1項ないし2項にいう親企業である場合にのみ利用できる。出資社員企業が他の企業と共同である企業を経営するものの，しかし子企業を有しない場合，連結決算書の作成義務は生じず，同時に比例連結もできない。

かかる出資社員企業の個別決算書においては、持分が、共同企業に対する投資として取得原価で計上されるべきであろう。

共同企業の比例連結は、方法上はもちろん全部連結に相当する。ただし、資産、負債、計算区分項目、貸借対照表計上補助項目、特別項目、費用および収益に関して、連結決算書を作成する出資社員企業に属する共同企業の資本金の持分割合に応じた部分のみが、連結決算書に組入れられねばならない。さらに、自己資本、負債並びに費用および収益は、出資比率に応じてのみ連結され、内部利益はまた比例的に消去される。つまり、資産、負債、費用および収益のうち、全部連結されていない出資社員企業に属する部分は連結決算書には引き継がれない。

まずは、共同経営として理解されるべき企業間関係がいつ生じるのかを説明しなければならない。共同経営は、第310条1項による比例連結選択権の前提である。段階区分基準に基づき、共同企業は、一方では全部連結義務のある子企業とは区別され、他方で、持分法に従い連結決算書に計上される関連企業とも区別される。

2　比例連結の適用要件

第310条1項によれば、企業を比例的に連結決算書に組入れる選択権は、次の企業に限定される。すなわち、連結決算書に組入れられる連結集団対象企業により、連結決算書に組入れられない1つまたは複数の企業と共同で経営される企業である。共同企業の概念—それ以外の名称は、ジョイント・ベンチャー、共同経営企業、共同出資会社もしくは共同所有会社—は、旧株式法にも商法典にもみられない。文献によれば、共同企業は以下の5つの特徴を有するものとなっている。

(1)　共同企業の企業特性

基本的な前提は、共同企業が企業としての特性を有していることである。その場合、共同企業の法形態は重要ではない。

(2) 共同作業の継続性

企業特性と密接に結び付くものは，出資社員企業間の共同作業の継続性の問題である。連結集団の影響力の最低段階を示す投資でさえも，第271条1項1文に従い，自己の営業に継続的に資するものというように定められている。

(3) 出資社員企業の経済的独立性

商法典にいう共同経営は，出資社員企業相互の経済的独立性を前提とする。第310条1項によれば，共同経営は，連結決算書に組入れられる親企業もしくは子企業によって，連結決算書に組入れられないその他の企業と共同で実施されねばならない。つまり，共同経営の特徴は，連結集団が下位企業の営業政策に限定的な形でのみ影響を及ぼしうることである。かかる影響は，他の企業が同等の権限を有することをもって限定される。共同企業は，「外部の」すなわち連結集団とは無関係な出資社員企業とともに共同で経営されねばならない。

(4) 共同経営の実行

出資社員企業間による共同経営は実際に行われねばならない。個々に独立した出資社員企業の立場からすると，共同経営は，第290条1項にいう統一的指揮よりも影響力が弱い。逆に，たんなる財務上の投資による影響力は，共同経営の場合よりも弱い。むしろ共同経営は，出資社員企業が共同企業を積極的に管理ないし統制するところに特徴がある。営業政策上の意思決定の場合，出資社員企業間の意思決定の合意ないし妥協が求められる。

(5) 投資の存在

出資社員企業が共同企業に対して第271条にいう投資を行うことが，共同経営の前提である。もっとも商法典は，出資社員企業が共同企業にどの割合で投資した場合に共同経営が推定されるのか定めていない。出資社員企業と下位企業との関係の強さは，議決権の数に基づき判断されねばならない。関連企業に関しては，第311条1項2文が，20％以上の議決権所有の場合に重要な影響の存在を認める。出資社員企業に50％以上の議決権がある場合，下位企業は，第290条2項1号に基づき子企業とされる。したがって，境界基準に従えば，共同企業に対して保有する議決権の割合は20％以上50％以下となる。

上述の5つの要件が満たされる場合，共同企業を連結決算書において比例的に組入れることが認められる。比例連結選択権は，出資社員企業それぞれにより独立的に行使することが認められる。

比例連結は第295条の組入禁止を妨げるものではない。第310条は第295条を指示していないが，EC第7号指令第32条2項においては，同指令第14条に基づく組入禁止が共同企業に対しても適用される。ドイツの立法者の意向によれば，商法典は指令に忠実に解釈されねばならないので，第295条の組入禁止は，比例連結の場合にも遵守されねばならない。

第297条3項2文の継続性命令によれば，第310条1項の要件が満たされる限り，一度行われた比例連結の方法が保持される。継続性命令からの離脱は例外的事例にのみ認められる。その場合，かかる離脱は，第297条3項4文および5文に基づき附属説明書において記載され，また理由づけられねばならず，そこでは財産状態，財務状態，収益状態への影響について言及されねばならない。

連結附属説明書においては，第313条2項3号に従い，比例連結された共同企業の名称および住所，さらには共同企業に対して出資社員企業が有する資本金の比率等が記載されねばならない。

3 比例連結の手法

(1) まえがき

第310条2項によれば，比例連結については，第297条～第301条，第303条～第306条，第308条，第309条を準用しなければならない。「準用」という言葉を用いることにより，比例連結は方法上いくつか特殊な点はあっても，全部連結に基本的に合致することが明確にされている。

第310条は，第297条2項2文の一般規範を明確に指示している。したがって，連結決算書は，共同企業の組入れを通じて，GoKを遵守したうえで，事実関係に即した写像を伝達しなければならない。加えて，単一組織体原則，すなわち第297条3項1文が遵守されねばならない。共同企業の比例連結の場合にも，

連結決算書においては，財産状態，財務状態，収益状態に関して，比例的に組入れられる企業も含めて企業全体があたかも単一の企業であるかのように表示されねばならない。単一組織体原則は，連結集団の内部取引の消去を要求する。

(2) 合算決算書の作成順序

共同企業の比例的組入に対して，資産，負債，計算区分項目，貸借対照表計上補助項目，特別項目，収益および費用の表示および記載に関する規定（第298条1項，第300条）がそのまま適用される。第300条2項に基づく完全性原則は，比例連結の場合にも，たんに項目の計上に関連する。加えて第308条に従い，すべての資産および負債が，共同企業の個別決算書における方法に関係なく連結決算書を作成する出資社員企業の方針に従い，新たに連結集団統一的に評価されねばならない。共同企業の決算日が連結決算書の日付の前3カ月を越える場合，もしくは1日後になる場合には，共同企業もまた第299条2項に基づき中間決算書を作成しなければならない。

連結決算書に組入れられる外国の共同企業が，連結集団内のものと異なる通貨単位で決算書を作成する場合，当該企業の個別決算書は，連結報告通貨としてのユーロで換算されねばならない。これに関しては，子企業の全部連結の場合の換算方法が同様に利用可能である。機能通貨概念に基づき，共同企業の個別決算書は，第297条2項2文の一般規範に最も容易に適合しうる方法に従い換算されねばならない。

共同企業の個別決算書の計上，評価，表示もしくは決算日が連結決算書のものと異なる場合には，共同企業はHBⅡを作成しなければならない。共同企業が複数の連結決算書に組入れられ，出資社員企業がそれぞれ異なる計上方法および評価方法を用いる場合，共同企業は，複数のHBⅡを作成しなければならない。

連結集団の合算決算書においては，共同企業の貸借対照表項目および損益計算書項目が，連結決算書を作成する出資社員企業に直接的または間接的に帰属する資本金の持分割合に応じて組入れられねばならない。連結決算書を作成す

る出資社員企業の出資比率は，株式法第16条2項および4項に基づき確定されねばならない。共同企業に対する出資社員企業の持分は，共同企業に対する直接的および間接的な持分の合計額として算出される。つまり，かかる持分については，連結決算書に組入れられる子企業に属する部分も考慮されねばならない。

連結決算書は，連結集団に属する企業の個別決算書の欠陥を排除することに目的がある。その結果，共同企業の連結比率には基本的に，共同企業に対する連結集団に帰属すべき持分のすべてが含められねばならない。したがって，共同企業に対して非連結子企業が保有している持分もまた，出資比率の計算に含めなければならない。非連結子企業の持分が出資比率に組入れられるのなら，共同企業への非連結子企業の持分に対する相殺項目が貸方に計上されねばならない。かかる相殺項目は，非連結子企業に属する共同企業の資産，負債，費用および収益の割合を含む。

(3) 比例連結の場合の連結範囲

全部連結の場合に定められた連結集団内部取引の消去方法は，第310条2項に基づき，連結決算書における共同企業の比例連結の場合にも「準用」される。比例連結の場合もまた，資本連結，債権債務連結，内部利益の消去，費用収益連結が実施される。

連結決算書を作成する出資社員企業の投資の簿価は，第310条2項に基づきパーチェス法に従い，比例的に合算貸借対照表に含まれる共同企業の自己資本と相殺されねばならない（資本連結）。これとは逆に，持分プーリング法の適用は認められない。持分プーリング法は企業結合に基づくものであり，共同企業の概念には合致しない。パーチェス法に基づく資本連結については，選択的に簿価法もしくは評価替法の適用が認められる。全部連結とは異なり，比例連結の場合には，その他の出資社員企業の出資比率が考慮されることはない。その他の社員持分に対する相殺項目は存在しない。したがって，第310条2項においては第307条に対する指示はない。このような理由から，比例連結の場合の簿価法および評価替法は等しい連結決算書を導く。両者は手続きの順序の面で

異なるにすぎない。

比例連結により差額が生じる場合，第301条3項に基づき，当該金額は全部連結による差額とともに，借方での「営業権または暖簾」，ないしは貸方での「資本連結差額」として連結決算書に表示されねばならない。

4 比例連結の評価
(1) 判断基準

連結決算書に共同企業を計上する場合，比例連結は持分法に代替する方法である。EC第7号指令の可決以前にすでに，フランスおよびオランダでは共同企業が比例連結されていた。旧ドイツ株式法によれば，共同企業の比例連結に関する規定はなかった。任意に連結決算書を作成する企業の場合，比例連結は可能であったかもしれない。比例連結選択権は，EC第7号指令の加盟国選択権を受容するというドイツ政府の決定によりはじめて法典化された。

文献では，比例連結の持分理論的根拠，および商法上の連結決算書の基礎になる単一組織体理論との抵触に大きな批判が集まっている。商法上の連結決算書が単一組織体理論に依拠しているという仮定は，第297条3項1文を単一組織体理論が法典化されたものとして解釈することから生じる。しかしながら，第297条3項1文の単一組織体原則を，単一組織体理論もしくは持分理論に明確に分類することはできない。つまり，商法上の連結決算書がいずれの理論に依拠しているかについて明言はできない。単一組織体理論も持分理論も，少数出資社員に比して利害を貫徹しうる，多数出資社員としての親企業を前提としている。連結会計理論は共同企業の組入に取り組んでいないため，比例連結の理論的妥当性に関して直接判断することはできない。

結局のところ，比例連結は，会計報告責任目的，情報に基づく資本維持目的，並びに個別決算書の欠陥の補完目的ごとに評価されねばならない。連結決算書の目的は，第297条2項2文の一般規範，並びに第297条3項1文の単一組織体原則から明らかになる。両規定は，第310条2項に基づき，比例連結の場合にも考慮されねばならない。

(2) 会計報告責任目的の履行

　商法上の連結決算書は，受託資本の使途の公開に役立つ。かかる会計報告責任目的は，連結集団の経済状況に関する適切な写像を受手に伝える。資産および負債の諸関係，すなわち連結集団の債務弁済能力並びに連結集団独自で利用可能な資産が連結決算書により明確になる。

　共同企業の比例連結の場合，連結決算書においては，共同企業の資産および負債が，連結決算書を作成する出資社員企業の出資比率に応じて表示される。持分に応じた組入の目的は，資産および負債に関する連結集団の限定的処分能力を明確にすることである。ただし連結決算書にかかわる出資比率に基づく共同企業の分割という仮定は，実際の法実態とは矛盾する。共同企業の借方項目および貸方項目を連結決算書において比例的に把握する場合，連結集団独自で利用可能な資産が対象になるわけではない。負債については，連結集団のすべての債務ではない。

　会計報告責任の理由から，連結損益計算書においては費用および収益が表示されねばならない。連結決算書は，「稼得」目的の達成度，および連結集団の収益状態に関する情報を伝達しなければならない。費用および収益は，もちろん持分に応じてのみ連結損益計算書に引き継がれるが，連結集団の費用構成および収益構成の概観を改善する。営業活動により継続的に稼得された利益は詳細に示され，持分法と比較すれば連結集団の収益状態の概観がより改善する。

　連結決算書の明瞭性および概観性は会計報告責任目的の履行に貢献する。比例連結に際し持分に応じて組入れられるべき貸借対照表項目および損益計算書項目は，全部連結された企業の該当項目とともに一括して表示される。かかる表示方法は，異なる連結方法による借方項目および貸方項目，ないし費用および収益の寄せ集めである。連結決算書の受手にとっては，こうした金額の寄せ集めにより，どれが全部連結の構成要素で，どれが比例連結の構成要素なのかもはや見分けがつかない。

　さらに，比例連結選択権が重大な連結会計政策上の裁量の余地を与え，他の企業の連結決算書との比較可能性を損ねる，との異議が唱えられている。

結論として，共同企業の比例連結は，会計報告責任目的を完全に果たすことができない。現行法に基づく比例連結は，多くの点で改善される必要がある。ただし比例連結は，持分法と比較すれば会計報告責任をより果たすことができる。連結範囲の完全性原則により，連結決算書は，連結集団の全経済活動を含めなければならない。持分に応じた連結を通じて，共同企業に対する投資簿価がその構成要素に分解され，それにより共同企業の経済活動が明確になる。連結集団内の重要な活動が共同企業に属する場合，持分法に従えば，財産状態，財務状態および収益状態の概観がかなり歪められるであろう。

(3) 情報に基づく資本維持目的の履行

連結決算書は，会計報告責任に加えて，企業存続の確保に貢献しなければならない。資本維持は，連結決算書においては，唯一情報に基づき達成される。共同企業の組入の場合にも，連結決算書は「資本縮小抑制」の目的を履行しなければならない。第310条2項による第298条1項への指示を通じて，総じて，資本維持目的を具体化する諸規定が共同企業に対して適用されねばならない。連結決算書で表示された利益には，資本維持原則の考慮のもとで測定された共同企業の持分に応じた利益のみが算入される。

(4) 個別決算書の欠陥補完目的の履行

会計報告責任目的および情報に基づく資本維持目的に加えて，連結決算書は，個別決算書を補完し，連結集団内部取引の消去を通じてその情報欠陥を補う役割を有する。個別決算書の欠陥補完目的のために，連結集団のすべての内部取引が連結集団の立場からあらためて評価され，そして連結決算書上で消去されねばならない。連結集団内の取引を消去する義務は，第297条3項1文の単一組織体原則を通じて具体化される。それによれば，被組入企業の財産状態，財務状態および収益状態は，連結集団全体があたかも1つの企業であるかのように表現されねばならない。

経済的従属性から生じる個別決算書の欠陥は，第303条に基づく連結集団内部の債権債務連結，第305条に基づく連結集団内部取引からの費用収益連結，第304条に基づく内部利益の消去を通じて，並びに第301条に基づく資本連結を

通じて補完されねばならない。かかる諸規定は，第310条2項に基づき比例連結の場合にも準用される。

(5) 小　　括

連結決算書の目的は，比例連結による共同企業の組入を通じてかなり果たされる。共同企業の比例連結の場合，会計報告責任目的だけが侵害される。

もちろん比例連結は，全部連結と同様にかなりの計算コストをもたらす。比例連結をめぐる賛否の評価については，共同企業と連結決算書を作成する出資社員企業との関係の密度に従い判断されるべきであろう。50：50％の出資の場合，共同企業と取引を行う可能性は特に大きく，したがって比例連結が命ぜられる。これに対して，25：25：25：25％での出資社員企業の出資の場合，制限的な影響力のゆえに，持分法の適用がむしろ正当化される。ただし基本的には，経済性の理由から共同企業が連結集団の財産状態，財務状態，収益状態にとり副次的な意義しか持たない場合にのみ，比例連結選択権の行使が放棄され，持分法が優先されるべきであろう。とはいえ実務では，共同企業の場合，副次的な意義を有するにすぎないか否かに関係なく，手続上の負担が大きいという理由で，多くの場合比例連結が放棄されている。

共同企業に対する比例連結が，選択権もしくは第295条の組入禁止に基づき実施されない場合には，共同企業は持分法に従い連結決算書に組入れられねばならない。

5　IASに基づく比例連結

国際的な会計基準に基づく比例連結は，IAS第31号において定められている。

連結決算書に共同企業を組入れる場合，IAS第31号は，標準処理と代替処理とを区分している。標準処理によれば，ジョイント・ベンチャー出資企業は共同企業を比例的に連結決算書に組入れなければならない（比例連結）。

標準処理―比例連結―の場合，IAS第31号は2つの異なる表示方法を定めている。第1は，ジョイント・ベンチャー出資企業が，共同企業の資産，負債，

収益および費用のうち持分相当額を，それに対応する連結決算書の貸借対照表項目にまとめて計上することである。第2は，ジョイント・ベンチャー出資企業が，共同企業の資産，負債，収益および費用のうち持分相当額を独立させて連結決算書に表示することである。

標準処理に加えて，IAS第31号は，共同企業に対して持分法の適用を認めるという代替処理を定めている。ただしIAS第31号は，持分法の適用は推奨されるものではないと明確に指摘している。というのは，比例連結は共同企業とジョイント・ベンチャー出資企業との経済的諸関係を持分法以上に良く表現するからである。

IAS第31号とドイツ商法典は基本的には合致している。ただし，商法典が第310条において，共同企業に対し比例連結と持分法との間の選択権を定めているのに対し—法律上は優先順位が示されていない—，IAS第31号では比例連結が持分法に優先する方法として明確にされている。さらに，IAS第31号は連結決算書上拘束力のある非常に詳細な規定を有しているが，商法典はそうでないことも留意する必要がある。IASによる連結附属説明書の詳細な記載義務がその一例である。

第2節　持　分　法

1　持分法の概観

企業間関係の緊密度の序列において，商法典は全部連結および比例連結の後に，さらに弱い企業間関係の形態に対していわゆる持分法（第311条および第312条）を定めている。この方法でもって，共同経営の場合ほどではないものの，通常の投資の場合より強い関係を連結集団が保つ企業が連結決算書に表現される。こうした企業は，定型的関連企業と呼ばれる。

第311条によれば，定型的関連企業とは，連結決算書に組入れられる企業が重要な影響を及ぼすことのできる企業である。重要な影響は，議決権の少なくとも20%を有する場合に推定される。

図表 5-1 商法上の連結決算書における持分法の適用領域

```
┌─────────────────────────────────────────┐
│   商法上の連結決算書における持分法の適用領域   │
└─────────────────────────────────────────┘

┌──────────────────┐  ┌──────────┐  ┌──────────┐
│単独支配もしくは共同 │  │非連結子企業│  │比例連結され │
│支配なしに投資およ  │  │          │  │ない共同企業 │
│び重要な影響に関す  │  │          │  │          │
│る基準が存在する    │  │          │  │          │
└──────────────────┘  └──────────┘  └──────────┘
         │                  │            │
         │                  ▼            ▼
         │          ┌──────────────────────┐
         │          │重要な影響に関する基準が │
         │          │満たされる             │
         │          └──────────────────────┘
         ▼                      ▼
┌──────────────┐        ┌──────────────┐
│ 定型的関連企業 │        │非定型的関連企業│
└──────────────┘        └──────────────┘
```

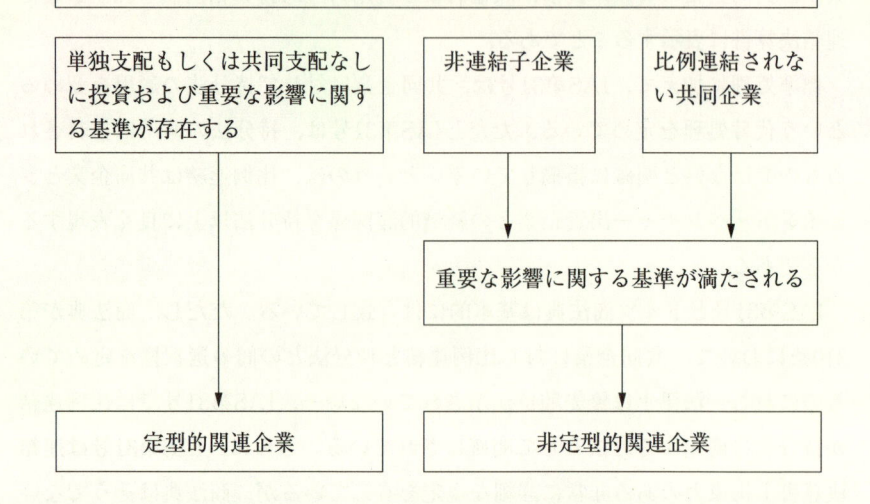

　さらに，第295条の組入禁止もしくは第296条の組入選択権の行使のもとで全部連結されない子企業，並びに第310条1項の選択権に基づき比例連結されない共同企業は，原則として持分法に基づき連結決算書に計上されねばならない。かかる企業は，非定型的関連企業と呼ばれる。図表5-1は，商法上の連結決算書における持分法の適用領域を体系化したものである。

　第312条は，持分法手続きの技術的な部分を定めている。持分法の重要なメルクマールは，全部連結や比例連結とは異なり，関連企業の個別決算書の資産，負債，費用，収益が連結決算書に引き継がれないという点である。持分法の場合には，投資簿価が関連企業の自己資本持分相当額の増減に応じて連結決算書において継続記録される。

　投資の持分価値の測定に関しては，全部連結の場合と同様，簿価法と出資比率法（評価替法）という2つの方法が可能である。簿価法と出資比率法は，その手続上の相違により，連結決算書における持分価値の計上評価に関して実質的に異なる数値をもたらす。用いられた方法は，第312条1項4文に基づき連

結附属説明書に記載されねばならない。

　持分法に基づき連結決算書に組入れられる関連企業の個別決算書においては，第312条5項1文および2文に基づき，選択肢として連結集団の指針に沿った統一的評価が可能である。この場合には，HBⅡが作成されねばならない。その代替方法として，当初の商事貸借対照表に基づくことも可能である。関連企業と連結集団間の取引から生じる内部利益は，その事実が周知もしくは入手可能な限り，第312条5項3文に基づき消去されねばならない。内部利益は，第312条5項4文に従い完全もしくは比例的に消去可能である。

　第311条2項に基づき，関連企業が一般規範とのかかわりにおいて重要でない場合，持分法の適用を見送ることができる。

　持分法は，EC第7号指令の転換の際，比例連結と同じくドイツ法に新しく導入された。ドイツ以外の多くの加盟国において，とりわけアングロサクソン圏ではほぼ1960年代初頭から連結会計の中に定着しており，一部の国々では個別決算書に対しても持分法が適用される（例えば，フランス，イギリス，そしてIAS）。

2　持分法の適用領域

(1)　定型的関連企業に対する持分法の適用

①　定型的関連企業に関する基準

　第311条1項1文に掲げられている基準の両方が満たされる場合，企業は定型的関連企業とみなされる。その基準とは，第1が，第271条にいう投資が存在する場合，第2は，投資企業が被投資企業に対して重要な影響を及ぼす場合である（図表5-2）。

②　投資に関する基準

　第271条における投資の定義は，次の3つの要件が存在する場合に満たされる。第1は，投資企業が他の企業（被投資企業）の持分を有している。第2は，かかる持分が投資企業の経営に継続的に有益である。第3は，投資企業が連結決算書に組入れられることである（第311条1項1文）。

図表5-2　定型的関連企業の存在に関する基準

```
┌─────────────────────────────────────┐
│ 定型的関連企業に対する投資の存在に関する基準 │
└─────────────────────────────────────┘
```

投資に関する基準	重大な影響に関する基準
(1) 企業に対する持分の保有 (2) 投資計画の継続性 (3) 連結決算書への投資企業の組入 疑わしい場合には投資の推定が行われる：20%を超える資本持分の場合，投資が推定される。	・重大な影響力行使の指標 ・関連性の推定：議決権を20％以上有する場合，重要な影響が推定される。

　他の企業に対する持分は，被投資企業に出資金が譲渡された，もしくは拘束力を持つ契約がなされた，そして返済義務なしに出資金の利用が認められる場合にのみ存在する。具体的には，被投資企業の法形態ごとに，株式，有限会社に対する持分，合名会社における無限責任社員の持分，合資会社もしくは株式合資会社に対する無限責任社員持分等が対象となる。なお，登記済協同組合の会員資格は商法上，投資とはみなされず，そのため定型的関連企業とはみなされない。

　投資計画の継続性は，固定資産もしくは流動資産に関する持分の分類基準としても利用される。保有期間が継続的か非継続的かという場合，その期間の長さを具体化することは難しい。しかし持分を1年以上保有している場合，継続的な関係にあると想定することができる。継続的な関係として特徴的なものは，例えば，共同実施のプロジェクト，人的結合，もしくは拘束力を持つ契約などである。

　さらに，投資企業が連結決算書に組入れられることが求められる。その場合，親企業および全部連結子企業がこの投資企業に該当する。つまり，非組入企業については関連企業との関係が理由づけられない。非全部連結子企業も共

同企業も，それに定型的関連企業も投資企業とはみなされない。関連企業に対する実際の影響力は，親企業または全部連結子企業が有するはずであり，そのため投資関係が生じうる。

投資の存在に関するこれら3つの要件は，投資の推定（第271条1項3文および4文）により補完される。それによれば，疑いのある場合，資本会社に対する持分につき，その額面合計が当該資本会社の名目資本の2割を超えるならば投資とみなされる。

(2) 重要な影響に関する基準

① ま え が き

関連企業の定義は，被投資企業の営業政策および財務政策に対する重要な影響という定義に結び付く。もっとも，重要な影響という定義のもとで理解すべき内容は，法の文言では具体化されていない。法の文言は，重要な影響が実際に及ばなければならない，という点のみを明記しているにすぎない。

第311条は，重要な影響が，企業支配よりも弱いものであると位置づけている。単独支配の場合，被支配企業に関する会計処理は商法典連結会計規定の第1款から第5款において，共同支配の場合は第6款において定められている。これに対して，持分法に関する規定は第7款において定められている。重要な影響を通じた企業の結び付きは，連結決算書の段階区分基準のもとでは，単独支配あるいは共同支配とたんなる投資関係との間に位置づけられる。

② 重要な影響が存在する際の指標

重要な影響という抽象的な定義は，統一的指揮の概念と同様に難しい。したがって文献においては，重要な影響の事実に関して，その指標の列挙が試みられている。

文献では，重要な影響という概念を具体化する際，主としてアングロサクソンの規定に依拠している。

重要な影響を示す指標としては，例えば以下のものが掲げられる。

■ 技術的もしくは集中的な取引関係
■ 企業の政策的意思決定への関与

■ 被投資企業の財務的および技術的依存
■ 役員派遣
■ 取締役もしくは監査役への着任
■ 経営陣任命の際の決定権

なお，被投資企業の利益処分に対する影響力は，関連企業の存在を示す唯一の指標とはいえないものの，必要な指標であることは間違いない。その場合，投資企業が利益処分の決定に影響を及ぼしうることで十分である。

③ 関連性の推定

重要な影響に関する基準として，唯一法律で具体化されているのは，第311条1項2文の関連性の推定である。それによれば，議決権の少なくとも20%を有する投資の場合に，重要な影響が想定される。

関連性が推定されるなら（議決権の少なくとも20%），重要な影響の存在を証明する必要もなく，当該投資につき定型的関連企業とみなされる。議決権割合が20%よりも低い場合，それとは逆の帰結になる。投資企業の議決権割合が20%を下回る場合，投資企業は実際に重要な影響を与えていることを証明しなければならない。出資比率は，定型的関連企業の場合，通常は20～50%の間である。

(3) 非定型的関連企業に対する持分法の適用

全部連結範囲から除外された子企業および比例的に連結されない共同企業は，非定型的関連企業として，持分法が適用される。

第295条に基づき強制的に全部連結されない子企業に対して，持分法の適用が同条1項において明確に定められている一方で，第296条に基づき選択的に全部連結されない子企業に対しては，持分法に関する法律上の規定は存在しない。連結決算書の段階区分基準によれば，基本的に，重要な影響は統一的指揮よりも弱い企業間関係を意味する。したがって，第296条に基づき選択的に全部連結されない子企業もまた，基本的には持分法が適用される。

共同企業もまた，基本的には関連企業とみなされる。というのは，段階区分基準に基づき，共同経営もまた重要な影響を及ぼすからである。重要な影響が

実際に及ぶのか否かという基準もまた，共同企業の場合には必然的に満たされる。したがって，第310条1項の選択権に基づき比例連結されなかった共同企業は，原則として連結決算書において持分法により計上されねばならない。このことは，第295条の連結禁止の適用と同様の形で比例連結されなかった共同企業に対しても適用される。

(4) 簿価法および出資比率法の適用事例

簿価法と出資比率法の違い，並びに持分価値の測定の際の基本的な手続きは以下に示す事例により明らかとなる。その場合，この事例では，75％の出資を想定する。なお，統一的評価，内部利益の消去，そして配当支払額は考慮の対象外とする。さらにこの事例では，2つの企業はそれぞれ独立しているものと考える。

簿価法および出資比率法の説明のための重要な資料は以下のとおりである。

関連企業に対する投資企業の取得原価	500
（ここでは，投資簿価に一致）	
関連企業の自己資本	400
関連企業の自己資本持分相当額（400×75％）	300
関連企業の含み資産持分相当額	
―その他の固定資産（40×75％）	30
―流動資産（20×75％）	15
関連企業の含み負債持分相当額	
―その他の貸方項目（20×75％）	15
その他の固定資産の利用期間	5年
第309条1項1文に基づく営業権または暖簾	4年

簿価法の場合，「関連企業に対する投資」として，連結決算書における投資の計上の初年度に，投資簿価が親企業の貸借対照表から連結貸借対照表に引き継がれる。加えて，投資簿価が関連企業の自己資本のうち持分相当額と比較される。そこでの差額は，第312条1項2文に基づき，初年度に注記もしくは附属説明書に記載されねばならない。この事例では，以下のようにして持分価値および差額が計算される。

```
┌─────────────────────────────────────────────────────┐
│   関連企業に対する投資                                │
│ ＝親企業での投資簿価                                  │
│ ＝持分価値                                    500    │
├─────────────────────────────────────────────────────┤
│ ＝親企業での投資簿価（＝関連企業に対する投資）  500   │
│ －関連企業の自己資本持分相当額（400×75％）    －300   │
├─────────────────────────────────────────────────────┤
│ ＝差額                                        200    │
└─────────────────────────────────────────────────────┘
```

図表5-3は連結貸借対照表の構成を明確な形で示したものである。(訳者一部修正)。

図表 5-3　出資比率 75％ の場合の簿価法による投資計上（初回）

時点 t＝0	親企業 HB I	関連企業 HB II	関連企業 時価	連結貸借対照表
借方				
その他の固定資産	400	300	340	400
関連企業に対する投資	500			500
（内，差額）				(200)
流動資産	300	500	520	300
借方合計	1,200	800		1,200
貸方				
自己資本	400	400		400
その他の貸方項目	800	400	420	800
貸方合計	1,200	800		1,200

　差額 (200) の内訳は，45（[40+20]×75％）の含み資産持分相当額，15（20×75％）の含み負債持分相当額，それに170（200－45+15）の営業権または暖簾である。連結貸借対照表では，かかる差額の構成要素は明らかではない。それらはたんに，内部の連結簿記において区別して記帳されるにすぎない。

　後続年度において，投資の価値は，関連企業の自己資本の増減に従い記録される。ここで以下の場合を想定しよう。

親企業および関連企業の貸借対照表の借方では金額の変化はない。すなわち，その他の固定資産については，償却額の部分で新たな資産が調達されると仮定され，流動資産については，資産の減価と増価が合致すると仮定される。一方，当該企業の貸方は次のように変化した。初年度において親企業には利益が60，そして関連企業に利益が80発生した。その他の貸方項目については，利益の発生部分だけ金額が減少した。さらに次のように仮定される。関連企業のその他の固定資産中の含み資産が資産とみなされ，5年間で定額償却される。流動資産中の含み資産はそのままである。他方，その他の貸方項目の場合，そこに含まれていた含み負債が表面化した。営業権または暖簾については，この事例では4年の償却期間が適用される。

この事例では，簿価法の場合，投資の価値は以下のようになる。

関連企業に対する投資額（t＝0）	500.0
＋関連企業の利益持分相当額（80×75%）	＋60.0
－支払配当	－0.0
－その他の固定資産中の含み資産持分相当額の償却（30×0.2）	－6.0
－営業権または暖簾の償却（170×0.25）	－42.5
＋その他の貸方項目中の実現した含み負債持分相当額（20×75%）	＋15.0
＝関連企業に対する投資額（t＝1）	526.5

差額（170×0.75＋30×0.8＋15＝166.5）の継続的な区分表示は，初回の計算以降行われない。その結果，連結決算書では投資関係につき，次のように記載される。

「関連企業に対する投資　　526.5」

持分価値の増加分（26.5）は，この事例では，「関連企業に対する投資による収益」として連結利益を高める。したがって，連結貸借対照表は図表5-4のようになる。

図表 5-4　出資比率 75% の場合の簿価法による投資計上（次年度）

時点 t＝1	親企業 HB I	関連企業 HB II	連結貸借対照表
借方			
その他の固定資産	400	300	400.0
関連企業に対する投資	500		526.5
流動資産	300	500	300.0
借方合計	1,200	800	1,226.5
貸方			
自己資本	400	400	400.0
利益	60	80	86.5
その他の貸方項目	740	320	740.0
	1,200	800	1,226.5

　出資比率法の場合には，連結決算書における投資計上の初年度において，関連企業の自己資本持分相当額が，含み資産および含み負債を考慮にいれて測定され，当初の投資簿価と比較される。

投資簿価（＝関連企業に対する投資）	500
－再評価された自己資本持分相当額（[400＋40＋20－20]×75%)	－330
＝差額	170

　出資比率法の場合，簿価法と異なり，差額はもっぱら営業権または暖簾のみを含んでいる。差額は，第312条 1 項 3 文に基づき初年度に営業権または暖簾として連結貸借対照表および連結附属説明書において別記され，後続年度ではその他の営業権とともに表示されねばならない。投資それ自体は，関連企業の再評価された自己資本持分相当額（330）で連結貸借対照表において表示され，図表5-5のようになる。

　関連企業に対する投資の価値および営業権または暖簾は，後続年度において，簿価法の場合と同様に継続記録されねばならない。そこでの違いは，営業

図表 5-5　出資比率 75% の場合の出資比率法による投資計上（初回）

時点 t＝0	親企業 HB I	関連企業 HB II	関連企業 時価	関連企業 HB III	連結貸借対照表
借方					
営業権または暖簾					170
その他の固定資産	400	300	340	340	400
関連企業に対する投資	500				330
流動資産	300	500	520	520	300
借方合計	1,200	800		860	1,200
貸方					
自己資本	400	400		440	400
その他の貸方項目	800	400	420	420	800
貸方合計	1,200	800		860	1,200

権または暖簾の償却が，投資の簿価ではなく営業権または暖簾それ自体で独立して行われることである。

```
  関連企業に対する投資額（t＝0）                    330
 ＋関連企業の利益持分相当額（80×75%）              ＋60
 －支払配当                                         －0
 －その他の固定資産中の含み資産
   持分相当額の償却（30×0.2）                      －6
 ＋その他の貸方項目中の含み負債
   持分相当額（20×75%）                           ＋15
 ＝関連企業に対する投資額（t＝1）                   399
```

営業権または暖簾（t＝1）は，第309条1項1文による償却のうえ測定され，127.5（170×0.75）となる。

持分法により影響を受けた金額の最終的なものとして，連結利益が計算される。これに関して，親企業の利益60が，持分価値の増加分（399－330＝69）を加算の上修正される。さらに，営業権または暖簾の償却分（42.5）を差し引く結

果，連結利益（t=1）は，簿価法の場合と同様に86.5（60+69-42.5）となる。連結貸借対照表は図表5-6のとおりである。

図表 5-6 出資比率 75% の場合の出資比率法による投資計上（次年度）

時点 t=1	親企業 HB I	関連企業 HB II	関連企業 HB III	連結貸借対照表
借方				
営業権または暖簾				127.5
その他の固定資産	400	300	340	400.0
関連企業に対する投資	500			399.0
流動資産	300	500	520	300.0
借方合計	1,200	800	860	1,226.5
貸方				
自己資本	400	400	440	400.0
利益	60	80	80	86.5
その他の貸方項目	740	320	340	740.0
貸方合計	1,200	800	860	1,226.5

(5) 簿価法と出資比率法との比較

簿価法と出資比率法との比較では，持分法を最初に適用する際に実質的な相違が生じる。簿価法の場合，個別決算書上の投資の取得原価が持分価値測定の起点となり，かかる金額は関連企業の自己資本の増減に応じて修正され，記帳されていく。これに対し出資比率法の場合，適用の初年度において，投資は関連企業の再評価された自己資本持分相当額と取替えられ，そして後続年度において同様に関連企業の自己資本の増減に応じて記録される。

持分法に関する両方法の手続きを詳細に比較すれば，次のような違いがみられる。すなわち，連結貸借対照表総額および連結利益は両方法で同一であるのに対して，簿価法および出資比率法は投資の計上額および差額の金額に関して異なる。簿価法の場合，連結決算書上の投資計上の初年度において，投資簿価

と差額との違いから生じる「純」持分価値(事例では500-200=300)が,含み資産(含み負債)の部分だけより低く(高く)なる。差額は,出資比率法の場合よりもそれに見合う部分だけ大きい。

持分価値を簿価法で測定するのなら,関連企業の持分相当の含み資産(45)および含み負債(15)は,連結貸借対照表上,差額(200)の構成要素として区分表示されない。再評価は,持分法の適用初年度では貸借対照表項目の計上に影響を及ぼさない。もちろん,親企業の個別決算書の投資簿価および差額が有する情報内容は高度なものでない。後続期間においては,連結貸借対照表は,一部もしくは完全に償却済みの営業権または暖簾,それに含み資産および含み資産を含む持分価値をなおも示している。

出資比率法の場合,関連企業の投資は(投資の取得原価を上限という留保のもとで),初回から自己資本のうち持分相当額で,資産および負債を再評価のうえ計上される。その場合,差額は無形の企業価値(170)を独立的に含んでいる。簿価法が,無形資産項目,含み資産および含み負債の混合を示すのに対して,かかる区別は後続期間においても維持される。したがって,出資比率法は,関連企業に対する投資の表示に関し,より情報能力がある。

3 IASに基づく持分法の適用
(1) IASに基づく持分法の適用領域

IAS第28号においては「関連企業(associate)」という概念が定義されている。それによれば,被投資企業は,以下の場合に関連企業とみなされる。

① 投資企業の子会社でもジョイント・ベンチャーでもない場合
② 投資企業が被投資企業に対して重要な影響を及ぼし得る場合

したがって,「関連企業」という概念には——ドイツ商法典とは異なり——ジョイント・ベンチャーおよび子企業は含まれない。すなわち,IASによれば「関連企業」とは(ドイツ商法典でいうところの)定型的関連企業だけである。それに対しドイツ商法では,非連結子企業およびジョイント・ベンチャーの場合であっても,関連企業になりうるか否かがつねに検討されねばならない。IASに

よれば，子企業およびジョイント・ベンチャーが関連企業とみなされない場合にも，持分法の適用が認められる。

(2) **IASに基づく関連企業のメルクマール**

IAS第28号における「関連企業」の定義，すなわち「関連企業とは，投資企業が重要な影響を及ぼす会社であり，投資企業の子会社でもジョイント・ベンチャーでもない会社をいう。」は，関連企業の存在に関する2つの商法上の基準（投資に関する基準および重要な影響に関する基準）に部分的にのみ合致する。IAS第28号は，商法典第271条と同様の意味での投資の存在を明確に要求していない。ただし，「投資（investment）」という概念から，関連企業との投資関係が求められる。さらに，被投資企業については，営業活動を行う組織が対象となる。というのは，IASは，それ以外の組織には適用されないからである。総じて，投資の存在に関するドイツ商法の要件は，IASの要件とは必ずしも完全に一致しない。したがって，ドイツ商法上は投資に関する基準が満たされないものの，IASに基づけば関連企業が確認できるという場合があるという点で違いがある。

ドイツ商法と同様，IAS第28号によっても，投資企業が直接的もしくは間接的に被投資企業の議決権の20％以上を有する場合に，重要な影響が推定される。つまり関連性の推定は，IASではドイツ商法と同様の基準である。ドイツ商法との違いは，IAS第28号によれば，投資企業が影響力行使の可能性を有する場合にすでに重要な影響を確認できるという点にある。これに対し，ドイツ商法上は，重要な影響が実際に及ぶ必要がある。

(3) **IASに基づく持分法の手法**

持分法の適用にとって重要なのは，被投資企業が関連企業となった時点である（IAS第28号）。その場合，第312条1項3文のドイツ商法規定とは異なり義務規定となる。例えば，3月1日に関連企業を得たならば，含み資産および含み負債の取崩しを含む資本計上もまたこの日に行われねばならず，決算日（12月31日）ではない。このことは初回の持分取得にもそして後続の持分取得にもあてはまる。つまり，ドイツ商法上認められる決算日適合は，IAS第28号では

原則として認められない。

IAS第28号に基づく持分法の場合，関連企業の含み資産および含み負債持分相当額が，時価評価を通じて取崩される。かかる方法で，関連企業の再評価された自己資本持分相当額が測定される。続いて，持分の取得原価と再評価された自己資本の持分相当額とが比較される。その場合，正の暖簾かまたは負の暖簾が生じる。

ドイツ商法とは異なり，IAS第28号によれば，存在するすべての含み資産および含み負債が持分相当額で取崩される。なぜなら，IASでは，借方差額もしくは貸方差額の金額を区別しないからである。したがって，持分の取得原価が，簿価での自己資本持分相当額よりも大きい場合，IASに従えば—ドイツ商法上は認められない—貸方差額も生じる。。

IASでは，持分法の第1回目の適用と持分価値の継続記録との間に区別はない。持分価値は，IASによれば，同一年度にすでに継続記録されている。これに対し，ドイツ商法における持分価値は，実務上頻繁に行われる決算日適合が行われた場合にはじめて継続記録される。正の暖簾の償却ないし負の暖簾の取崩しがドイツ商法とは一部大きく異なるのに対し，含み資産および含み負債の取崩しはドイツ商法規定に合致している。

図表5-7 簿価法，出資比率法およびIAS第28号に基づく差額測定に関する比較

簿価法	出資比率法	IAS第28号による持分法
1つの項目での持分価値の表示	2つの項目での持分価値の表示	1つの項目での持分価値の表示
計上済の自己資本持分相当額	再評価された自己資本持分相当額	再評価された自己資本持分相当額
含み資産および含み負債の持分相当額		
営業権または暖簾	営業権または暖簾	営業権または暖簾

(左列全体に「差額」，中央列・右列の下段に「差額」)

総じて，IAS第28号は，ドイツの簿価法にも出資比率法にも合致しない。IAS第28号でたんに「持分法」と称される手続きは，簿価法の要素（例えば，「一行連結」として国際的に普及している方法）も出資比率法の要素（例えば，再評価された自己資本持分相当額および差額の測定）も備えている（図表5-7）。

第6章
連結決算書における税効果会計

第1節 連結決算書における潜在的租税

1 連結決算書における潜在的租税の目的と概念的基礎

　商法の個別決算書と同様に，連結決算書においても潜在的租税（latente Steuern，ドイツでは一般に「擬制的な繰延税金」と称されている—訳者）が計上される。すなわち，連結集団が単一の企業であり，連結利益を課税標準と仮定した場合，租税費用が表示される。しかし，連結決算書には税務上の意義はない。なぜなら，いわゆる連結税務貸借対照表は存在しないからである。

　連結利益に見合う擬制上の租税負担は，個別企業の税務貸借対照表に基づいて実際に支払われた租税の合計額とは異なる。個別決算書と同様に，連結決算書においても，潜在的租税を測定する場合，利益の期間差異，すなわち連結決算書に組入れられる各企業の税法利益の合計と連結利益との差異についてのみ認識することができる。永久差異は，潜在的租税を算定する基礎ではない。

　借方潜在的租税は，税法利益が商法上の連結利益より大である場合に生じる。その目的は，連結貸借対照表において連結された各企業の実際に支払済みの高い租税を中和化することにある。その結果，擬制的な租税費用は連結年度利益とつりあう。同様に，貸方潜在的租税は連結利益に比べて過小な実質上の租税費用を調整する結果，擬制的な租税費用はそれに合わせて高く表示される。後続期間において，連結年度利益に比較して過小もしくは過大な実質上の租税費用は，借方または貸方の潜在的租税の取崩しを通じて修正される。それ

ゆえ，後続の各期間においても，擬制的な租税費用は，連結利益とつりあう。

しかし，潜在的租税に関する商法上の諸規定（第274条，第306条）を連結決算書に適用する場合，連結決算書作成企業が連結決算書を作成する第1段階（全企業のHBⅡの作成）において，すべての借方潜在的租税を個別のHBⅡに組入れ，合算貸借対照表（連結決算書作成の第2段階）に潜在的租税をふくめる場合に限り，連結決算書において連結利益に見合う租税費用が明らかになる。

借方潜在的租税を第274条2項の計上選択権によりHBⅡに計上しない場合，第306条により連結決算書に表示されるべき租税費用は連結利益につりあわない。

そこで，本書では，2つのケースに区別している。第1のケースでは，連結決算書作成企業がすべての潜在的租税をHBⅡに組入れ，さらに合算貸借対照表にも組入れることが前提条件である。第2のケースは，第1のケースの前提条件を断念する場合である。

2 法律規定と算定方法

連結決算書における潜在的租税の計上は，第306条と第274条に基づく。多様な法律上の根拠に従って，個別決算書レベル（HBⅠ）で算定された潜在的租税だけでなく，連結決算書作成レベルでのHBⅡと連結決算書にそれぞれ設定さ

図表6-1 商法連結決算書の潜在的租税の発生レベル

段階 種類	個別決算書の 作成(HBⅠ)	連結決算書の作成		
		HBⅠよりHBⅡの作成	合算貸借 対照表の 作成	HBⅡ利益の合計 と連結利益との 差異
借方の潜在的 租税	税法上の利益＞ HBⅠ利益	HBⅠ利益 ＞HBⅡ利益	—	HBⅡ利益の合計 ＞連結利益
貸方の潜在的 租税	税法上の利益＜ HBⅠ利益	HBⅠ利益 ＜HBⅡ利益	—	HBⅡ利益の合計 ＜連結利益
法律上の根拠	第274条	第274条（第298条1項）	—	第306条

れる潜在的租税も連結決算書における潜在的租税の表示にとって重要である。図表6-1は，潜在的租税が発生するレベルを体系化している。

第274条は，個別決算書に関する税配分を定めた規定である。第274条により，商法利益と税法利益との差異から生じる潜在的租税が問題になる。第274条は，二重の意味で連結決算書にとり重要である。

■ 第274条による潜在的租税は，HBⅠについて商法の税引前利益と税法利益との差異から算定される。貸方潜在的租税は，貸方計上義務の理由によりHBⅡに引き継がれる。計上選択権がある借方潜在的租税は，第1のケースの場合，HBⅡに引継がれる。

■ 連結決算書を作成する場合，HBⅡ利益がHBⅠ利益と相違する場合（連結決算書作成の第1段階），第274条により追加的な潜在的租税を設定しなければならない。この場合も，第1のケースの場合に従って，追加的な借方潜在的租税をHBⅡに組入れる。

子企業の個別決算書（HBⅠ）からHBⅡを作成する場合，税法上の利益は影響を受けないが，商法上の利益（HBⅠ利益とHBⅡ利益）の期間差異が潜在的租税を算定する場合に認識される。しかし，HBⅡでは，HBⅠを連結集団の統一的な計上と評価の会計原則に適合させるため，商法利益と税法利益との期間差異は変動する。

次の点が子企業についての前提条件である。

> 税務貸借対照表利益70
> 税率60％，実効税 $(70 \times 0.6) = 42$
> HBⅠ利益60，擬制的（潜在的）租税 $(60 \times 0.6) = 36$
> HBⅠの借方潜在的租税 $(42 - 36) = 6$

連結集団の統一的な会計指針は，設例では，連結決算書作成の第1段階で，子企業のHBⅠの借方に計上されていた逆打歩（割引発行差額）20をHBⅡの借方に計上せずに，費用計上を前提にしている。したがって，HBⅡについて次の価値変動が生じる。

> 商法上のHBⅡ利益 $(60-20)=40$
> HBⅡ上の借方潜在的租税 $=6+[60-40]\times 0.6$
> または $[70-40]\times 0.6=18$

　第250条3項1文によれば，逆打歩は，HBⅠに借方計上選択権があるが，所得税実施準則第37条によれば，逆打歩は，借方計上義務がある。子企業の税法利益は設例では70であり，HBⅠ利益は60である。その結果，HBⅠに借方計上された潜在的租税は，6（10×0.6）になる。しかし，逆打歩は，連結集団の統一的な会計指針により借方計上禁止である。このため，HBⅡ利益は，HBⅠ利益に比べて20だけ少ない。このようなHBⅡ利益とHBⅠ利益との期間差異は，追加的な借方潜在的租税12（20×0.6）の計上により認識する必要がある。税法利益70とHBⅡ利益40との利益差異は30になる。利益差異30について子企業のHBⅡ上の借方潜在的租税は，18（30×0.6）になる。図表6-2は，分析結果をまとめたものである。

　第274条2項は，借方潜在的租税計上選択権を認めている。この借方繰延税項目は，税法利益により算定された租税費用がHBⅠ利益により算定されたそれより大である場合，設定することができる（税務貸借対照表利益＞HBⅠ利益）。

　反対に，第274条1項により，税務貸借対照表により算定された租税費用がHBⅠ利益を課税標準として仮定したときの租税費用より少ない場合，貸方潜在的租税の設定義務がある（税務貸借対照表利益＜HBⅠ利益）。

図表6-2　子企業の HBⅠ および Ⅱ の借方潜在的租税の推移

	税務貸借対照表	HBⅠ	修正仕訳		HBⅡ
			借方	貸方	
損益計算書利益	70	60	0	20*	40
損益計算書の表示租税	42	36	0	12	24
借方潜在的租税	—	6	12	0	18

* 相手科目は，この場合，記帳しない。

HBⅠ利益がHBⅡ利益より大きい場合，第274条2項に従ってHBⅡに借方潜在的租税が生じる（HBⅠ利益＞HBⅡ利益）。HBⅠ利益がHBⅡ利益より小さい場合，第274条1項により，HBⅡに貸方潜在的租税を計上しなければならない（HBⅠ利益＜HBⅡ利益）。この場合，HBⅡに設定された貸方潜在的租税は，HBⅠに設定された借方潜在的租税と相殺されねばならない。

　HBⅡでも借方潜在的租税の計上選択権がある（第274条2項）。しかし，設例における第1のケース，すなわち借方潜在的租税を計上する場合，租税費用をHBⅡ利益に合わせて下方に調整し，引き下げねばならない。これに対して，貸方潜在的租税については，HBⅠと同様に，第249条1項により引当金計上義務がある。つまり，HBⅡの租税費用を増額しなければならない。したがって，HBⅡにおいて潜在的租税の範囲を測定するために2つの可能性がある。

(1)　HBⅠ利益60と税法利益70との期間差異に基づいてHBⅠに設定された潜在的租税は相殺せずに（借方潜在的租税6）HBⅡに引き継がれる。

　　それに続いて，HBⅡ利益40は，HBⅠ利益60と比較される。それから生じる期間差異について，追加的な潜在的租税（20×0.6＝12）がHBⅡに繰延計上される。HBⅡ利益とHBⅠ利益との差異がマイナスになる場合（HBⅠの利益＞HBⅡの利益），HBⅠから引き継いだ借方繰延税金項目は増大するか，または貸方繰延税金項目が減少する。HBⅡ利益とHBⅠ利益との差異がプラスになる場合（HBⅠ利益＜HBⅡ利益），貸方繰延税金項目が増大するか，または借方繰延税金項目が減少する。HBⅡを作成するときに，HBⅠ利益と税法利益との期間差異が減少する場合，この差異についてHBⅠで設定され，さらにHBⅡへ引継がれた繰延税金項目は修正しなければならない。HBⅠで設定された繰延税金項目を無修正のままにして，新たにHBⅡ利益とHBⅠ利益との期間差異について新しい繰延項目をHBⅡに設定することは許されない。そうでない場合，HBⅡ利益と税法利益とのあいだに差異がなくても，HBⅡにおいて借方と貸方の潜在的租税が発生する。

(2)　HBⅠ利益およびHBⅠで繰延計上された潜在的租税を考慮せず，HBⅡ利益40のみを税法利益70と比較する。期間差異30は，潜在的租税（30×0.6＝

18) の算定の基礎になる。

HBⅡに繰延計上されるすべての潜在的租税は，最終的に，HBⅡ利益に基づく擬制的な租税費用と税務貸借対照表利益による実効的な租税費用との差異から成る。HBⅡにおいて潜在的租税の繰延計上についての全差異を算定する定式は，次のとおりである。

図表6-3 HBⅡにおける潜在的租税の計算定式

> HBⅡ利益 40 − HBⅠ利益 60 + HBⅠ利益 60 − 税務貸借対照表利益 70 = HBⅡ利益 40 − 税務貸借対照表利益 70 = − 30

差異30について借方潜在的租税（30×0.6＝18）が算定される。この18が，第1のケースにおけるHBⅡに組入れられる。

連結決算書作成の第2段階，すなわち合算貸借対照表の設定は，税金の繰延計上にとって重要ではない。なぜなら，税金の繰延にとって重要な差異が発生しないからである。

連結決算書作成の第2段階，すなわち連結手続きから生じる潜在的租税を説明するために前の設例を修正し，親企業を考慮に入れることにする。

親企業の税務貸借対照表利益	80
税率＝60%	
実効税（80×0.6）	48
親企業のHBⅠ利益	100
HBⅠの擬制的租税（100×0.6）	60
HBⅠの貸方潜在的租税（60−48）	12

この設例では，連結集団の統一的な評価により親企業に変更はない。なぜなら，親企業は，当初から統一的な会計指針を適用しているからである。したがって，HBⅡはHBⅠと一致する。親企業と子企業のHBⅡ並びに合算決算書について，次の写像が明らかになる。

連結により，仮定に従って35だけ利益が減少し，連結利益が105に低下する。連結利益と合算貸借対照表に表示されたHBⅡ利益の合計額との差異は，第306

図表6-4 HBⅡと連結貸借対照表における親企業と子企業の借方潜在的租税の推移（第1のケース）

	HB Ⅱ		合算決算書	連結欄		連結決算書
	親企業	子企業		借方	貸方	
商法上の損益計算書利益	100	40	140	0	35*	105
表示税	60	24	84	0	21	63
借方潜在的租税	0	18	18	21	0	39
貸方潜在的租税	12	0	12	0	0	12

＊相手科目は，この場合，記帳しない。

条により連結による税繰延の基礎になる。連結利益がHBⅡ利益の合計額より少ないので，合算貸借対照表に表示され，利益減少により過大な租税費用84は，連結利益の105に一致しない。このため，合算貸借対照表の租税費用を縮小しなければならない。追加的に，借方潜在的租税21（35×0.6）が生じる。したがって，連結損益計算書に表示される租税は63である。このときの仕訳は次のとおりである。

　　　（借）借方潜在的租税　21　　（貸）所得と収益の税　21

　この仕訳から連結決算書欄の写像が明らかになる（図表6-4）。親企業と子企業の税務貸借対照表利益合計（80＋70＝150）と連結利益105とを比較した場合，マイナス差異45について税率60％により，連結貸借対照表に「純」借方潜在的租税27が設定されねばならない。試算（39－12＝27）は，この結果を裏付ける。

　前掲の設例とは異なり，連結決算書作成の第3段階において税引前連結利益が連結決算書に組入れられた各企業の個別利益の合計額より大きく，この利益差異が第300条～第307条による全部連結から発生する場合，第306条により，連結決算書に貸方潜在的租税を表示する必要がある。

　連結利益とHBⅠ利益の合計との差異または連結利益とHBⅡ利益の合計との差異のいずれを潜在的租税の課税標準として使用すべきかは，第306条の条文から読み取ることはできない。しかし，連結利益をHBⅡ利益の合計と比較す

るということは，第1に，第306条に転換されたEC第7号指令第29条が連結における租税費用の差異について述べている点から明らかになる。しかし，合算されたHBⅡ，したがってまたHBⅡ利益も連結にふくまれる。第2に，第306条の解釈にとって有利なことは，新しい法律に従って連結決算書に対する個別決算書の基準性原則は通用せず，むしろ連結決算書作成の第2段階において合算貸借対照表を設定する前に，HBⅠからHBⅡの作成を前提とする統一性の原則が有効であるという点である。HBⅡの作成についての調整方法は，その後に続く連結を準備するために使用される。当該年度と前年度のHBⅡ利益の合計により生じた租税費用が連結利益と比較して過大（HBⅡ利益の合計＞連結利益）になる場合，借方計上選択権とは反対に，第274条2項により連結利益に対する借方潜在的租税の繰延項目を設定して租税費用を下方に向けて調整，すなわち縮小しなければならない。しかしながら，租税費用が連結利益に比較して過小（HBⅡ利益の合計＜連結利益）になる場合，第249条1項により貸方潜在的租税引当金の計上義務がある。

　したがって，連結決算書の作成から生じる潜在的租税（12［HBⅠ⇒HBⅡ］＋21［HBⅡ⇒連結決算書］＝33）は，HBⅠからの擬制的な租税費用の合計［36＋60＝96］と連結利益の擬制的な租税費用63との差異からなる。連結決算書で繰延べられるHBⅠ（借方6－貸方12＝貸方6）と連結決算書（借方33）から生じるすべての潜在的租税には，連結決算書に組入れられた各企業の税務貸借対照表利益に基づく実効的な租税費用の合計（42＋48＝90）と連結利益に基づく擬制的な租税費用63がふくまれている。利益の期間差異の全額を算定する定式は，次の図表6-5のとおりである。

　しかし，この差異45から生じる潜在的租税の全額（45×0.6＝27）は，第1のケースで仮定したように親会社が第274条2項により借方潜在的租税を暫定的なHBⅡから最終的なHBⅡに引き継ぐ方法で潜在的租税計上選択権を行使する場合，実際に連結決算書に表示された潜在的租税と同一になる。

　借方潜在的租税が最終的なHBⅡに計上されない場合，つまりHBⅡ利益と税法利益とのマイナス差異による租税費用を修正しない場合（第2のケース），次

の結果が明らかになる（図表6-6および図表6-7）。

第2のケースの場合，HBⅠもしくはHBⅡから生じた子企業の潜在的租税（6または12）は，第274条2項により，最終的なHBⅡと連結決算書にふくまれ

図表6-5　連結利益と税務貸借対照表利益の合計との差異の算出定式

```
  連結利益 105 - 全企業の HBⅡ利益合計 140              = -35
＋全企業の HBⅡ利益合計 140 - 全企業の HBⅠ利益合計160 = -20
＋全企業の HBⅠ利益合計 160 - 全企業の税務貸借対照表利益合計 150
                                                      = +10
  ─────────────────────────────────
  連結利益 105 - 全企業の税務貸借対照表利益合計 150      = -45
```

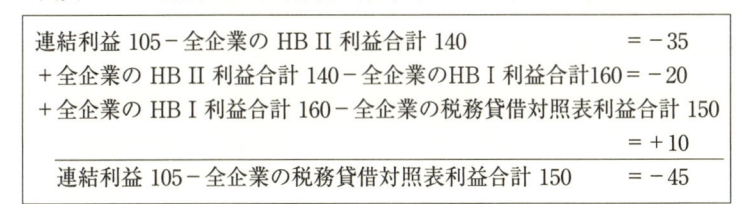

図表6-6　借方潜在的租税の非計上における子企業の最終的なHBⅡへの移行（第2のケース）

	暫定的なHBⅡ		子企業の修正仕訳		最終的なHBⅡ	
	親企業	子企業	借方	貸方	親企業	子企業
商法上の損益計算書利益	100	40	0	0	100	40
表示税	60	24	18*	0	60	42
借方潜在的租税	0	18	0	18*	0	0
貸方潜在的租税	12	0	0	0	12	0

＊第2のケースの場合，仮定により子企業の最終的なHBⅡに借方潜在的租税は計上しない。

図表6-7　HBⅡと連結貸借対照表における親企業と子企業の借方潜在的租税の推移（第2のケース）

	最終的なHBⅡ		合算決算書	連結欄		連結決算書
	親企業	子企業		借方	貸方	
商法上の損益計算書利益	100	40	140	0	35*	105
表示税	60	42	102	0	21	81
借方潜在的租税	0	0	0	21	0	21
貸方潜在的租税	12	0	12	0	0	12

＊相手科目は，この場合，記帳しない。

ない。連結利益105は，表示された租税費用81につりあわない。親企業と子企業も，したがって連結集団に対しても税率が60%であるにもかかわらず，第2のケースの租税費用と連結利益との比率は77.14%になる。第274条2項により借方潜在的租税が非計上になるため，連結決算書は，第297条で要求される財産，財務および収益状態の事実関係に即した写像を表示しない。

さらに，個別決算書においては，第274条2項において，借方潜在的租税の金額に見合う配当禁止が規定されている。連結決算書は，連結集団の資本維持的な配当能力の情報を伝達すべきであるから，第274条2項3文は，連結決算書の借方潜在的租税にも準用されるべきである。したがって，連結集団指揮者は，配当戦略を構築する場合，取崩可能な利益準備金が最低限，借方潜在的租税に一致していることに留意すべきである。

3 HBⅡの作成から生じる潜在的租税

HBⅠ利益とHBⅡ利益との期間差異は，連結決算書作成の第1の段階において次の方法から明らかになる。

(1) 貸借対照表計上（第300条2項）および評価（第308条）の親企業の法に対する適合
(2) 中間決算書の作成（第299条2項）
(3) 通貨換算（第244条）

① 貸借対照表計上および評価の親企業の法に対する適合

貸借対照表計上に関する親企業の会計指針（第300条2項）に対するHBⅠの適合から生じる潜在的租税は，第306条に従えば計上義務がある。

しかし，第306条から明らかであるが，貸借対照表計上の適合からの借方潜在的租税の貸借対照表計上義務は矛盾する結果になる。例えば，連結集団対象企業Aが個別決算書（HBⅠ）を作成するときに，連結集団の統一的な計上規定に従って税法上は実施できない第249条2項による費用性引当金100をすでにHBⅠに計上している場合，税法利益とHBⅠ利益100とのあいだにプラスの差異が生じる。これは，第274条2項により税率60%の場合，HBⅠにおいて借方

潜在的租税60になり，HBⅡに引き継がれる。これに対して連結集団対象企業Bは，会計政策のためにHBⅠにおいて費用性引当金を設定していない。第300条2項の連結集団の統一的な計上指針はHBⅡにおける費用性引当金の貸方計上を規定しているため，連結集団対象企業Bは，連結集団対象企業AがすでにHBⅠに計上している費用性引当金を遅れてHBⅡに計上しなければならない。このため，連結集団対象企業Bでは，HBⅡ利益はHBⅠ利益より減少する。この期間差異について，第306条により借方潜在的租税が連結集団対象企業BのHBⅡに計上される。親企業が第300条2項により，第274条2項の借方計上選択権を行使して，HBⅡに借方潜在的租税を計上しない場合，連結集団対象企業AのHBⅡに設定できる借方潜在的租税は合算決算書にふくまれず，連結決算書にもふくまれない。したがって，連結集団対象企業Aの連結損益計算書における租税費用は，修正されない。

これとは反対に，第300条2項により設定された連結集団対象企業Bの借方潜在的租税は，第306条により連結貸借対照表において計上義務がある。

第306条の条文「連結決算書に組入れられた各企業の個別利益の合計」は，HBⅡ利益の合計であるという意味である。したがって，連結集団の統一的な貸借対照表計上の調整から生じるHBⅠ利益とHBⅡ利益との差異について，繰延税は，第306条ではなく個別決算書に適用される第274条の繰延税規定に従って算定されねばならない。したがって，前掲の事例では，連結集団対象企業AまたはBの商法利益と税法利益との期間差異に基づく借方潜在的租税について計上選択権が存在する。

HBⅠを連結集団の統一的な貸借対照表計上に調整するための第300条の規定とは異なり，HBⅠを親企業の権限により連結集団の統一的な評価方法に調整するための第308条は，第4款ではなく第5款の構成部分である。したがって，それにふくまれる税金の繰延は，第306条ではなく第274条により実施されねばならない。これは，評価の調整から生じる貸方潜在的租税について，第249条1項により引当金が設定されねばならないという意味である。これに対して，借方潜在的租税については，連結集団の統一的な会計指針から貸借対照表計上

選択権が存在する（第274条2項）。したがって，HBⅠ利益とHBⅡ利益とのすべての利益差異について，税金の繰延は，第306条ではなく第274条に従って行われねばならない。

② 中間決算書の作成

組入れられる企業の決算日が連結決算書の決算日後3カ月を越える場合，第299条2項により中間決算書を作成しなければならない。中間決算書は，HBⅡとして適正，つまり連結集団の統一的な計上および評価原則に従って作成すべきである。中間決算書の作成から生じる潜在的租税は，第274条により繰延べられる。

③ 通 貨 換 算

国外のHBⅡのドイツマルクまたはユーロへの換算から潜在的租税を設定できるように，換算差異は損益作用的に相殺され，時間の経過により調整される。決算日レート法を適用する場合，潜在的租税は発生しない。なぜなら，利益差異が生じないからである。テンポラル法（時間関連法）を適用するときに換算差異を利益中立的に相殺する場合，すなわち年度利益に影響を与えずに換算差異を積立金で相殺する場合，潜在的租税は設定されない。しかし，テンポラル法に従って損益計算書において換算差異を利益作用的に相殺する場合，年度利益に費用と収益項目の平均為替レートによる換算差異のみならず貸借対照表上の換算差異もふくまれる。テンポラル法では租税費用は平均為替レートで換算されるために，平均為替レートで換算された租税費用と，HBⅡに表示される通貨換算損益をふくむ利益が課税標準になると仮定した場合の租税費用とのあいだに，追加的な差異が生じる。しかし，利益差異が期間的に限定される場合，潜在的租税を設定することができる。通貨換算からの利益については，このことは当てはまらない。第1に，変動レートが逆方向に推移する場合，あるいは国外子企業の貸借対照表構造が変動する場合，計算上の差異は，場合によっては元に戻る。例えば，変動レートが一定のときに歴史的レートで換算される有形固定資産を売却する場合，後続期間がそうである。売却により受け取る金銭は，テンポラル法によれば，決算日レートで換算される。第2に，通貨

換算利益は，投資有価証券の売却または国外子企業の整理解散により損失に逆転し，親企業の利益修正を通じて連結利益に作用する。通貨換算による利益が逆転する2つの原因は，期間的に予測できない。このような場合，通貨換算による潜在的租税の繰延は，考慮に値しない。しかし，投資有価証券の売却が予定されているため，換算利益の実現が予測可能である場合，通貨換算による潜在的租税の繰延べは適切である。ただし，持分が転売目的のために保有され，潜在的租税の貸借対照表計上問題が存在しない場合，子企業は，第296条1項により連結決算書に組入れる必要はない。

　HBⅠ利益と税法利益との期間差異のみならずHBⅡ利益とHBⅠ利益との期間差異から生じる潜在的租税は，「本来的な潜在的租税」といわれている。派生的な潜在的租税は，以下で説明する利益作用的な連結手続きから生じる。

第2節　連結手続特有の問題

1　概　　観

最終的なHBⅡから合算貸借対照表を測定してから連結貸借対照表を作成するために，多様な連結手続を実施しなければならない。HBⅡ利益と連結貸借対照表利益との期間差異は，次の連結特有の手続きから生じる。

■ 資本連結（第301条）
■ 債権債務連結（第303条）
■ 内部利益の消去（第304条）
■ 費用と収益の連結特に連結集団内部の利益振替
■ 比例連結（第310条）
■ 持分法の適用（第311条，第312条）

　資本連結，債権債務連結および内部利益消去から生じる潜在的租税は，第306条により連結決算書に計上されねばならない。これは，全部連結だけでなく比例連結にも適用される。第310条2項は，親企業の持分比率に応じて連結集団対象企業内の結合関係が第301条と第303条～第305条により消去され，持

分比率に応じた潜在的租税の期間差異を第306条により設定しなければならない，と規定している。

費用と収益を連結（第305条）する場合，期間差異が内部利益消去から発生し，第304条と第306条により潜在的租税の算定により認識される。費用と収益の連結は連結集団内の利益振替によって利益作用的な連結手続に導くため，潜在的租税は，費用と収益を連結する場合に連結集団内の利益振替によって発生する。

商法上の持分法（第311条，第312条）は，第4款の諸規定にふくまれない。第306条は連結手続にのみ限定されているので，持分法の適用から生じる期間差異については，第306条により潜在的租税の繰延義務はない。しかし，持分法を連結または評価のいずれの方法として適用するかは，潜在的租税の繰延にとって決定的な問題である。

2 資本連結による潜在的租税

第301条のパーチェス法により資本連結を行う場合，親企業の投資簿価と子企業の自己資本持分との差額は，第1次連結の範囲では利益中立的に処理される。その他の条件が同一である場合，HBⅡ利益の合計と連結利益とのあいだに差異は生じない。なぜなら，資本連結による借方差額は，その帰属が可能な限り，利益中立的に連結貸借対照表の資産と負債を増加させるからである（含み資産と含み負債の取崩し）。帰属の後になお残存する借方差額は，連結貸借対照表に営業権または暖簾として表示するか，第309条1項により連結準備金と利益中立的に相殺する。したがって，利益差異も潜在的租税も生じない。

連結決算書の借方営業権または暖簾は，第309条1項により最低限25％で償却するか，耐用期間に配分しなければならない。償却は連結決算書において行われる。個別決算書（HBⅡ）では，資本連結から営業権または暖簾は生じない。したがって，連結決算書における営業権または暖簾の償却に，HBⅡの償却は対応しない。その結果，連結利益は，後続連結のときにHBⅡ利益の合計額より営業権または暖簾の償却額だけ小さい。第1次連結のときに取崩された

含み資産は，連結決算書においてHBⅡの価値より償却性固定資産と流動資産の価値を増加させる。したがって，後続連結のときに，連結利益は，HBⅡ利益の合計額より小さくなる。なぜなら，連結決算書において，HBⅡより高い償却，高い在庫品減少または高い材料費が相殺されるからである。すなわち，含み資産は段階的に取崩される。営業権または暖簾と含み資産が取崩されると，連結利益とHBⅡ利益の合計額は相違しない。

　子企業の持分を処分（売却，整理，解散）する場合，連結利益とHBⅡ利益の合計とのあいだに以前に発生した差異は逆になる。親企業の個別決算書（もしくはHBⅡ）において，利益は販売収益から持分簿価を控除して表示される。すなわち，持分簿価は，前もって償却しない場合，処分時点で初めて費用として個別決算書にふくまれる。それに従って，対価にふくまれた含み資産と営業権または暖簾も費用にふくまれる。連結決算書における含み資産と営業権または暖簾は，すでに前期費用として相殺されているため，連結決算書の利益は，HBⅡによる子企業の販売収益と資産および負債の価値計上額との差異から生じる。この利益は，連結損益計算書ですでに費用として相殺された営業権または暖簾の部分だけ個別決算書利益より大きくなる。このため，以前に発生した差異は逆になる。

　したがって，後続連結において生じる利益差異（例えば含み資産から）について準永久差異が問題になる。それは，子企業に対する持分を売却する場合，つまり子企業に対する持分の最終連結の時点で相殺される。したがって，後続連結から潜在的租税は生じない。しかし，特例がある。それは，投資が転売目的で取得された場合である。この場合，準永久差異ではなく，期間差異が発生する。なぜなら，投資の処分は予測可能だからである。第306条で要求された租税費用の事前調整という基準は満たされるので，潜在的租税を繰延べねばならない。

　連結利益とHBⅡ利益との差異は，親企業の個別決算書において投資を償却する場合にも発生する。これは，子企業の収益価値が下落したか，または子企業が長期間利益を獲得していないという理由から，投資を償却する場合であ

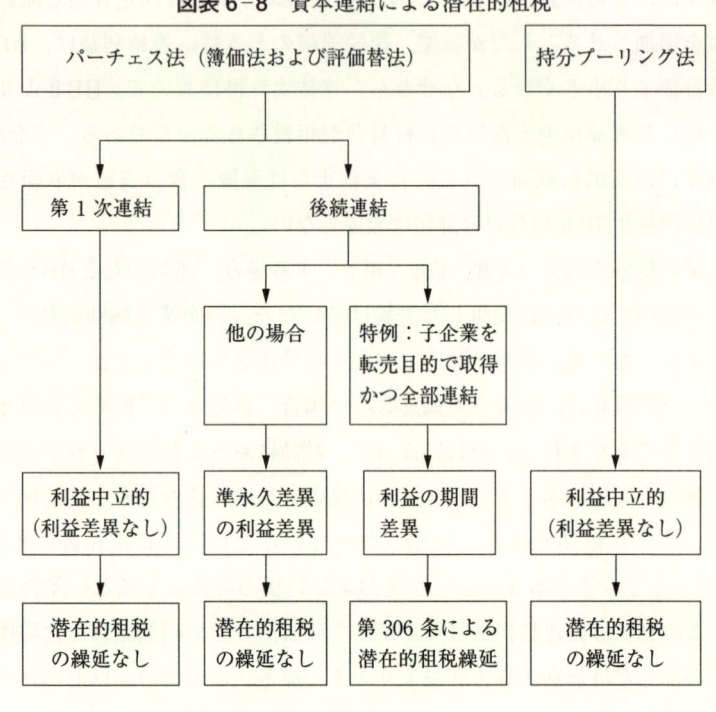

図表 6-8 資本連結による潜在的租税

```
              パーチェス法（簿価法および評価替法）            持分プーリング法
                         │                                    │
            ┌────────────┴────────────┐                       │
            ▼                         ▼                       │
        第1次連結                  後続連結                    │
                                     │                        │
                          ┌──────────┴──────────┐             │
                          ▼                     ▼             │
                       他の場合          特例：子企業を         │
                                         転売目的で取得         │
                                         かつ全部連結           │
            ▼                ▼            ▼                    ▼
        利益中立的         準永久差異    利益の期間           利益中立的
       （利益差異なし）    の利益差異       差異             （利益差異なし）
            ▼                ▼            ▼                    ▼
        潜在的租税         潜在的租税    第306条による         潜在的租税
        の繰延なし         の繰延なし    潜在的租税繰延         の繰延なし
```

る。このような投資の償却は，連結決算書において消去しなければならない。というのは，子企業を取得する際に支払われた含み資産と営業権または暖簾を前期で早期償却することにより，連結決算書における投資償却は早まるからである。こうすることにより，前に発生した差異は解消される。なぜなら，個別決算書（HBⅡ）において相殺した費用（営業権または暖簾の償却，償却性固定資産の高い償却費，高い在庫品の減少）が，連結決算書で取り戻されるからである。しかしながら，投資の償却は投資の処分と同様に予測できないため，準永久差異が存在する。したがって，潜在的租税は，投資償却の場合，繰延べられない。

持分プーリング法により資本連結を行う場合，利益差異も潜在的租税も生じない。というのは，資本連結の場合の持分プーリング法は，利益中立的である

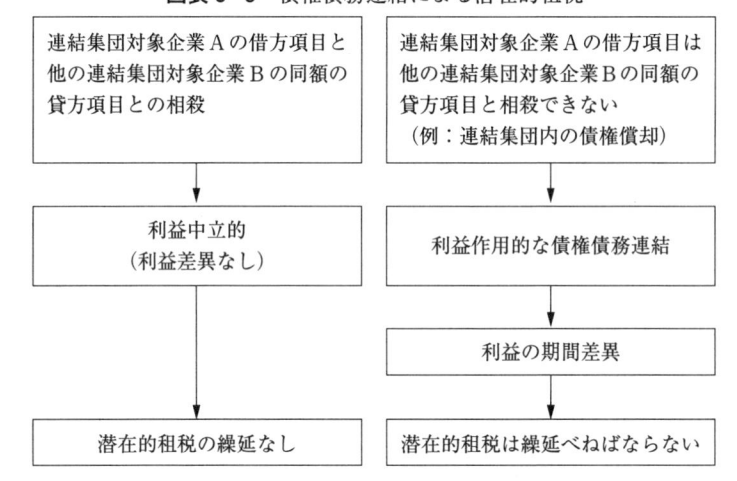

図表6-9 債権債務連結による潜在的租税

```
┌─────────────────────┐    ┌─────────────────────┐
│ 連結集団対象企業Aの借方項目と │    │ 連結集団対象企業Aの借方項目は │
│ 他の連結集団対象企業Bの同額の │    │ 他の連結集団対象企業Bの同額の │
│ 貸方項目との相殺            │    │ 貸方項目と相殺できない       │
│                           │    │ （例：連結集団内の債権償却）  │
└──────────┬──────────┘    └──────────┬──────────┘
           ↓                          ↓
┌─────────────────────┐    ┌─────────────────────┐
│   利益中立的              │    │  利益作用的な債権債務連結    │
│  （利益差異なし）          │    │                          │
└──────────┬──────────┘    └──────────┬──────────┘
           │                          ↓
           │               ┌─────────────────────┐
           │               │    利益の期間差異        │
           │               └──────────┬──────────┘
           ↓                          ↓
┌─────────────────────┐    ┌─────────────────────┐
│   潜在的租税の繰延なし      │    │  潜在的租税は繰延べねばならない │
└─────────────────────┘    └─────────────────────┘
```

からである（図表6-8を参照）。

3 債権債務連結による潜在的租税

　第303条1項により，連結集団対象企業間の貸付金と他の債権，引当金および債務並びに見越繰延項目は消去しなければならない。消去される金額が第297条2項の意味する重要性に乏しい金額である場合，消去を断念することができる。

　ある連結集団対象企業Aの個別貸借対照表上の債権と，他の連結集団対象企業Bの個別貸借対照表上の債務が同額表示される場合，差異は生じない。借方項目の金額が貸方項目のそれと異なる場合，潜在的租税を算定しなければならない。これは，以下のような場合に生じる。

■ 連結集団内部の債権の償却（例えば債務者の支払能力リスクによる償却，低利子または無利子による割引）
■ 連結集団内部の引当金（例えば連結集団内部の引渡給付損失引当金）
■ 連結集団内部の貸付金についての逆打歩の異なる処理
■ 異なる為替相場による連結集団内部の外貨建信用の換算

図表 6-10　貸主の修正個別決算書 (HB Ⅱ) の貸付金表示

	年　　度	1	2	3	4
	連結集団対象企業 A の貸借対照表				
Ⅰ	結合企業に対する債権	1,000	1,000	1,000	0
Ⅱ	貸方の見越繰延項目	75	50	25	0
	連結集団対象企業 A の損益計算書				
Ⅲ	その他収益合計―その他費用合計	+100	+100	+100	+100
Ⅳ	受取利子 (HB Ⅱ と税務貸借対照表)	+25	+25	+25	+25
Ⅴ	税引前 HB Ⅱ 利益 (Ⅲ+Ⅳ) (=税務貸借対照表利益)	+125	+125	+125	+125
Ⅵ	税務貸借対照表利益の実効税負担	-75	-75	-75	-75
Ⅶ	税引後 HB Ⅱ 利益 (Ⅴ+Ⅵ)	+50	+50	+50	+50

　債権債務連結で消去されるべきHBⅡからの借方項目と貸方項目のほかに，費用および収益を連結する場合，合算損益計算書における利益要素も消去しなければならない。これによって，連結利益はHBⅡ利益の合計に比べて高くなる。その結果，連結集団内部の信用の場合，調整は遅くとも償還年度に行われる。したがって，利益作用的な債権債務連結の場合，貸方の潜在的租税引当金を設定しなければならない。

　以下の設例は，上で述べたことを明らかにしている。

　連結集団対象企業Aは，1年度の1月2日に同一グループの連結集団対象企業Bに貸付金1,000を支払期限4年間で貸付けた。逆打歩は10％である。企業Aは額面額を債権として借方計上し，見越繰延項目100を貸方に計上して，各期間に25％ずつ取り崩す。企業Bは，債務を償還金額で貸方に計上し，逆打歩の借方計上選択権を行使しない。むしろ，企業Bは，逆打歩を全額費用として個別損益計算書に計上する。しかし，税法上は，企業Bに逆打歩の借方計上義務があり，信用供与期間に均等配分しなければならない。企業AとBは，信用供与と無関係に，税金と利子収益または利子費用を控除する前に，各年度に一定の年度利益100を獲得していると仮定する。個別決算書と連結決算書に税率

図表6-11　借主の修正個別決算書（HB II）の貸付金表示

	年　度	1	2	3	4
	連結集団対象企業Bの貸借対照表				
I	結合企業に対する債務	1,000	1,000	1,000	0
	連結集団対象企業Bの損益計算書				
II	その他収益合計―その他費用合計	＋100	＋100	＋100	＋100
III	利子費用　HB II	－100	0	0	0
(IV)	（利子費用　税務貸借対照表）	(－25)	(－25)	(－25)	(－25)
V	税引前HB II 利益（II＋III）	0	＋100	＋100	＋100
VI	（＝税務貸借対照表利益）（II＋IV）	(＋75)	(＋75)	(＋75)	(＋75)
VII	税務貸借対照表利益の実効税負担	－45	－45	－45	－45
(VIII)	第274条による借方潜在的租税 　　繰入 　　取崩	＋45	－15	－15	－15
IX	HB II 利益の擬制的税負担	0	－60	－60	－60
X	税引後 HB II 利益 I （借方潜在的租税の計上）	0	＋40	＋40	＋40
XI	税引後 HB II 利益 II （借方潜在的租税の非計上）	－45	＋55	＋55	＋55

60％が仮定されている。図表6-10と図表6-11は，連結集団内部の貸付金が貸主と借主の修正個別決算書（HB II）にいかに表示されるかを明らかにする。

連結集団対象企業Bにより行われた1年度における逆打歩の利益作用的な相殺は，税法上は認められていない。なぜなら，商事貸借対照表上の借方計上選択権は，税務貸借対照表上は借方計上義務になるからである。したがって，企業Bの1年度のHB IIにおいて，商事貸借対照表と税務貸借対照表の逆打歩の処理が異なるため借方潜在的租税45（VIII行目参照）が算定される。この借方潜在的租税について，借方計上選択権がある。借方潜在的租税を計上する場合，初年度の擬制的な税負担は0になる（IX行目参照）。擬制的な税負担0は，企業Bの個別決算書に表示され，税引前HB IIの利益0に見合う（V行目参照）。

図表6-12　第303条による連結集団内部の貸付金連結による潜在的租税

	連結集団対象企業 A および B の連結決算書				
	年　度	1	2	3	4
I	企業 A および B の税引前 HB II 利益の合計	+125	+225	+225	+225
II	企業 A の HB II からの利子収益の除去	-25	-25	-25	-25
III	企業 B の HB II からの利子費用の除去	+100	0	0	0
IV	債権債務連結からの利益差異（II+III）	+75	-25	-25	-25
V	税引前連結利益（I+II+III または I+IV） （＝税務貸借対照表利益の合計）	+200	+200	+200	+200
VI	税務貸借対照表利益合計の実効税負担 （＝連結利益の擬制的な税負担）	-120	-120	-120	-120
VII	債権債務連結からの貸方潜在的租税 　　　繰入 　　　取崩	-45	+15	+15	+15
VIII	税引後連結利益 I（HB II からの 借方潜在的租税の連結決算書への非計上） （V+VI+VII）	+35	+95	+95	+95
IX	企業 B の HB II からの借方潜在的租税	+45	-15	-15	-15
X	税引後連結利益 II（借方潜在的租税の計上） （VIII+IX）	+80	+80	+80	+80

　これに対して，潜在的租税を借方計上しない場合，企業Bの税務貸借対照表利益に基く実効税負担の-45（VII行目参照）は，税引前HB II 利益0とつりあわず（V行目参照），税引後利益はマイナスになる（XI行目参照）。

　この場合，企業AのHB II において潜在的租税は繰延べられない。なぜなら，税務貸借対照表利益が税引前HB II 利益に一致するからである（企業AのHB II におけるV行目参照）。

　連結に際し，連結集団内部の貸付金から生じる企業Aの利子収益とBの利子費用は，連結決算書から消去される（II行目とIII行目参照）。このため，1年度の連結決算書において，HB II 利益の合計と連結利益との利益差異75が生じる（IV行目参照）。この利益差異について，第306条により潜在的租税を設定しなけ

ればならない。親企業がHBⅡからの借方潜在的租税を連結決算書に引き継がない場合、これは、税金の見越繰延の構想に反する結果となり、税引前連結利益と租税費用とはつりあわない。設例では、連結集団は、1年度において、税引前利益200（Ⅴ行目参照）を表示する。これは、税務貸借対照表利益による実効税120（Ⅵ行目参照）と債権債務連結から繰入れられた貸方潜在的租税45（Ⅷ行目参照）によって負担されている。したがって、税の見越繰延は、165（Ⅵ行目とⅦ行目を参照）であり、税引前連結利益（Ⅴ行目参照）の82.5%になる。このような結果は、潜在的租税を設定しないことから生じる。なぜなら、税引前連結利益（200）と企業AおよびBの税務貸借対照表利益合計（125＋75）とのあいだに利益差異が生じないからである。このような欠陥のある利益表示は、第300条2項により企業BのHBⅡからの借方潜在的租税を連結決算書へ引継ぐことにより是正することができる。このように、借方計上選択権を行使することにより、連結利益とそれにふくまれる税負担は適正表示される。税金の見越繰延の考え方と連結決算書の一般規範を一致させ、経済状態の事実関係に即した写像を表示するため、前掲の設例のように、HBⅡ利益の合計と税務貸借対照表利益の合計との差異が連結手続により相殺される場合、HBⅡから生じる借方潜在的租税を連結貸借対照表に計上する義務がある。

4 内部利益消去による潜在的租税

連結決算書に組入れられた企業間の商品とサービスの引渡しから内部利益が生じるが、この内部利益の消去は、HBⅡ利益の合計と連結利益との差異をもたらす。連結集団の外部に商品とサービスが供給された場合に、未実現損益は実現する。

連結集団対象企業Aが他の連結集団対象企業Bに製造原価を超える価格で資産を売却する場合、内部利益が発生する。購入した企業Bは、個別決算書（HBⅠおよびHBⅡ）において受け取った資産を売却価格に一致する取得原価で貸借対照表に計上する。しかし、連結決算書には、この資産を連結集団の取得原価で計上しなければならない。したがって、連結利益は、売却価格と連結集団の

図表 6-13 修正個別決算書（HB II）の内部取引表示

	連結集団対象企業	A		B	
	年　　　度	1	2	1	2
I	売上収益	+50	0	0	+120
II	在庫変動	0	0	0	0
III	算入可能な材料費，労務費および管理費	-40	0	0	-50
IV	税引前 HB II 利益（I+II+III）	+10	0	0	+70
V	税務貸借対照表利益の実効税負担 （HB II 利益の擬制的税負担）	-6	0	0	-42
VI	税引後 HB II 利益（IV+V）	+4	0	0	+28

取得原価との差額だけHB II 利益の合計より低い。

　第306条による潜在的租税の見越繰延義務を根拠づける内部利益消去からの期間差異は，引渡しまたは給付のときに，購入した連結集団対象企業Bの償却性固定資産または流動資産に生じる。このような期間差異は，資産が売却，償却または消費されるときに反対になる。というのは，内部利益の場合，連結決算書より高い費用が，引き渡した連結集団対象企業Aの個別決算書に生じるからである。このため，資産の売却，償却または消費の年度において，連結利益は，HB II 利益の合計より高くなる。これに対して，非償却性資産を引き渡す際に，資産が売却されるか，計画外償却される場合，差異はふたたび逆になる。これは，予測できないので準永久差異が問題になる。準永久差異について潜在的租税を設定してはならない。次の設例は，連結集団の内部取引による内部利益の消去を説明したものである。

　連結集団対象企業Aは1年度に自家製仕掛品を価格50で連結集団対象企業Bに売却し，企業Bはこの仕掛品を1年度の決算日に価値変動なしに保有している。連結集団の統一的評価基準に合致する企業Aの製造原価は40である。2年度に企業Bは仕掛品を加工せずに価格120で連結集団外部に売却する。個別決算書と連結決算書の税率は60%である。取引は，図表6-13のように，企業Aと

図表6-14　内部取引連結による潜在的租税

	年　　度	1	2
I	企業AおよびBのHBⅡの売上収益	+50	+120
II	連結集団内の売上収益の消去	-50	0
III	連結集団内の在庫変動	+40	-40
IV	HBⅡからの算入可能な材料費，労務費および管理費	-40	-50
V	HBⅡからの材料費，労務費および管理費の消去	0	+50
VI	税引前連結収益（IからVまで）	0	+80
VII	税務貸借対照表利益の合計による実効税負担（HBⅡ利益の合計による擬制的税負担）	-6	-42
VIII	内部利益の消去からの借方潜在的租税（-(II+III+IV)×0.6） 　　繰入（+）　　（10×0.6） 　　取崩（-）　　（10×0.6）	+6	-6
IX	連結利益による擬制的税負担（VII+VIII）	0	-48
X	税引後連結利益（VI+VII+VIIIまたはVI+IX）	0	+32

Bの個別決算書（HBⅡ）に表示されねばならない。

　1年度に企業Aは，税引前利益10を実現する（Ⅳ行目参照）。これは，個別決算書において，HBⅡ利益に基づいて測定された擬制的税負担6をもたらす（Ⅴ行目参照）。この税負担は，連結決算書に引き継がれ，税務貸借対照表利益に基づいて測定された実効税負担にも一致する。1年度の取引は，企業Bの商事貸借対照表利益に何ら影響を与えない。借方の交換もしくは借方と貸方の増加が行われるにすぎない。

　2年度において，企業Bは，仕掛品を連結集団外部に売却することにより，HBⅡにおいて税引前利益70を実現する（Ⅳ行目参照）。企業Bの税務貸借対照表にも作用するこの利益は，企業BのHBⅡにおいて実効負担42（V行目参照）になる。これは，連結決算書に引き継がれる。2年度の取引は，企業AのHBⅡに何ら影響をおよぼさない。図表6-14は，取引が連結決算書においていかに表示されるかを示している。

　連結決算書において，1年度の連結集団内部で連結集団対象企業Aが企業B

への引渡しにより実現した利益10は，消去する必要がある。このため，売上収益50は修正される（II行目参照）。なぜなら，連結集団対象企業から見て，売上収益は実現時点に達していないからである。

　仕掛品は，連結決算書において連結集団対象企業の製造原価で（設例では企業AのHB II の製造原価で）貸借対照表に借方計上され，同額でもって連結損益計算書に貯蔵品増加として表示されねばならない（III行目参照）。このように，1年度の税引前連結利益0（VI行目参照）は，税引前HB II 利益の合計10（企業AのHB II 利益10＋企業BのHB II 利益0）に比べて10だけ縮小される。HB II から引き継がれた税負担6（VII行目参照）は，第306条により借方に税の見越繰延項目6を計上することにより中和化される（VIII行目参照）。なぜなら，連結利益は，HB II 利益の合計より10だけ少ないからである。連結決算書に表示された税負担は連結利益に一致する。

　2年度の連結決算書においては，利益80（売上収益120－連結集団の製造原価40）が実現する（VI行目参照）。この利益に，HB II から引き継がれた税負担42が対立している（VII行目参照）。1年度に消去された利益差異10は，2年度には逆転して実現するために，1年度に設定された借方潜在的租税は取崩される（VIII行目参照）。その結果，擬制的な税負担（IX行目参照）48（80×0.6＝48，この48は実効税負担42と借方潜在的租税の取崩しからの税負担6から成る）は，連結利益につりあう。

5　連結集団内部の利益振替による潜在的租税

　単一組織体原則（第297条3項1文）の意味での連結集団内部の利益振替は，消去されねばならない。これは，子企業から親企業に配当された利益が連結決算書において子企業の利益として記録され，次に親企業の投資収益として記録され，したがって二重記録を阻止するために行われる。配当利益（30％）と留保利益（40％）について2000年12月31日までにドイツの課税所得算定上の法人税率が異なって適用されるため，個別決算書から租税費用を修正せずに引き継ぐ場合，連結決算書利益と収益税とのあいだに不均衡が生じる。そこで，個別

決算書レベルの利益が親企業により発生期間に収受されるのか，それとも将来期間に収受されるかどうかを決定する（図表6-15を参照）。

第1の場合の利益支払契約が存在する場合，利益は期間適合的な収受とみなされる。利益支払契約がある場合，合算損益計算書において同額の収益項目「利益共同体，利益支払契約および部分利益支払契約からの収益」と費用項目「利益共同体，利益支払契約または部分利益契約に基づき支払われた利益」が対応している。これは，第305条により費用と収益連結によって利益中立的に相殺される。したがって，第306条による税金の見越繰延は不要である。

子企業が人的商事会社形態で経営されている場合（第2の場合）にも，期間適合的な利益収受が行われる。子企業の決算日に，投資収益は，親企業の個別決算書において会計法上実現したとみなされる。親企業のHBⅡに記載された投資収益は，費用収益の連結に際し，利益作用的に消去される。投資収益に賦課される法人税は親企業のレベルに初めて生じるため，見越繰延義務がある利益差異は生じない。さらに，資本会社形態の子企業については，次のような第3の場合に，利益は期間適合的に収受されたとみなされる。

■ 多数株主持分が存在する
■ 子企業の営業年度は親企業の決算日以降に終了しない
■ 子企業の年度決算書が親企業の決算書監査の前に確定される
■ 投資収益に一致する利益処分決議が存在する

ドイツ連邦通常裁判所によって確定した同一期間における配当収受の原則は，最近の訴訟において欧州裁判所に付託され，欧州裁判所によって一定の前提条件のもとにEC第4号指令と調和すると確認された。

第3の場合において，親企業のHBⅡに期間適合的に記載された法人税をふくむ投資収益は消去される。この場合，親企業に算入可能な法人税は，子企業に生じた（合算損益計算書にふくまれた）法人税と相殺される。これに対して，相殺後に残る純投資収益は，利益作用的に税引後連結利益と相殺される。これによって，連結決算書に表示された租税費用は，連結利益とつりあう。したがって，期間適合的な利益収受の場合には，第306条による税の見越繰延は不要

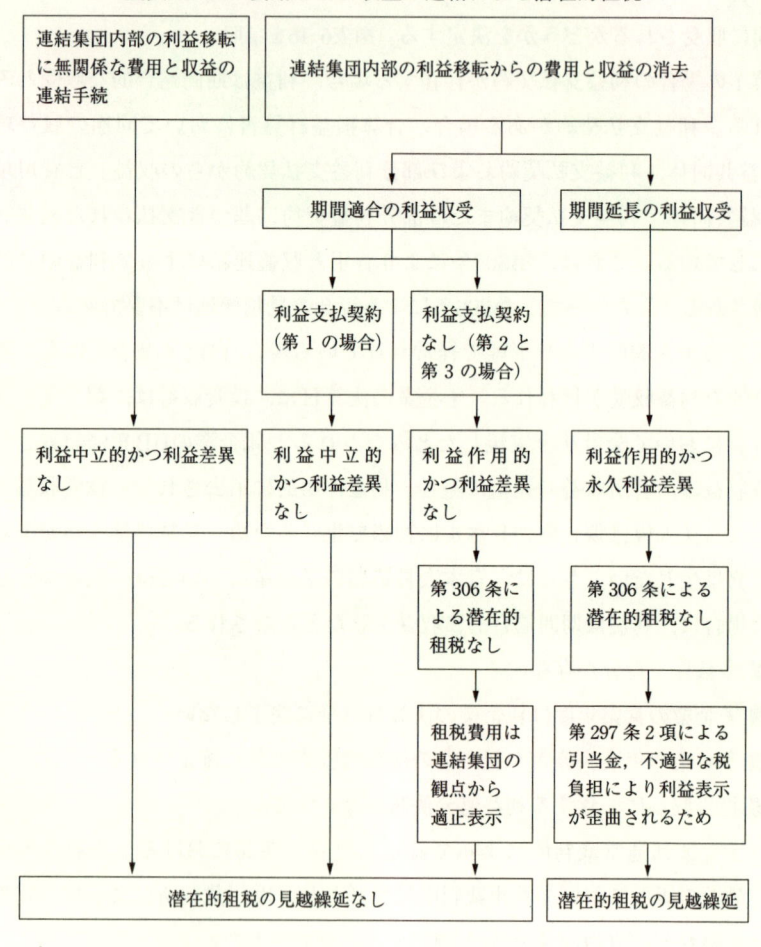

図表6-15 費用および収益の連結による潜在的租税

```
┌─────────────┐     ┌─────────────────────┐
│連結集団内部の│     │連結集団内部の利益移転│
│利益移転に無関│     │からの費用と収益の消去│
│係な費用と収益│     └──────────┬──────────┘
│の連結手続    │                │
└──────┬──────┘         ┌───────┴───────┐
       │                │               │
       │         ┌──────┴──────┐ ┌──────┴──────┐
       │         │期間適合の   │ │期間延長の   │
       │         │利益収受     │ │利益収受     │
       │         └──────┬──────┘ └──────┬──────┘
       │         ┌──────┴──────┐        │
       │    ┌────┴────┐  ┌─────┴─────┐  │
       │    │利益支払 │  │利益支払契 │  │
       │    │契約     │  │約なし(第2 │  │
       │    │(第1の   │  │と第3の場 │  │
       │    │場合)    │  │合)        │  │
       │    └────┬────┘  └─────┬─────┘  │
       │         │             │        │
┌──────┴──┐ ┌────┴────┐ ┌──────┴──┐ ┌───┴──────┐
│利益中立的│ │利益中立 │ │利益作用 │ │利益作用的│
│かつ利益差│ │的かつ利 │ │的かつ利 │ │かつ永久利│
│異なし    │ │益差異な │ │益差異な │ │益差異    │
│          │ │し       │ │し       │ │          │
└──────┬───┘ └────┬────┘ └─────┬───┘ └────┬─────┘
       │          │            │          │
       │          │      ┌─────┴─────┐┌───┴──────┐
       │          │      │第306条によ││第306条によ│
       │          │      │る潜在的租 ││る潜在的租 │
       │          │      │税なし     ││税なし     │
       │          │      └─────┬─────┘└────┬─────┘
       │          │            │           │
       │          │      ┌─────┴─────┐┌────┴─────┐
       │          │      │租税費用は ││第297条2項 │
       │          │      │連結集団の ││による引当 │
       │          │      │観点から適 ││金,不適当な│
       │          │      │正表示     ││税負担により│
       │          │      │           ││利益表示が │
       │          │      │           ││歪曲されるため│
       │          │      └─────┬─────┘└────┬─────┘
┌──────┴──────────────────────────────┐ ┌───┴──────┐
│潜在的租税の見越繰延なし              │ │潜在的租税の│
│                                      │ │見越繰延    │
└──────────────────────────────────────┘ └───────────┘
```

である（図表6-15を参照）。

　利益が将来に収受される場合，親企業に生じる投資収益は，利益作用的に消去されねばならない。というのは，子企業の利益は，すでに発生期間において連結決算書に記載されているからである。一部の文献は，期間延長的に収受される利益について，第306条により潜在的租税引当金の設定を要求している。しかし，これは，支配的な見解によれば否定されている。なぜなら，期間延長

的な利益収受の場合，連結利益と個別決算書利益の合計とのあいだに永久差異が生じるからである（親企業の個別決算書に比較して連結決算書の低い収益は，後期にそれに見合う高い収益によって相殺されない）。このため，第306条に基づいて連結集団内部の利益移転の連結による潜在的租税を設定してはならない。

　しかし，期間延長的な利益収受において追加的に税金が発生する場合には，潜在的租税が問題になる。これは，2000年12月31日までに適用される課税所得算定手続きの範囲において，親企業が配当利益を社内留保し，分離された法人税率により追加的な税10%を支払わなければならない場合である。利益は，発生年度に子企業に30%（配当利益の負担）で課税される。親企業が利益を収受した年度に，親企業は，総収益に40%を課税される（留保利益の税負担）。すでに子企業により納付された税負担30%の所得計算に基づいて，親企業について追加的な税負担10%の課税ポイントが明らかになる。技術的にみれば，第278条により子企業のHBⅡに租税費用として配当負担が生じている。なぜなら，利益配当が意図されているからである。

　したがって，期間延長的に行われる利益収受とそのために追加的に生じた租税について，潜在的租税は繰延べられねばならないが，第306条ではなく，一般規範（第297条2項）により繰延べられねばならない。なぜなら，この方法により連結集団の収益状態の事実関係に即した写像を描くことができるからである。つまり，連結集団内部の利益移転の連結に際し，潜在的租税は，期間差異ではなく，配当利益と留保利益に区分された税率から発生する。連結集団の収益状態を事実関係に即して表示するために，親企業が移転した利益の内部留保を決定済みの場合，潜在的租税引当金の設定義務がある。引当金は，発生年度に追加的に納付すべき税額（10%）で設定されねばならない。なぜなら，子企業の利益は，連結集団の観点からすでに発生年度に留保されたとみなされるからである。外国子企業の配当についても，引当金を設定しなければならない。外国子企業の配当利益は，国内の留保利益より税負担は少ないけれども，二重課税協定により非課税ではない。

　二重課税協定が締結されていない場合，外国子企業の配当は，ドイツ法人税

に従う義務がある。外国で徴収された源泉税は，ドイツ法人税に算入することができる。親企業が一定の条件を満たす場合，子企業により支払われた外国の法人税も算入することができる。追加的なドイツ法人税が生じるような場合，潜在的な税の繰延が行われねばならない。

二重課税協定がある場合，外国子企業の配当金はドイツの課税を免除される。

2001年1月1日の課税所得算定方法ではなく，在来の法人税制度を採用することにより，この時点から得られる利益の連結集団内部の配当について，潜在的租税の記載は不要である。というのは，留保利益と配当利益について税率の区分は存在しないからである。今後，子企業について，25％の法人税負担がかかる。親企業に配当された利益は，親企業の税負担を免れる。したがって，期間延長の利益収受の場合についても，予定された配当と無関係に，潜在的租税の繰延を行う必要はない。というのは，連結決算書に表示された租税費用は，すでに連結利益とつりあっているからである。

6　持分法適用による潜在的租税

連結決算書における潜在的租税の計上を規定した第306条は，全部連結だけに関連している。それゆえ，持分法による税金の繰延は要求されていない。ところが，任意による税金の繰延を妨げる理由は何もないという見解がある。しかしながら，このような一部の見解では，評価方法としての持分法と連結方法としての持分法の適用を区別すべき点が理解されていない。評価方法として持分法を適用する場合（関連企業に対して），税金の繰延は中止することができる。しかし，連結方法として持分法を適用する場合（非全部連結子企業および非比例連結の共同企業に対して），持分法の適用が利益差異を生じる限り，潜在的租税の繰延を行わねばならない。

利益収受を期間延長して行うときの潜在的租税の繰延と同様に，この義務は，第306条ではなく一般規範（第297条2項）から生じる。なぜなら，このような方法により，連結集団の財産状態，財務状態および収益状態の事実関係に

即した写像を得られるからである。というのは，第295条，第296条により全部連結されない子企業または第310条により比例連結された共同企業でない子企業は，実質上，連結集団の経済的単一組織体にふくまれるからである。これらの非連結子企業は，連結選択権もしくは連結禁止（第295条）により，連結決算書にふくめず持分法により連結される。しかし，潜在的租税の認識は，連結特有のものである。そのため，第297条2項により潜在的租税を繰延べなければならない。

　関連企業を評価する場合，内部取引は消去できない。それゆえ，持分法により評価を行う場合，税金の繰延の原因になる利益差異は生じない。しかし，持分法の性格とは無関係に，期間延長の利益収受の場合，潜在的租税の繰延は，財産，財務および収益状態の写像を得るために目的適合的である。

　連結利益とHBⅡ利益の合計額との差異は，持分法の適用により以下の場合に生じる。

■ 持分法の解釈いかんにかかわらず，後続年度に実施された含み資産と営業権または暖簾の償却は，連結貸借対照表の投資勘定の価値を縮小する。連結利益は，減価償却の増大だけHBⅡ利益の合計より少なくなる。この差異が逆転する時点は，資本連結と同様に不確実であるから，潜在的租税を設定してはならない準永久差異が問題になる。

■ 持分法を評価方法として解釈する場合，第312条5項による内部利益の消去は認められない。その結果，潜在的租税も発生しない。これに対して，持分法による連結の場合，償却性資産または流動資産においてダウンストリームまたはアップストリーム取引が問題になるかどうかにかかわらず，内部利益は消去しなければならない。持分法による連結の場合，内部利益は，第312条5項3文に反して，持分に応じてのみ消去すべきである。これは，持分法が比例連結に比較して弱い組入形態であるという事実から明らかになる。さらに連結集団内部のすべての関係は，比例的に算出され，その結果生じる期間差異について第306条により潜在的租税を連結決算書で繰延べなければならない。

■ 持分法で連結決算書に組入れられた企業の持分に応じた年度余剰は，その発生年度において連結決算書の投資価値と連結利益を増加させる。投資企業のHBⅡにおいて，収益は，実際の配当のときに初めて実現する。というのは，持分法は，個別決算書に適用してはならないからである。したがって，連結利益とHBⅡ利益の合計額とのあいだに差異が生じる。関連企業が後続期間に配当金を支払う場合，この配当金額だけ差異が逆転する。というのは，配当金は，投資企業のHBⅡにおいて収益として表示されるからである。この場合，連結集団内部の利益移転の処理方法と同様に，2000年12月31日までに，持分に応じた税引前年度余剰の一部に10％（40％－30％）の「付加税」の見越義務が生じる。これは，年度余剰発生以降の期間に投資企業に配当され，留保される。評価方法として持分法（関連企業について）が適用される限り，税金の見越繰延を中止することができる。関連企業が留保した年度余剰持分を配当しない場合，この金額は，投資の売却に際し，投資企業のHBⅡにおいて利益に作用する。これは予測できないために，潜在的租税が計上されない準永久差異が問題になる。

第3節　見越・繰延額の測定

1　税率の選択

適切な税率の選択は，それによって連結決算書が事実に即した利益もしくは経済状態の事実関係に即した写像を伝達するか，費用が税率の測定に際し経済性原則に従って妥当であるかに合わせて行われてきた。

重要な税率を決定する場合，2つの問題が生じる。

第1に，期間差異の評価が実際の税率と将来の税率のいずれを基礎にすべきかという問題が解明されねばならない。静態論的に方向づけられた負債法による場合，利益差異は，将来の税率に乗じられる。将来の税率は，利益差異が将来逆転するときに有効になる。これとは逆に，動態論的な色彩の強い繰延法の

場合，繰延項目が，実際税率を用いて設定され，逆転時点で税率変更と無関係に実際税率で取崩される。連結決算書において，実際税率が出発点になる。将来の税率に関する予測問題は，多くの子企業と巨額の利益差異のために解決できない。したがって，決算日に税率の変更が不確実である場合，利益差異の発生時点で実際税率を潜在的租税の算定に使用すべきである。

第2に，組入れられた各個別企業の税率が異なる場合，どの税率を潜在的租税の算定に使用するかを解決しなければならない。第274条により生じる利益差異，つまり連結集団対象企業の税法利益の合計額とHBⅡ利益の合計額との期間差異について，連結集団固有の税率の適用が目的適合的である。なぜなら，HBⅡは，各個別企業によって作成されるからである。第306条による潜在的租税は，統一的な平均税率を基礎にすべきである。

2 個別差異観測法と総括差異観測法

個別差異観測法の場合，利益作用的な連結手続から生じるHBⅡ利益の合計と連結利益との個々の期間差異は，その発生から取崩まで個別に記録され，それから生じる税法上の結果について調査される。

これに対して，総括差異観測法の場合，HBⅡ利益の合計は，連結利益と比較される。測定された差異は，永久差異と準永久差異だけ縮小され，税率が乗ぜられる。

個別差異観測法は理論的に正しいが，実用的な方法ではないため，経済性原則に合致しない。第306条は，総括差異観測法を目標にしている。それゆえ，第1に，借方と貸方の潜在的租税との相殺表示が必要であり，第2に，税率の差別は適用不能である。経済性原則により総括差異観測法を優先すべきである。このため，事務コストの合理化のために同一原因からなる差異（例えば内部利益の消去，債権債務連結）はグループにまとめられる。

第4節　連結決算書における潜在的租税の表示

　連結決算書において，第274条または第306条により潜在的租税を表示することができる。貸方潜在的租税について，2つの規定は，不確定債務引当金の設定を定めている。これは，貸借対照表の項目「租税引当金」の中に注記「その内」を付して記載するか，附属説明書に記載しなければならない。

　第274条により設定された借方潜在的租税は，——貸借対照表計上補助項目として借方計上選択権が行使される場合——貸借対照表において相応しい名称で表示し，附属説明書において補足説明を行わねばならない。これに対して，第306条により借方繰延税金項目は，借方計上しなければならない。この場合，立法者は，貸借対照表または附属説明書において，区別した記載を認めている。貸借対照表に表示する場合，借方潜在的租税を見越繰延項目の後の特別項目として記載することが適切である。

　総括差異観測法と第306条から，潜在的租税のただ1つの項目を連結決算書に計上できるということが明らかになる。すなわち，第246条2項の相殺禁止は通用しない。さらに，第274条による借方潜在的租税は，第306条の借方繰延項目と統合し，貸方潜在的租税は，第306条による貸方繰延項目と統合することができる。そのうえ，個別決算書でも連結決算書でも広範な相殺が認められている。債権債務連結の設例が示しているように，潜在的租税を個別決算書から連結決算書に引継ぎ，そこで相殺を行う義務がある。

　潜在的租税の設定または取崩から生じる収益と費用は，第275条により実際に発生する租税とともに損益計算書の項目に表示すべきである。任意による前段記載または注記「その内」が望ましい。連結集団対象企業の統一的な平均税率の税率変更への調整から生じる収益と費用は，「臨時収益」もしくは「臨時費用」のもとに表示されねばならない。

第7章
連結附属説明書と連結状況報告書

第1節　連結附属説明書

1　連結附属説明書の目的
(1)　連結附属説明書の目的

　第297条1項により，連結附属説明書は，連結貸借対照表と連結損益計算書とともに連結決算書を構成する。したがって，連結附属説明書は，連結会計義務を負うすべての親企業により作成されねばならない。連結附属説明書に関する会計は，まず，表題「連結附属説明書」を掲記した第313条，第314条において法典化されている。次に，記載義務は，第290条～第312条の連結集団固有の諸規定並びに第298条1項により連結決算書にも適用される個別決算書に関する諸規定から生じる。第298条1項により，個別決算書に関する諸規定は，連結決算書に対して準用されるが，個別決算書固有の附属説明書規定の第284条～第288条は，連結決算書には適用されない。この個別決算書に固有の附属説明書規定は，連結集団固有の附属説明書規定（第313条，第314条）に代えられる。

　連結附属説明書は，連結決算書の構成要素として会計報告責任目的と，会計報告責任目的と密接に関連する情報に基づく資本維持目的に使用される。しかしながら，連結附属説明書は，本来，会計報告責任目的に使用される。というのは，連結附属説明書は，個別決算書の附属説明書と同様に，連結貸借対照表

と連結損益計算書によって伝達される情報を詳細に説明し，補完し，修正するとともに，連結貸借対照表と連結損益計算書の特定の記載を免除する役割をもつからである。したがって，連結附属説明書の会計報告責任目的は，連結附属説明書の説明機能，補完機能，修正機能および免責機能を通じて連結貸借対照表と連結損益計算書のために具体化される。

連結附属説明書の情報は，連結貸借対照表と連結損益計算書の項目を解説または解釈するというような説明機能をもつ。これに対して，このような追加的な連結附属説明書の情報には，補完的な性質があり，直接，連結決算書の2つの構成要素に関連しない。連結附属説明書の修正機能は，第297条2項3文に述べられている。それによれば，特別の事情によって，連結決算書が連結集団の財産状態，財務状態および収益状態の事実関係に即した写像を伝達しない場合には，連結附属説明書の追加的な記載は，連結貸借対照表と連結損益計算書を修正しなければならない。連結貸借対照表と連結損益計算書を明瞭かつ概観的に形成するため，連結貸借対照表と連結損益計算書に代えて連結附属説明書に情報を記載する場合には，連結附属説明書は，連結貸借対照表または連結損益計算書の負担を軽減する。

図表7-1　連結附属説明書における情報の具体化

情報の種類	情報の具体化
記載	詳細な追加条項を伴わない単なる名称；記載すべき事象の種類に応じて，名称は，量的または用語で行われねばならない
表示	事象の量的な名称
区分	数値の個別要素へ区域化，その結果，その合成は明白になる；区分は，量的に行われる
説明	解説と解釈，その結果，内容または理由は明白になる；説明は用語で行われる
表現	区分または説明と関連する記載；表現されるべき事象に応じて，表現は量的または用語で行われる
理由	特定行為または不作為の原因となり，その理解可能性を可能にする見解と論拠の開示；説明は用語で行われる

連結附属説明書に関する法律規定は，詳細な情報を要求している。多様な法律規定に従って，情報は，連結附属説明書に記載，表示，区分，説明，表現され，理由を明らかにしなければならない。SELCHERT/KARSTENは，このような情報を図表7-1のように具体化している。

(2) 連結附属説明書の記載義務

連結附属説明書の内容は，商法の諸規定による義務上の記載にもとづく。商法上の諸規定に定められた事実の構成要件が特定の連結集団の事象に合致しない場合，このような義務上の記載は，断念することができる。重要性の原則に従って，連結集団の財産状態，財務状態および収益状態の記載が副次的である場合でも，連結集団において一定の記載を行う必要はない（第313条2項2文）。

附属説明書の詳細な義務上の記載は，KonTraGの商法典への転換によって挿入された。第297条1項2文により，上場親会社の法定代理人は，連結附属説明書をキャッシュ・フロー計算書とセグメント報告書だけ拡大しなければならない。いかなる要件が上場親会社についての義務上の記載に関連しているか，いかにしてこのような情報手段が適切に形成されるかは，後述する。

義務上の記載のほかに，いわゆる連結附属説明書の義務上の記載について選択権がある。義務上の記載について，企業は，連結貸借対照表（連結損益計算書）と連結附属説明書のどちらかに表示義務のある情報を表示する選択権をもつ。しかしながら，この選択権は，連結決算書における情報の基本的な記載については適用されない。

商法の義務上の記載とともに，特別法には，第298条1項により，連結附属説明書で行われる記載に関する詳細な規定がふくまれている。例えば，株式法第58条，第152条，第158条，第160条，第240条，第261条または有限会社法第29条，第42条。さらに，DRS第4号は，包括的に詳細な規定を定めている。

2 キャッシュ・フロー計算書およびセグメント報告書

(1) キャッシュ・フロー計算書

① キャッシュ・フロー計算書の作成に関する法的根拠

KonTraGにより,第297条1項2文において,上場親企業について連結決算書の附属説明書をキャッシュ・フロー計算書だけ拡大した法的義務が制定された。これは,特に,連結集団の財務状態について投資家の情報の改善に役立つ。

この法的義務について,第290条の意味での親企業が存在していなければならない。親企業は,第290条~第315条により,連結会計義務を有する。さらに,親企業は,上場していなければならない。上場については,株式法第3条2項の定義に合致する。これにより,国家が認めた機関により規制され,監督され,定期的に行われ,公衆が利用できる市場において株式が認可される場合,会社は上場されたものとみなされる。ドイツでは,この定義は,規制市場のセグメント,新規市場,公式市場に該当する。

商法典には,キャッシュ・フロー計算書の作成義務,その構成に関する詳細な規定はふくまれていない。ドイツ基準設定委員会(DSR)は,商法典の法律規定を補完するため,GoKを開発する提案に従って,DRS第2号「キャッシュ・フロー計算書」を発布した。連邦法務省による基準の公示に基づいて,DRS第2号の規定は,法規効力は与えられていないが,連結会計に関するGoBと認められた。それにもかかわらず,当該基準は,決算書を作成する上場親企業と連結決算書監査人にとり,事実上,義務をもつ。

DRS第2号の適用は,第297条1項2文の諸規定に該当せず,任意にキャッシュ・フロー計算書を作成する企業に勧告される。

② キャッシュ・フロー計算書の目的とその作成の形式

キャッシュ・フロー計算書の目的は,連結貸借対照表,連結損益計算書および連結附属説明書において企業の財務状態について与えられる情報より,はるかに詳細な情報を与えるという趣旨から連結決算書を補完する点にある。キャッシュ・フロー計算書は,特に,生産,販売のプロセス並びに連結集団の財務

と投資の活動の収支事象についての情報をふくむ。財務状態の概念は，満期の収支義務を常に達成できる能力（静態的な側面，流動性）のほかに，将来の収支余剰を獲得する能力（動態的な側面）もふくむ。キャッシュ・フロー計算書は，どのようなキャッシュ・フローが会計期間に企業に流入し，いかにして企業は財務資金を獲得したかを説明するという具体的な役割をもつ（DRS第2号）。この場合，次の領域に区別される。

- ■ 営業活動からのキャッシュ・フロー
- ■ 財務活動からのキャッシュ・フロー
- ■ 投資活動からのキャッシュ・フロー

キャッシュ・フロー計算書の出発点は，前もって正確に定義されるべき財務資金である。この場合，財務資金とは，複数の貸借対照表項目を統一物に要約したものであると解釈される。

財務資金に続いて，財務資金の変動の原因は，財務資金にふくまれなかった貸借対照表項目の総額として測定される。すなわち，財務資金残高の変動は，企業に流入もしくは流出する資金の収支または資金自体の価値変動により生じる。このため，キャッシュ・フロー計算書は，2つの部分に分けられる。すなわち，原因計算書と資金変動証明書である。原因計算書は，多様な営業領域から生じるキャッシュ・フローをふくむ。この場合，企業に流入し，流出する貨幣の流れの把握が目標になる。したがって，財務状態の写像は，キャッシュ・フロー計算書により客観化される。すなわち，財務状態の写像は，キャッシュ・フロー計算書により，客観的でない会計の期間配分原則（第252条1項5号）による影響を受けずに伝達される。資金変動証明書は，資金の価値変動を模写する。この場合，資金の期末残高は，期首残高と財務資金の増減変動の合計額として示される。

キャッシュ・フロー計算書を作成する場合，キャッシュ・フローの測定と表示を区別しなければならない（DRS第2号）。キャッシュ・フローを測定する場合，キャッシュ・フロー計算書の作成は，原初の作成と派生的な作成とに区別される。すなわち，キャッシュ・フローを原初的に測定する場合，財務資金の

変動をもたらすべての取引の把握が目標になる。このすべての取引から生じるキャッシュ・フローは，個々の活動領域のキャッシュ・フローに集められる。したがって，実際のキャッシュ・フローが出発点になり，次に，これは活動領域に割り当てられ，そこに集中される。これに対して，重要なキャッシュ・フローを派生的に測定する場合，会計制度の資料が利用される。個々の取引は，それがキャッシュ・フローをもたらしたか，相応しい活動領域のキャッシュ・フローに集められたかについて検証される。この場合，簿記の数値が目標であり，第2段階で収支の作用が検証されなければならない。

キャッシュ・フローを表示する場合，直説法と間接法に区別される。直接法は，収入と支出を相殺しない（DRS第2号），すなわち，流動するキャッシュ・フローのみを示すことにより特徴づけられる。これにたいして，間接法は，損益計算書の期間利益が出発点になる。期間利益について，期間配分された収支に基づく数値が問題になる。したがって，収支に作用しない費用と収益，純流動資産項目の有高変動（財務資金をともなわない），取引または財務活動からのキャッシュ・フローであるすべての項目を期間利益から除去することにより，この期間配分は，解消しなければならない（DRS第2号）。こうすることにより，個々の活動領域のキャッシュ・フローは，逆進的に測定される。

キャッシュ・フロー計算書について，DRS第2号は，階梯式による作成を規定している。この場合，その附属説明書で述べられている最低分類シェーマに留意しなければならない。入金と出金は，相殺せずに表示され，大きい金額の短期の項目についてのみ，総額表示の原則から離脱することができる。さらに，キャッシュ・フロー計算書の比較可能性のために，前期の数値を記載しなければならない。この目的のために，キャッシュ・フロー計算書を，継続性の原則により作成しなければならない。そのうえに，重要性の原則を遵守しなければならない，すなわち，重要な項目についてのみ，キャッシュ・フロー計算書に記載しなければならない。

③ 基礎になる財務資金

キャッシュ・フロー計算書は，財務資金と称せられる現金有高から出発す

る。この現金有高は，報告期間の期首と期末にその大きさが分析される。この場合，個々の活動領域のキャッシュ・フローまたは収支に無関係な価値変動から発生した期首と期末の差額が説明される。財務資金の個々の要素間の転換は，財務資金の変動をもたらさない。

　財務資金には，現金と現金同等物がふくまれる。現金は，現金および普通預金である。現金同等物は，流動性準備金として保有された短期の最も流動的な財務資金として規定される。現金同等物は，つねに現金に転換され，僅かな価値変動しか受けない（DRS第2号）。財務資金が現金同等物にふくまれるのは，取得時点からの残存期間が3カ月を超えない場合に限る。このように定義される資金は，総資金と称せられる。なぜなら，これは，貸借対照表の借方項目のみをふくむからである。さらに，DRS第2号は，流動資金の性格をもつ場合に限り，常時満期の銀行債務を財務資金にふくめる選択権を認めている。後者の場合，純資金が問題になる。なぜなら，それには，貸借対照表の貸方項目もふくまれるからである。すでに述べた選択的な財務資金の定義（例えば，純貨幣資産または純流動資産）は，今日，陳腐化したものとみなされており，DRS第2号では認められていない。

　④　キャッシュ・フロー計算書の分類
　キャッシュ・フロー計算書は，いわゆる活動の形態によって分類される。この場合，キャッシュ・フロー計算書は，企業プロセスにおける個々の活動領域に従って細分される。DRS第2号によれば，キャッシュ・フロー計算書は，異なる企業の活動領域別，すなわち販売領域（営業活動），投資領域（投資活動），資本領域（財務活動）別に分類されねばならない。この領域の記載は，原因計算と称せられる。この後に続くのは，資金変動証明書である。これには，評価領域がふくまれる。資金変動証明書は，報告期間の財務資金有高の変動を，収支に作用する要素（個々の活動領域のキャッシュ・フローの総額）と収支に無関係な要素（評価から生じる）要素によって説明する。

　⑤　営業活動からのキャッシュ・フロー
　営業活動領域は，他の活動領域に比較して，消極的に定義されている。すな

わち，営業活動からのキャッシュ・フローにふくまれるのは，投資または財務活動から生じない限り，売上達成を目標とする企業活動からのキャッシュ・フローである（DRS第2号）。ここでも，キャッシュ・フローは，企業の給付製造との関連で解釈されている。これにふくまれるのは，販売した製品に対する得意先からの入金と，一次加工品，原料，補助材料，工場消耗品の購入の仕入先に対する出金および従業員の労働に対する反対給付としての出金である。

営業活動からのキャッシュ・フローの表示について，2つの選択的な方法が使用される。すなわち，直接法によって，キャッシュ・フローを模写することができる（DRS第2号）。これは，入金と出金を相殺せずに示すことを意味する。この表示形式について，DRS第2号には，最低分類シェーマがふくまれている。すなわち，本基準の詳細な要件と企業に固有な特殊条件に従ってさらに次のように細分される。

1.	製品，商品および役務給付の売却に対する得意先からの入金
2.	－仕入先と従業員に対する出金
3.	＋投資または財務活動に属さない他の入金
4.	－投資または財務活動に属さない他の出金
5.	＋／－臨時項目からの入金と出金
6.	＝営業活動からのキャッシュ・フロー

キャッシュ・フローは，間接法により表示することができる（DRS第2号）。間接法とは，期間配分原則に基づく期間利益から出発して，収支に無関係な事象を除去することにより，逆進的にキャッシュ・フローを測定するという意味である。DRS第2号において，間接法に関する最低分類シェーマがふくまれている。このシェーマは，本基準の要件と企業に固有な特殊条件に従って調整されねばならない。この場合，キャッシュ・フローは，期間利益から直接に測定されるか，または他の適当な数値から測定される。

受取利子と支払利子，受取配当と他の受取利益の処理について，以下の点に留意しなければならない。すなわち，このような事象から収支が生じる場合，それは，営業活動の領域において記録しなければならない。受取利子と受取配

1. 臨時項目前の期間利益（少数株主の利益持分をふくむ）
2. ＋／－有形固定資産の減価償却費／増額
3. ＋／－引当金の増大／減少
4. ＋／－収支に無関係な他の費用／収益（例えば借方逆打歩の減価償却）
5. －／＋有形固定資産の除却による利益／損失
6. －／＋投資または財務活動に属さない棚卸資産，売上債権，他の借方項目の増大／減少
7. ＋／－投資または財務活動に属さない売上債務，他の貸方項目の増大／減少
8. －／＋臨時項目からの収支
9. ＝営業活動からのキャッシュ・フロー

当について，その収支が投資領域からの収支をともなう場合，投資領域への帰属も選択的に容認されている。利子の収支は，それが取引から生じ，その収支が相応しい活動領域において表示される場合，投資活動または財務活動のいずれかで選択的に記載することができる（DRS第2号）。

収益税からの収支は，区別して記載され，営業活動領域に記載される。投資活動または財務活動からの取引の帰属については，収益税からの収支は，この領域への帰属も認められている（DRS第2号）。

⑥ 投資活動からのキャッシュ・フロー

1．有形固定資産の除却による入金
2．－有形固定資産に投資するための出金
3．＋無形固定資産の除却による入金
4．－無形固定資産に投資するための出金
5．＋財務固定資産の除却による入金
6．－財務固定資産に投資するための出金
7．＋被組入企業と他の営業単位の売却による入金
8．－被組入企業と他の営業単位の取得による出金
9．＋短期財務計画における財務資金投資による入金
10．－短期財務計画における財務資金投資による出金
11．＝投資活動からのキャッシュ・フロー

長期に運用される資源の投資から生じる収支は，投資活動に関連づけられる。短期財務計画からのキャッシュ・フローも，それが財務資金にふくまれない場合，つまり商業目的のために保有されない場合には，投資活動からの収支であると解釈される (DRS第2号)。

投資活動の部分領域について，直接法によるキャッシュ・フローの表示が認められている。このため，DRS第2号は，前頁の最低分類シェーマを定めている。

⑦ 財務活動からのキャッシュ・フロー

企業株主または連結単位の少数株主との取引並びに金融負債の起債または弁済によるキャッシュ・フローは，財務活動領域にふくまれる (DRS第2号)。

財務活動の表示は，同様に，直接法によってのみ容認されている。このため，DRS第2号は，次の最低分類シェーマを定めている。

1. 自己資本組入れによる入金（増資，自社株の売却など）
2. －企業株主と少数株主への出金（配当，自社株の取得，自己資本の払戻し，他の分配）
3. ＋債券発行と起債からの入金
4. －債券と信用の償還からの出金
5. ＝財務活動からのキャッシュ・フロー

⑧ 資金変動証明書

キャッシュ・フロー計算書の資金変動証明書は，まず最初に，営業活動，投資活動および財務活動からのキャッシュ・フローを記録する。補足的に，財務資金残高は，為替相場，連結範囲，評価から生じた取引により変動する。財務資金にふくまれた現金が為替相場変動または他のキャッシュ・フローに無関係な価値変動（例えば財務資金にふくまれた有価証券の増額または減価償却）の影響を受ける場合，キャッシュ・フローと無関係の財務資金に及ぼす影響を特別の項目において考慮しなければならない。連結範囲から生じる財務資金の価値変動についても同様である。これは，後で述べる。

1. 財務資金のキャッシュ・フローに作用する変動（個々の活動領域のキャッシュ・フローの総額）
2. ＋／－為替相場，連結範囲および評価から生じる財務資金の変動
3. ＋期首財務資金
4. ＝期末財務資金

　期末財務資金残高は，期首財務資金残高に，個々の活動領域からの3つのキャッシュ・フローと為替相場，連結範囲および評価から生じた財務資金の価値変動を加算して測定される。資金変動証明書の具体的な構成は，DRS第2号の次の投資の最低分類シェーマから明らかになる。

(2)　キャッシュ・フロー計算書の連結決算書固有の特殊問題

① 一　　般

　連結キャッシュ・フロー計算書は，多様な種類と方法により作成することができる。1つには，連結決算書に組入れられる全個別企業のキャッシュ・フロー計算書を連結キャッシュ・フロー計算書に連結する可能性がある。この場合，最初に，個別企業のキャッシュ・フロー計算書は，国内通貨から連結報告通貨に換算される。続いて，これは合算され，連結集団内部のキャッシュ・フローは消去される。しかし，この場合，すべての被組入企業は，自社のキャッシュ・フロー計算書を作成しなければならない。

　もう1つには，連結キャッシュ・フロー計算書は，連結貸借対照表と連結損益計算書から作成することができる。この場合，連結範囲の変動から生じる収支に無関係な影響と外国連結集団対象企業の個別決算書の換算から生じる収支に無関係な影響を連結報告通貨で認識しなければならない。この場合に限り，唯一のキャッシュ・フロー計算書を連結レベルで作成する必要がある。ただし，このような比較的高度の原始データの収集に基づく処理法は，誤りの源泉を隠蔽する。

②　通貨換算のキャッシュ・フロー計算書に及ぼす影響

　国際的に活動する連結集団は，多くの場合，グローバルに海外支店または連

結決算書に組入れられた会社をもって代表されるため,個々の会社間の収支は,異なる通貨で決済することができる。しかし,連結キャッシュ・フロー計算書は,親企業の通貨になる連結報告通貨で作成されるため,他の通貨で実施されたすべてのキャッシュ・フローは,連結報告通貨に換算しなければならない。通貨の為替相場変動からキャッシュ・フロー変動が生じる場合に限り,通貨の為替相場変動は,原因計算に表すことができる。

　DRS第2号は,通貨換算に際し,個々のすべてのキャッシュ・フローについて,日々の換算相場を確認しなければならないと規定している。しかし,重要性の観点から,加重平均相場を適用する場合,個々のキャッシュ・フロー時点の為替相場を断念することができる(DRS第2号)。

　連結決算書に組入れられる外国子企業の財務資金を国内通貨に交換しない場合でも,為替相場に条件づけられた資金は,為替相場変動により増減する。すなわち,財務資金を連結報告通貨に換算することにより,子企業と親企業のあいだでキャッシュ・フローが行われなくても,連結を基礎にした財務資金の変動が重要になる。キャッシュ・フローに基づかない財務資金の変動は,項目「為替相場,連結範囲および評価から生じた財務資金の変動」において認識されねばならない。

　さらに,連結キャッシュ・フロー計算書が連結貸借対照表と連結損益計算書から作成される場合,為替相場に条件づけられた残高変動が生じる。例えば,資金残高が国内通貨に換えられなかったとしても,連結レベルの債権を為替相場変動に基づいて評価減を実施しなければならない可能性がある。この場合でも,残高変動は,キャッシュ・フローに根拠をもつのではない。このため,残高変動は,連結キャッシュ・フロー計算書で修正されねばならない。

③　キャッシュ・フロー計算書における連結範囲の変更の認識

　第297条3項1文による単一体組織原則に基づいて,連結貸借対照表に集められたすべての企業は,連結キャッシュ・フロー計算書にもふくめねばならない。すなわち,他の連結決算書の構成要素のために連結範囲にふくまれるような企業も連結キャッシュ・フロー計算書にふくめなければならない。問題は,

連結範囲を変更した場合,どのように処理するかである。投資を行う場合,現金は,持分権の反対給付として流出し,同時に,その持分が取得された企業は,現金および現金同等物を自由に使用し,次いで連結貸借対照表にふくめられるため,財務資金の残高は変動する。

このような2つの異なる事情は,連結キャッシュ・フロー計算書においても記載されねばならない。すなわち,持分の取得および譲渡は,連結キャッシュ・フロー計算書において,投資活動領域の投資または投資回収として,金額を認識しなければならない。この場合,表示すべき残高は,企業持分に対する流入または流出した代価から生じる。

(3) セグメント報告書作成の法的根拠

KonTraGの第297条1項2文により,第314条3項4号で要求される売上高の分類を越えて,セグメント報告書だけ連結附属説明書を補う義務が上場親企業に対して与えられた。つまり,商法典第290条〜第315条により,連結会計義務を有し,かつ株式法第3条2項の意味で上場されている親企業は,セグメント報告書を作成しなければならない。

第297条1項によりセグメント報告書をどのように形成するかは,明確に規定されていない。立法理由書にも,セグメント報告書をどのように作成し,表示するかは,指示されていない。したがって,GoKの開発を課題にするDSRは,ドイツ連邦法務省により公示されたセグメント報告書基準(DRS第3号)を成立させた。したがって,このDRS第3号は,キャッシュ・フロー計算書と同様に,法律上,権威ある法理解釈とみなされる。

(4) セグメント報告書の理論的基礎:マネジメントアプローチ対リスク・リターンアプローチ

セグメント報告書を作成する場合,セグメント報告書を内容と構造において方向づける2つの理論的な動機に区別される。マネジメントアプローチとリスク・リターンアプローチである。

マネジメントアプローチの場合,外部利害関係者にセグメント報告書を通じて,各組織単位の内部統制のために管理者が依拠する情報が利用される。この

ようなアプローチの基礎にあるのは，内部情報は，企業がどのように管理されているかについての最良の印象をセグメント報告書の受手に伝達する，という考え方である。このような考え方の結果，セグメント報告書の場合，年度決算書または連結決算書から場合により離脱する貸借対照表計上規定または評価規定が適用される。すなわち，例えば，セグメント報告書において，マネジメントアプローチにより，原価計算上の原価が測定される。

これに対して，リスク・リターンアプローチは，企業のチャンスとリスクを指向する。したがって，セグメントは，他のセグメントから区別できるリスクとチャンスの構造を有する。例えば，企業のリスクとチャンスが異種の製品または役務給付から生じる場合，報告するに当たって，特定の製品に関連するセグメントが重視される。これに対して，異なる地域の販売市場または生産地からリスクとチャンスが生じる場合，地域別のセグメント化は説得力をもつ。

(5) DRS第3号によるセグメント報告書

① 報告書の意味と目的

連結貸借対照表でも連結損益計算書でも，資産と負債もしくは費用と収益はセグメントに分類されるため，この2つの会計手段に基づく資金の源泉と使用もしくは個々の企業活動の利益源泉についての詳細な分析は，外部アナリストにとって不可能である。それにもかかわらず，このような情報は，実際の投資家と潜在的な投資家にとって極めて関心がある。したがって，連結決算書に集計された情報を，区分可能な経済的な部分単位のために分散した形に区分することがセグメント報告書の課題である。

セグメント報告書の目標は，年度決算書の外部利害関係者に連結の重要な業務領域についての情報を準備し，財産状態，財務状態および収益状態の概観を改善し，リスクと予測収益の見積と判断を容易にすることにある（DRS第3号）。個々の企業セグメントに，異なるチャンスとリスクの側面があるので，個々の領域についての詳細な量的および質的な情報は，連結の利益と財産の推移を明確にする。

② 記載義務を有するセグメントの区分

セグメントは，企業内部の報告および組織の構造に基づいて区分される結果，セグメントの営業活動は売上収益または他の収益をもたらし，その経済的状態は定期的に企業管理者によって監視される（いわゆる営業セグメント）。この場合，このようなセグメント化の基礎にあるのは，企業活動の異なるチャンスとリスクであると想定される。

DRS第3号で定義されている製品指向または地理的なセグメント基準は，重要である。

製品指向のセグメント基準は，次の基準である。
■ 得意先グループの同一性
■ 製品と役務給付の同一性
■ 生産プロセスと役務給付プロセスの同一性
■ 販売方法または製品と役務給付の準備の同一性
■ 営業部門により生じる特殊性

地理的なセグメント基準は，次の基準である。
■ 経済的かつ政治的な枠組みの同一性
■ 異なる地理上の地域における諸活動の関係の類似性
■ 特定領域における活動の特殊なリスク
■ 海外貿易規定と外国為替規定の同一性
■ 同一の通貨リスク

以下で述べる規模の指標によって，重要なセグメントについての記載事項が公表される。営業セグメントは，DRS第3号により，次の場合に記載されねばならない。
■ 外部と内部の営業セグメントの売上収益が外部と内部全体のセグメントの売上収益の最低10％の場合
■ 営業セグメントの利益が全営業セグメントの総利益の最低10％の場合
■ 営業セグメントの財産が全営業セグメントの全財産の最低10％の場合

前掲の指標を満たさない他の営業セグメントは，明瞭性と概観性を損なわない限り，セグメント報告書に記載することができる（DRS第3号）。前掲の指標

を満たさない営業セグメントは，セグメントに属する外部の売上収益が連結売上収益の75％より少ない場合，強制的に記載しなければならない（DRS第3号）。連結決算日に上述の指標の1つを満たすと予想される営業セグメントは，セグメント報告書に記載する必要はない（DRS第3号）。あるセグメントがDRS第3号による必要な規模をもたない場合には，それにもかかわらず，過去のセグメント報告書に記載され，かつ，企業管理者が当該セグメントに意義を認めている場合に限り，これをセグメント報告書に記載することができる（DRS第3号）。

営業セグメントのいずれも前掲の指標の一つを満たさない場合，明瞭性と概観性のために，営業セグメントを，チャンスとリスクに応じて集合することができる。

このような定義から明らかになることは，DRS第3号によるセグメント報告書が上述した2つの理論的基礎のいずれにも関連づけることができないということである。DRS第3号は，たしかに，マネジメントアプローチに基づいている。というのは，営業セグメントは，連結集団の内部の報告および組織の構造から区分されるからである。だが，複数セグメントを設定する場合，企業のチャンスとリスク構造を反映するセグメントを選択すべきである（DRS第3号）ということは，DRS第3号が部分的にリスク・リターンアプローチに基づいていることを示している。

③　記載義務のあるセグメント情報

セグメント区分の指標とセグメントの統合は，附属説明書において説明しなければならない。さらに，各セグメントは，例えば，帰属可能な製品または役務給付，各セグメントの活動または地理的構造の名称を記載しなければならない。さらに，DRS第3号において，各セグメントの当該年度と前年度において，次の記載事項が要求されている。

- ■ 売上収益
- ■ セグメント利益
- ■ 投資をふくむ財産

■ 長期財産投資
■ 負債

　セグメント売上高，セグメント利益，セグメント資産，セグメント負債および他の重要なセグメント項目の全額は，連結決算書に表示された数値に移行しなければならない（DRS第3号）。

　DRS第3号は，補足的に各セグメントの営業活動からのキャッシュ・フローの記載を勧告している。この場合，減価償却費と現金の収支に無関係の項目は，記載する必要はない。外部顧客との売上収益がセグメント内外の全売上収益の10％を超える場合，数値の等級と当該セグメントは，開示されなければならない（DRS第3号）。

　セグメント報告書は年度決算書の一部であるから，セグメント報告書は，連結決算書の貸借対照表計上方法と評価方法と一致させたうえ，作成しなければならない。この場合，連結前の価値計上に依拠すべきである。しかし，記載されるセグメント内部では，連結が必要である。この点において，DRS第3号は，US-GAAPのセグメント報告書と異なる。SFAS第131号では，内部会計制度のデータに依拠する。そのため，若干の場合に，現行会計規範と対立することがある。さらに，DRS第3号が連結決算書の貸借対照表計上方法と評価方法に一貫して依拠することは，マネジメントアプローチに矛盾している。KÜTING/WEBERは，DRS第3号により作成されたセグメント報告書は，IAS第14号の要件にもSFAS第131号の要件にも一致しないと結論づけている。

3　連結附属説明書の任意の記載

　義務記載と選択記載を補完するために，他の情報は，それが連結集団の財産状態，財務状態および収益状態の事実関係に即した写像を損なわない限り，任意で連結附属説明書に記載することができる。特に，連結集団の財産状態，財務状態および収益状態の補助計算書は，任意の記載として適している。次の計算書がこれにふくまれる。

■ 運動貸借対照表

■ 社会貸借対照表
■ 価値創出計算書
■ 資本維持および実体維持計算書

　一株当たり利益も任意で記載することができるし，外国会計規定による年度利益も記載することができる。このため，ドイツ連結集団の連結決算書は，国際的に比較可能になる。さらに，連結附属説明書において，金融デリバティブ取引の利用とリース取引の範囲について報告しなければならない。同様に，連結状況報告書に，このような任意の情報をふくめることができるので，連結附属説明書は，連結状況報告書と一致しなければならない。

4　連結附属説明書の作成と開示の簡易化

　連結附属説明書の作成と開示に関する簡素化は，第313条2項による，いわゆる持分所有リストの作成が関連している。

　必要な投資リストを通じて理性的な商人の判断により当該企業に著しい不利益が発生する場合，第313条3項により，持分所有リストの作成について記載する必要はない。この例外規定の適用は，連結附属説明書に記載しなければならない。第313条3項による例外規定が通用しない持分所有の記載の部分は，第313条4項1文により，連結附属説明書に代え，区分されたリストに記載することができる。たしかに，持分所有リストの作成は，連結附属説明書にふくまれるが，連結附属説明書の他の部分と同様に，連結貸借対照表と連結損益計算書と合わせて，官報に公示する必要はない（第325条3項2文）。この場合，持分所有リストを商業登記所に提出すれば，それで足りる。ただし，この場合，持分所有の特別なリストと供託場所を連結附属説明書の公開部分に言及しなければならない（第313条4項3文）。

5　連結附属説明書の構造

　第297条2項1文により，連結決算書は，明瞭に作成しなければならない。これは，連結附属説明書にも当てはまる。というのは，多くの記載事項がある

にもかかわらず，法律上の分類規定も表示規定もないからである。したがって，連結附属説明書の分類について，明瞭性および概観性の原則に留意しなければならない。形式上の構成に基づいて，連結決算書の受手は，記載された情報の構造を問題なく認識可能でなければならない。これは，内容上関連する記載事項がそれぞれ連結附属説明書の関連する部分において表示される場合，保証される。個々の部分は，表題によって印をつけるべきである。ただし，連結附属説明書について，普遍妥当な構造を作ることは不可能である。個々の場合，その時々の事情が，連結附属説明書の目的適合的な構造を決定する。次の連結附属説明書の構造は，妥当なものであり，営業報告書の実務で広範に受入られている。

(1) 連結決算書の内容と分類の一般的な記載
(2) 貸借対照表と評価の諸原則，通貨換算
(3) 連結範囲の記載
(4) 連結方法の記載
(5) 連結貸借対照表の個別項目の説明
(6) 連結損益計算書の個別項目の説明
(7) その他の義務記載
(8) 任意の記載

形式的な継続性の原則に従って，連結附属説明書の選ばれた構造は，次の連結決算書において維持しなければならない。例外的事例に限り，特別の事情により，決定した構造から離脱することができる。離脱は，連結附属説明書に記載し，理由を明らかにしなければならない（第298条1項と関連する第265条1項2文）。

ドイツ商法典により連結附属説明書において行われる義務上の記載は，図表7-2～7-9にまとめられる。連結附属説明書の作成または開示の義務記載と簡易化は，次の符号によって特徴づけられる。

図表 7-2　図表 7-3 から図表 7-9 の記号説明と指示

(−)	記載により企業に重大な不利が発生する場合，記載は不要である。この例外規定の適用は，連結附属説明書に記載しなければならない（第 313 条 3 項）
(--)	連結集団の財産，財務，収益状態について副次的な意義の場合，記載する必要はない（第 313 条 2 項 4 号 3 文）
(*)	連結附属説明書に代え，持分所有の区分表示により記載することができる 区分表示と供託場所を連結附属説明書において指示する（第 313 条 4 項 1 文および 3 文）
(B)	連結附属説明書に代え，連結貸借対照表において選択的に記載することができる
(G)	連結附属説明書に代え，連結損益計算書において選択的に記載することができる
(B + G)	連結附属説明書に代え，連結貸借対照表と連結損益計算書において選択的に記載することができる

図表 7-3　連結決算書の内容と分類の一般的な附属説明書記載

連結附属説明書の義務記載	注
第 297 条 II S. 3：特別の事情により連結決算書が連結集団の財産，財務，収益状態の事実関係に即した写像を伝達しない場合，連結附属説明書に記載 第 265 条 I S. 2：分類の表示継続性が中断された場合，記載と理由説明 第 265 条 II S. 2：前年度数値が比較可能でない場合，記載と説明 第 265 条 II S. 3：前年度数値が調整される場合，記載と説明 第 265 条 III S. 1：資産または負債が連結貸借対照表の複数の項目にふくまれる場合，記載と説明 第 265 条 IV S. 2：企業が異なる営業部門で活動している場合，記載と理由説明 第 265 条 VII Nr. 2：連結貸借対照表または連結損益計算書に集計された項目の区分表示	(B)

図表 7-4　貸借対照表計上と評価，通貨換算原則の附属説明書記載

連結附属説明書の義務記載	注
第 313 条 I Nr.1：連結貸借対照表と連結損益計算書に適用された貸借対照表計上と評価の方法の記載 第 313 条 I Nr. 3：貸借対照表計上と評価の方法からの離脱の記載と理由説明；連結集団の財産，財務，収益状態に及ぼす影響の区分表示	

第308条 I S. 3：連結集団の統一的評価が親企業の年度決算書に適用された評価方法から離脱する場合，記載と理由説明
第308条 II S. 2：信用機関と保険業の特別規定による価値評価が維持された場合，指示
第308条 II S. 4：例外的事例において統一的評価が実施されなかった場合，記載と理由説明
第313条 I Nr. 2：連結決算書に外貨から欧州通貨に換算された項目がふくまれる場合，通貨換算原則の記載
第308条 III S. 2：営業年度の個別決算書に税務上の理由から実施され，連結決算書に引き継がれた税務上の評価の金額の記載と理由説明
第314条 I Nr. 5：営業年度または前年度に実施された税法減価償却費または特別項目並びに重大な将来の税務上の負担の連結利益に及ぼす影響の記載
第277条 III S. 1：第253条 II S. 3 および第253条 III S. 3 による計画減価償却の記載　(G)

図表7-5　連結附属説明書における連結貸借対照表の個別項目の説明

連結附属説明書の義務記載	注
第268条 VI：借方計上の逆打歩の記載	(B)
第269条 S. 1：借方計上の開業費・拡張費の説明	
第281条 I S. 2と関連する第273条：準備金部分を有する特別項目を設定した法的理由の記載	(B)
第268条 I S. 2：部分的な利益処分後の貸借対照表作成における利益または繰越の記載	(B)
第268条 II：固定資産明細書の表示	(B)
第268条 II S. 3：営業年度の減価償却費の記載	(B)
第268条 IV S. 2：決算日後に法的に生じた項目，その他資産の金額の説明（見越項目）	
第268条 V S. 3：決算日後に法的に生じた項目，債務の金額の説明（見越項目）	
第313条 II Nr. 4：親企業，子企業または第三者が持分の20%を保有する企業の記載 　　a) 名称と住所 　　b) 資本持分 　　c) 自己資本の額 　　d) 最終決算書利益	(-)(*)(--)
第313条 II Nr. 4 S. 2：上場親企業，上場子企業または第三者が議決権の5%以上を所有する大資本会社に対する投資の記載	(-)(*)(--)
第274条 I S. 1と関連する第306条 S. 2：借方見越繰延項目または潜在的租税引当金の区分表示	(B)

第274条Ⅱ S. 2：個別決算書から引き継いだ借方潜在的租税の説明 第314条ⅠNr. 1：残存機関5年以上の連結貸借対照表に表示された債務と連結集団により報告された債務の全額の記載 第268条Ⅶ：担保権と他の担保を記載の第251条による債務保証関係の区分表示；関連企業に対して債務保証が存在する場合の区分表示	(B)

図表7-6　連結附属説明書における連結損益計算書の個別項目の説明

連結附属説明書の義務記載	注
第314条Ⅱと関連する第314条ⅠNr. 3：活動領域と地域の特定市場別の売上収益の区分	(-)
第277条ⅣS. 2：臨時収益と費用の種類と金額の説明	(--)
第277条ⅣS. 3：期間外収益と費用の種類と金額の説明	(--)
第281条ⅡS. 2：準備金部分を有する特別項目の繰入による取崩収益の記載	(G)

図表7-7　連結附属説明書における連結範囲の記載

連結附属説明書の義務記載	注
第313条ⅡNr. 1：全連結企業の記載： 　　a）名称と住所 　　b）親企業と子企業またはその計算で保有される資本の持分 　　c）組入が資本参加に一致する議決権の過半数に基づき行われない場合，組入義務の事情	(-)(*)
第295条ⅢS. 1：子企業が第295条Ⅰにより組入れられなかった場合，記載と理由説明	
第296条Ⅲ：子企業が第296条ⅠまたはⅡにより組入れられなかった場合，理由説明	
第294条ⅡS.1：連結範囲が実質上変更された場合，前述の連結決算書との比較を可能にする記載	(B+G)
第313条ⅡNr. 2：関連企業についての記載： 　　a）名称と住所 　　b）親企業と子企業に帰属するか，その計算で保有される関連企業の資本の持分 　　c）持分法により組入が断念される場合，記載と理由説明	(-)(*)
第313条ⅡNr. 3：比例連結企業についての記載： 　　a）名称と住所 　　b）比例連結を可能にする事実 　　c）親企業と子企業に帰属するか，その計算で保有される当該企業の資本の持分	(-)(*)

図表 7-8　連結附属説明書における連結方法の記載

連結附属説明書の義務記載	注
第297条ⅢS.4およびS.5,　先行の決算書に適用された連結方法からの離脱の 第313条ⅠNr.3：　　　　記載と理由説明；連結集団の財産，財務，収益状 　　　　　　　　　　　　態に及ぼす影響の区分表示 第299条Ⅰ：連結集団と親企業の決算日が異なる場合，記載と理由説明 第299条Ⅲ：連結集団の決算日が被組入企業のそれと異なり，中間決算書が作成 　　　　　　されない場合，中間の事象が企業の財産，財務，収益状態に対し特 　　　　　　別な意義を有する限り，これを記載しなければならない 　　　　　パーチェス法： 第301条ⅠS.5：a）選択した資本連結方法の記載 第301条ⅡS.2：b）資本連結の価値評価の基礎になる時点の記載 第301条ⅢS.2：c）資本連結による借方または貸方差額の説明と前年度との重要な 　　　　　　　　　変動 第301条ⅢS.3：d）相互に相殺された借方と貸方差額の記載 　　　　　持分プーリング法： 第302条Ⅲ：a）この方法の適用の記載 第302条Ⅲ：b）この方法の適用から生じた準備金の変動の記載 第302条Ⅲ：c）企業の名称と住所 　　　　　比例連結： 第310条Ⅱ：パーチェス法の記載を準用 　　　　　持分法： 第312条ⅠS.2：a）簿価表示の持分法を初回適用する場合の投資簿価と関連企業 　　　　　　　　　の自己資本持分との差額の記載 第312条ⅠS.3　b）資本持分法の初回適用時点の個別貸借対照表の投資簿価と関 2.HS：　　　　　連企業の自己資本の投資に帰属する部分との差額の記載 第312条ⅠS.4：c）適用した修正持分法の記載 第312条ⅢS.2, d）価値評価の基礎になる選択した時点の記載 第312条ⅢS.1： 第313条ⅤS.2：e）関連企業が連結集団の統一的評価に適合しない場合，記載 第313条ⅡNr.2, f）関連企業の副次的な意義により貸借対照表の区分表示も持分 S.2：　　　　　法評価も行わない場合，記載と理由説明 第304条ⅡS.2：内部利益消去が副次的意義により実施されない場合，記載；連結 　　　　　　　集団の財産，財務，収益状態に及ぼす影響の説明	(B+G) (B) (B)

図表7-9　連結附属説明書におけるその他の義務記載

連結附属説明書の義務記載	注
第314条 I Nr. 2：連結貸借対照表に表れないか，第251条と関連する第298条 I により記載されない，その他の財務上の義務の総額表示	(--)
第314条 I Nr. 4：営業期間の連結決算書に組入れられ，比例連結された企業の平均従業員数と労務費の記載	(G)
第314条 I Nr. 6a, 6b：親企業の業務執行機関，監査役会，顧問会または類似施設の構成員と退職構成員または遺族に対する報酬	
第314条 I Nr. 6c：親企業の営業執行機関，監査役会，顧問会または類似施設の構成員と退職構成員または遺族に対する前払金と貸付金の記載	
第314条 I Nr. 7：親企業または子企業または他企業が連結決算書に組入れられた企業の計算で取得したか，担保として取った親企業に対する持分有高の記載；この場合，この持分数と額面額を記載する	
第291条 II Nr. 3：免責連結決算書についての記載	

6　商法典第298条3項による附属説明書と連結附属説明書の統合

　第298条第3項は，連結附属説明書と親企業の年度決算書の附属説明書を統合する選択権を認めている。これによって，個別決算書と連結決算書との反復が避けられる。連結決算書と親企業の個別決算書は，第298条第3項2文により，共に開示されねばならない。この場合，決算監査人の監査報告書と監査証明書も統合することができる。

第2節　連結状況報告書

1　連結状況報告書の目的

(1)　連結状況報告書の目的

　全部連結と部分連結の親企業は，第290条1項および2項により，連結決算書のみならず，連結状況報告書を連結営業年度の最初の5カ月において作成しなければならない。連結状況報告書についての会計は，第315条に法典化されている。連結状況報告書に関する第315条の規定は，連結決算書に組入れられる企業の支社の記載を除いて，第289条による個別決算書の状況報告書に関す

る規定と同様に設定された。したがって，連結状況報告書に関する会計規定の解釈が，第289条による状況報告書に関する会計規定の解釈を基準にしている。

　第315条1項により，連結状況報告書は，連結集団の営業取引と状態の事実関係に即した写像を伝達しなければならない。この法律規定は，第297条2項2文の連結決算書に関する一般規範に一致している。それによれば，連結決算書はGoBを遵守のうえ，連結集団の財産状態，財務状態および収益状態の事実関係に即した写像を伝達しなければならない。第315条1項と第297条2項2文のほとんど同一の核心的な規定によっても，連結状況報告書は，情報に基づいて会計報告責任目的と資本維持目的に使用されることが明らかになる。しかし，連結状況報告書は，過去事象についてのみ会計報告責任を遂行するのではなく，さらに，予測情報をふくまなければならないため，我々は，連結状況報告書目的を情報伝達と名づける。

　情報伝達目的から，連結状況報告書に対して，連結決算書を強化し，事象と期間の面から補完するという課題が生じる。連結状況報告書は，このようにして連結決算書を支えている。

　連結状況報告書は，第1に，連結集団の全体的な状態に対して，第297条2項2文に記載された連結集団の3つの「部分の状態」を加えなければならない。特に，国際的な連結集団が多様な生産構造と販売構造でもって活動する場合，その経済的な状態は，連結集団の状況報告書によってのみ判断できる。持株会社または営業機能を異なる法的に独立した子企業に区分した企業の場合，親企業の与える状況報告書の表示は，連結集団の経済的単一組織体が重視するような表示を補うことができない。

　第2に，連結状況報告書は，連結決算書を事象的に補完しなければならない。というのは，連結決算書は，しばしば不完全であるからである。連結利益を決定する要因は，場合によっては，連結決算書で認識することはできないか，認識してはならない。だから，自家開発の特許権，未履行取引，営業権の構成要素は，連結集団の運営，組織および市場状態の性質と同様に，連結決算書に表示することはできないか，表示してはならない。なぜなら，このような

利益の要素は貸借対照表計上能力がないか,貸借対照表計上は禁止されるからである。連結状況報告書は,このような利益の構成要素を通じて補完的な情報を伝達できるし,伝達すべきである。

第3に,連結状況報告書は,連結決算書を期間的に補完しなければならない。というのは,連結決算書は,過去指向的な会計手段として連結集団の財産状態,財務状態および収益状態を完全に表示できないからである。

つまり,連結集団の経済的な全体状態は,実質上,将来の営業の展開によって形作られる。LEFFSONは,経済的状態を,将来にその課題を達成するための企業能力であると述べている。連結状況報告書には,将来指向的な課題と第315条2項1～3号による説明がふくまれている。それによれば,連結状況報告書は,連結決算日以降の特別な意義をもつ事象,予想される推移,研究開発領域について記載しなければならない。

連結状況報告書は,連結集団指揮者に,見積と予測を開示する可能性,したがって利害関係者が連結集団について意思決定を行うために必要としている情報を補完する可能性を提示する。連結状況報告書が伝達する将来の経済的な全体状態は,利害関係者にとって,連結決算書が伝達する過去または現在の状態よりはるかに関心がある。例えば,これは,親企業または子企業の株主と債権者に当てはまる。

(2) 連結状況報告書の内容

① 正規の連結状況報告の諸原則 (GoL)

たんに第315条の規定だけから連結決算書と同じ程度に連結状況報告書の内容を定式化し,具体化できないため,最初に,情報内容と情報範囲について連結状況報告書を形成するための比較的に広い裁量の余地が作成義務を有する連結集団に開かれている。しかしながら,連結状況報告書は,それが良心と誠実による会計報告の諸原則に従って連結集団の経済事象についての情報を客観的かつ均衡的に伝達する場合に限り,連結集団の事実関係の写像を伝達するという課題を遂行できる。そのための原理は,正確性,完全性および明瞭性の各原則である。BAETGE/FISCHER/PASKERTは,これらの原則を補完して,第

289条による状況報告書に関する特殊原則の体系，すなわち正規の状況報告の諸原則（GoL）を開発した。このGoLは，原則として，第315条による連結状況報告書にも準用される。具体的に，次の諸原則が，GoLである。
- ■ 正確性の原則
- ■ 完全性の原則
- ■ 明瞭性の原則
- ■ 比較可能性の原則
- ■ 経済性と重要性の原則
- ■ 連結の形態と規模による情報差別化の原則
- ■ 慎重原則

前掲の諸原則は，以下において説明する状況報告書の要素について遵守されねばならない。

② 連結集団の営業経過と状況

連結状況報告書において，第315条第1項により，連結集団の営業経過と状況が表示され，事実関係に即した写像が伝達される。連結集団の営業経過についての情報は，過年度の連結集団の推移と推移の背景を明らかにする。連結集団の状況報告書は，営業年度末の連結集団の状況についての表示で終わる。連結集団の経済状況は，特に，調達，生産および販売の能力とこの能力を利用する経営の可能性を決定する。

連結集団の営業経過と状況は相互に密接に関連しているため，連結集団の営業経過と状況を統合することが適切である。連結状況報告書が連結集団の経済上の全体状況についての事実関係に即した写像を伝達するために，経済報告は，次の領域の情報をふくんでいなければならない。

- ■ 大綱条件
    経済の全般的状態，部門の状態
- ■ 連結集団の経営状態
    投資，財務，調達，生産，製品，売上，販売，受注状況，組織，管理，法律上の企業構造，労務領域，社会的領域，環境保護，エネルギー領域

連結決算書に組入れられる子企業だけではなく，組入れられない子企業も，経済報告において考慮されねばならない。連結決算書への組入が連結集団の財産状態，財務状態および収益状態の写像を偽造するほど，その活動が組入れられた他の連結集団対象企業の活動と異なる場合，第295条1項により，連結決算書に組入れできないような子企業も，これにふくまれる。同様に，第296条により，選択権に基づいて連結決算書に組入れられない連結集団対象企業は，連結状況報告書において考慮されねばならない。後者の場合，連結状況報告書が当該連結集団対象企業を考慮することなしに，連結集団の事実関係を伝達するかどうかを検証しなければならない。同様に，持分につき比例的に組入れられた企業と関連企業は，それが連結集団の経済状況を実質的に形づくる場合，連結状況報告書にふくめなければならない。

連結状況報告書は，個々の状況報告書を集計したものではない。個々の子企業の営業経過と状況は，連結状況報告書において説明すべきではない。むしろ，連結状況報告書の対象は，連結集団の全体である。

連結集団の経済的状況の全体に対し重要事象が発生した場合には，個別子企業の営業経過と状況について報告すべきである。この場合，この事象および連結集団に対する事象の影響について報告すべきである。商法典において明確に言及していないが，例えば，連結決算書に組入れられない企業の巨額損失の発生についての報告も，これにふくまれる。これに対して，連結集団活動の周辺領域は，説明する必要はない。というのは，この説明は，場合により，連結集団の状況について誤った印象を伝達するからである。これに代えて，連結集団対象企業を部門別の報告単位に統合することが妥当である。

③ 将来の状況推移のリスクについての報告

KonTraGにより，第315条1項に2文が加えられ，その結果，連結状況報告書において，「将来の状況推移のリスクにも言及しなければならない」。このような新しい情報義務を状況報告書に採用することにより，次の諸目標が達成される。すなわち，監査役会は，企業状況について報告を受け，国際的投資家の情報要求を考慮すれば，現行の期待ギャップは著しく縮小する。この規範の条

文は，資本会社の個別決算書に関連する商法典第289条1項の状況報告書における将来の状況推移のリスクに関する報告の要求と一致している。その結果，同一の要件が2つの規定に求められている。しかしながら，商法典にも立法資料にも，規範の条文は具体化されなかった。それゆえ，広範に解釈する余地が会計報告を行う企業に開かれている。

　リスク概念は，経営経済学において明確に定義されていない。しかし，文献では，第289条との関連においてリスク概念が期待された価値からの消極的な乖離として解釈されねばならないという点について合意が成立している。したがって，将来の状況推移の危険に触れなければならない。この場合，第289条による義務記載が重要である。さらに，企業状況について過度にプラスの写像が伝達されない場合，将来のチャンスと利益の可能性を報告することができる。状況報告書にも適用される重要性の原則に基づいて，重大なリスクにのみ言及しなければならない。特に，貯蔵品に損害を与えるリスクと企業の財産状態，財務状態および収益状態に重大な影響を及ぼすリスクは，報告義務がある。最初に挙げたカテゴリーのリスクについては，そのために企業継続の前提条件が持続的に損なわれるか否かにつき検討すべきである（商法典第252条1項2号）。これに対して，第2に挙げたリスクについては，これと企業の経済状態に及ぼす重大なマイナスの影響が関連しているか否かについて検討すべきである。

　将来のリスクについて報告する場合，状況報告書を受取る利害関係者は，自ら，リスク，リスク発生の蓋然性および企業の経済状態に及ぼすリスクの影響について印象を得る。利害関係者に可能な限り，正確かつ説得力をもつ情報を提供するために，リスクとその影響は，定量化しなければならない。このために，まず，重大なリスク発生の蓋然性を測定し，表示することが必要である。いま1つは，リスクの発生の量的範囲が財務数量に定量化される場合に初めて，この情報の説得力は高くなる。さらに，個別リスクの表示を越えて，個々に発生するリスクが軽微であるために報告義務が不要であるか，またはリスクが重大であるために報告義務があるかどうかについても検討すべきである。

将来の状況推移のリスクに関する報告が，状況報告書の他の部分報告と統合できるかについては異論がある。将来のリスクが経済報告または予測報告と関連して表示されるかどうかにかかわらず，他の状況報告書の部分と明確に区別した議論が将来のリスクに必要であり，有意義である。

2　商法典第315条2項による連結状況報告書のその他の記載
(1)　営業年度終了後の重要事象
　連結状況報告書は，第315条2項1号により，連結営業年度終了後に発生した重要事象に言及しなければならない。連結決算日が基準であるが，これは，組入れられた連結集団対象企業の個別決算日と異なる。いわゆる後発事象の報告目的は，連結決算書と連結状況報告書によって記述された連結集団の状況についての写像を現実化し，必要な場合は修正する点にある。後発事象の報告書は，連結決算日から報告までの期間に生じた重要事象を記録しなければならない。したがって，このような情報は，旧連結営業年度の連結決算書において認識してはならない。これに対して，価値を明確にする情報は，後発事象の報告書において表示すべきではない。その基礎にある事実が旧連結営業年度に発生しているが，連結集団の指揮者が決算日後に初めて知ったような情報は，価値を明確にする情報という。この情報は，連結決算書に記載しなければならない。

　連結集団の経済状況の判断に重大な影響を及ぼし，連結決算書と連結集団の経済報告によって可能になる判断とは異なる判断に導くような事象は，第315条2項1号により，報告義務がある。したがって，後発事象の報告には，第15条1項により，同一の事実と報告がふくまれている。事実とその報告は，連結決算書日の前と後のどちらで発生したかによって区別される。

(2)　連結集団の状況推移の予測
　連結状況報告書は，第315条2項2号により，連結集団の予測される状況推移に言及しなければならない。連結状況報告書を受取る利害関係者は，連結集団について投資の判断を下す場合，過去指向的な記載事項に依拠するのみなら

ず，予測も考慮に入れなければならない。予測の報告において，経済報告の場合と同一の事実を報告しなければならない。ただし，個々の場合，重要性の原則は，経済報告より予測報告において適用されるべきである。というのは，過去指向的な資料を提出するより，予測を立てる方がコストがかかるからである。

　予測の信頼性は，予測の正確性と確実性に依存する。予測が一般的すなわち曖昧に定式化されればされるほど，予測は，確実に的中する。したがって，口頭による定性的な予測は，比較的に確実であるが，正確さと説得力に欠ける。これに対して，定量的な予測は，比較的説得力があり，利害関係者に適切な判断の基礎資料を提供する。客観性もしくは客観的な検証可能性の原則に従って予測を事後的に検証できる可能性も，定量的な予測の報告が有利であることを証明している。したがって，定量的な予測は，定性的な予測に優先する。間隔を置いて行う予測は，確実性と正確性との妥協を可能にする。たしかに，間隔を置いて行う予測は，定点予測ほどの正確さはないが，その代わり，間隔予測の確実性は，定点予測より極めて高い。さらに，期待される価値を中心とする拡散を知ることができる。ただし，確実性の側面が過大な帯域幅により一方的に強調され，正確性が無視される場合，間隔予測は意思決定の補助手段としての機能を十分に果たせないという危険がある。したがって，予測する場合，最低の確実性と同時に最低の正確性が維持されるべきである。

　予測の確実性は，さらに，予測が関連する期間に左右される。予測の範囲が大きいほど，将来に関する報告は不確実になる。文献では，予測は2年の期間を越えるべきであるという見解が浸透している。短期間について行われる予測は，利害関係者に公表する時点で，ほとんど価値がない。というのは，往々にして，その時点ですでに9カ月が経過しているからである。長期予測に不利な点は，長期についての予測が極めて不確実になることである。完全性の原則にしたがって，予測期間は，つねに明確に示すべきである。

　確実性と並んで，利害関係者にとって，予測の説得性も重要である。ただし，予測の説得性は，将来報告の基礎にある前提条件の知識なくして判断する

ことはできない。したがって，客観性の原則に基づいて，予測の前提を連結状況報告書に開示すべきである。前提条件の報告が正確であればあるほど，予測の受信者は，予測の確実性および説得性について適切に判断し，予測された価値と発生した価値との差異の原因を理解することができる。

(3) 連結集団の研究開発

第315条2項3号により，連結集団の研究開発領域を連結状況報告書において説明しなければならない。研究開発の報告は，どの程度，研究開発により連結集団が将来に備えているかについて，利害関係者が情報を受取ることを配慮している。研究開発は，経済的な利益の重要な決定要因とみなされる。連結集団の将来の推移と市場状態および競争力は，過去の研究開発活動の質量によって生み出される。この命題は，製造企業の成長に及ぼす研究開発費の重要な影響力を示す最近の実証研究に裏づけられている。

無恣意性の原則は，研究開発を他の連結集団活動と区別することを研究開発の報告に求めている。OECDの定義と概念区分の提案は，モデルとして使用できる。OECDは，研究開発を科学的，技術的知識の拡大と新しい応用の可能性の発見に役立つ体系的，創造的な研究であると定義づけている。研究開発の領域は，次の部分領域に区分される。

■ 基礎研究
■ 応用研究
■ 試験開発

連結集団にとって重要な事象は，連結集団の研究開発報告書において説明しなければならない。研究開発活動と連結集団の将来の経済状態に及ぼすその影響を判断する場合の基本問題は，現在の確実な研究開発費の支出に将来の不確実な収益が対立するという点にある。さらに，第315条2項3号と研究開発領域の記載の範囲が不確定のまま放置されていることが重なり，事態を難しくしている。連結集団の将来の経済状態に及ぼす研究開発活動の影響の問題に対する回答は，連結集団における研究開発の生産性と効率性について報告することである。具体的に，次の記載事項は，研究開発の生産性と効率性を示してい

る。
- ■ 研究開発活動の大綱的条件が決定する研究開発の目標と重点
- ■ 研究開発における要素投入，例えば，研究開発費，研究開発の投資，研究開発の要員数と適格性など
- ■ 研究開発の成果，例えば，新開発製品の販売，新製造技術によるコスト，取得した利用権（特許権，実施権）数，新製品または生産方法の数と種類

完全性の原則は，研究開発を行っていないが，部門の所属に基づく大規模の研究開発活動が期待されるような連結集団に活動の「不在の報告」を求めている。

研究開発領域についての報告は，第315条2項3号によりこれを記載したためにドイツ連邦共和国または各州の繁栄が損なわれる場合，もしくは連結集団の利害の自己防衛が研究開発報告の情報目的より優先される場合，その限界に達する。ライバル企業が研究開発活動について非常に詳細な報告を行っている場合，技術革新の告知を適時に準備できるため，研究開発報告を行う連結集団の競争上のメリットは少なくなる。

(4) 連結状況報告書における任意の記載

連結状況報告書における他の任意の記載の容認は，第315条1項の「少なくとも」という文言から明らかになる。例えば，任意による指標の分析は，連結決算書の情報の差別化を強める。連結集団と社会環境と自然環境との関連が表示される価値創出計算の形式をとる社会関連報告書，環境貸借対照表または社会貸借対照表も，任意の報告にふくまれる。しかしながら，任意の報告により，連結集団の事実関係が歪曲して反映されてはならない。この場合，連結状況報告書における任意の追加報告は，監査義務と公開義務を有することに留意すべきである。

(5) 第315条3項による連結状況報告書と状況報告書との統合

状況報告書に関する第289条に対する拡大は，連結状況報告書と親企業の状況報告書を統合する選択権を認めた連結集団固有の第315条3項の規定から生じる。連結状況報告書と状況報告書は，第325条3項により公開されねばなら

ない。

　連結状況報告書と親企業の状況報告書の統合は，表示の簡素化に役立つ。連結集団が親企業により広範囲に形成され，連結集団の営業経過と状態が利害関係者に正確に伝達され，親企業の事象も説明される場合，特に統合の好機である。この場合，保証すべき点は，報告によって，連結集団または親企業のどちらに情報が関連するかが分かることである。

索　引

あ行

EC第7号指令の加盟国選択権………151
EUの折衝委員会……………………70
IDW……………………70, 72, 107
一行連結……………………………170
売上原価法（UKV）………………102
EXXON事例…………………108, 109
エッフェル塔原則…………………5, 40
欧州裁判所…………………………195

か行

会計監査講座（IRW）………………4
開示法……………58, 59, 60, 61, 62, 96
外部アナリスト……………………216
合算決算書…………40, 50, 103, 149, 176
環境貸借対照表……………………235
企業領域統制・透明化法（KonTraG）…2, 205, 206, 215, 230
規制市場……………………68, 206
逆基準性原則………………………100
キャッシュ・フロー計算書…15, 33, 71, 205-209, 212-215
共同企業（ジョイント・ベンチャー）… 79, 82, 146, 167, 168
金融デリバティブ取引……………220
グローバル・スタンダード…………2
経済的観察法…………………51, 58

経済的単一組織体…18, 24, 25, 31, 49, 50, 74, 120, 199, 227
決算日レート法…13, 84, 104, 107, 108, 110, 112, 182
限界値………………………………65
経営経済的演繹法……………………38
公式市場……………………68, 206
国際会計基準委員会（IASC）………4
個別差異観測法……………………201
コンツェルン………………………17

さ行

3カ月基準……………………………87
システム原則…………………45, 46
支配力基準…11, 12, 17, 51, 52, 54, 55, 57, 59, 60, 68
資本会社＆Co.指令法（KapCoRiLiG）…68
資本縮小抑制………………22, 23, 153
資本調達容易化法（KapAEG）……2, 68
シュマーレンバッハ…………………3
少数株主持分…………64, 124, 131, 138
商法的演繹法………………………38
商法利益と税法利益との差異………173
情報に基づく資本維持7, 8, 10, 11, 14, 22, 25, 26, 38, 40, 41, 44, 46, 83, 153, 203
新規市場……………………68, 206
正規の連結状況報告の諸原則（GoL）… 228, 229

正規の簿記の諸原則（GoB） …3, 5, 18, 21, 28, 29, 35–37, 40, 43, 45–47, 49, 87, 227
正規の連結会計の諸原則（GoK） …5, 7, 11, 15, 36–40, 45, 46, 77, 102, 148, 206, 215
正規の連結処理の諸原則（GoKons） …5, 11, 29, 36, 37, 41, 47
セール・アンド・リースバック………27
世界決算書原則 ……………75, 82, 86
セグメント報告書 …15, 71, 82. 205, 215–219
潜在的租税引当金 ………………196, 197
専門規範 ………………………………4
総括原価法（GKV）………………102
総括差異観測法 …………………201

た行

代替処理 …………………………154, 155
ダウンストリームまたはアップストリーム取引………………………………199
多段階連結集団 …………………60, 61
単一組織体理論 ……………………151
段階区分基準 12, 13, 73, 74, 79, 145, 146, 160
タンネンバウム（もみの木）原則 …60
調整計算表………………………………67
定型的関連企業 …14, 155, 157, 158, 167
テンポラル法 …13, 84, 104–106, 108–112, 182
ドイツ会計基準委員会（DRSC）……2, 4
ドイツ会計基準（DRS） 4, 12, 67, 69, 70, 117, 121, 123–125, 128, 129, 131, 133, 205, 206, 208–210, 212–219
ドイツ基準設定委員会（DSR） ……206

ドイツ連邦通常裁判所 ………………195
ドイツ連邦法務省 …………………215
統一的指揮 …11, 12, 17, 51–54, 59, 60, 69, 79, 159, 160
特別法は一般法に優先する ………29, 30
true and fair view ………………28, 36

な行

ナショナル・インタレスト ……………1, 2
二元的（デュアル）連結決算書 ……67

は行

パーチェス法…13, 115, 116, 118–121, 124, 125, 131, 133, 136–140, 142, 143, 150, 184
配当戦略 ………………………………180
非定型的関連企業 …………14, 156, 160
標準処理 ……………………………154
「表象」規準 ………………………28, 29
部分連結決算書 ………………60–62, 64
フレッシュ・スタート法 ………13, 143
文書記録および会計報告責任 …………7
並行的（パラレル）決算書 …………67
ベェトゲ …………………………………3
法学的解釈法（法解釈学）……………38
法規範 …………………………………4
簿価法と評価替法（出資比率法） …119, 120, 123, 124, 132, 156, 161, 166

ま行

マネジメントアプローチ …215, 216, 218, 219
ミュンスター会計フォーラム（MGK）…4
明瞭性および概観性…21, 44, 101, 102, 152,

221
持分プーリング法 …13, 117, 118, 133-143, 150, 186
持分理論 …………………………151

や行

ユニラテラリズム ………………………2

ら行

リスク概念 ………………………231

リスク・リターンアプローチ …215, 216, 218
理性的な商人の判断 …96, 103, 112, 220
レフソン ………………………………3
連結決算書免責命令………………………62
連結集団の個別決算書 ……………24, 33
連結状況報告書…15, 32, 34, 71, 220, 226-230, 232, 234-236

あ と が き

　私たちはいま，新しい世紀の入口に立って，容易に見通しがたいこの時代の行く手に目をこらしている。すべてのことが猛烈なスピードで動き，激しく変化しているが，内実においてそれは，不確実性と無秩序，不透明さ，そして人々の精神的劣化が綯い交ぜになった，収束しがたい混沌の中にあるようにみえる。そうした中で，時代の価値と，それに基礎づけられた確固たる羅針盤を求めて，人々は懸命にもがいている。

　今日のグローバルな経済過程の目まぐるしい展開の中で，会計もまた，時代の潮流にそった大変革の渦中にある。それは1970年代以降の，いわゆる"会計基準の国際的調和化"としての事態に他ならない。会計の今日的特徴は，理論的・制度的に，また実務的にも，矢継ぎばやの対応を迫られる，国際的調和化との密接な連関の中で表れ，各国の動向も，それへの対抗と受容のあり方に応じて，様相を異にしている。

　わが国の場合でいえば，会計基準のグローバル・スタンダードへの接近・調和化は，いわゆる"会計ビッグバン"として展開をみせたそれである。端的には，バブル崩壊後の金融市場改革のインフラの役割を担った，「連結・時価・年金」会計を中心とした，文字通りのビッグバン的改革である。それは確かに，わが国が今後，グローバルな経済関係の中で改めて地歩を固め，その役割を担いつつ経済の再生を図ろうとする上での，懸命の制度改革ではある。

　いまや企業の会計情報は，単独決算ではなく連結によることが主流となり，企業経営にとっては，株式などの有価証券の時価評価に伴う不良債権の処理とともに，土地・建物等の価格下落から生じる減損や，年金・退職金の将来事象債務の認識，そして年金資産の時価評価からの積立不足の補塡などが主題となってこよう。今後さらに，時価会計の適用範囲が拡大して，評価損の発生が企業経営の不安定要因になるとすれば，設備や株式保有の見直し，雇用・賃金・

企業年金制度など，経営体質・基盤の改革，企業戦略の大転換をもたらす可能性も生じる。かくて"連結"を単位とした，資産・負債評価の会計が，制度的にも実務的にも会計の今日的な焦点となり，さらには税制改革（連結納税制度の導入）とも連動して，連結会計がいよいよ経済社会システムの転回を促す現実的契機として注目を集めることとなる。

さて，本書は，ドイツ会計制度の国際的対応を背景として，ベェトゲ（J. Baetge）教授らが著わした『連結会計論』(Konzernbilanzen, 5., überarbeitete und erweiterte Aufl., IDW-Verlag Düsseldorf 2000) を扱ったものである。『連結会計論』は，1994年の初版以来，99年の第4版までベェトゲ教授自身の単著として版を重ねてきたが，2000年の第5版では，門下のキルシュ（H-J. Kirsch）およびティーレ（S. Thiele）を共著者とし，内容を大幅に増補して上梓したものである。最新刊で手を加えた主な部分は，国際会計基準（IAS）へのドイツ的対応として取り組まれた，一連の商法会計レジームの変革，とりわけ1998年の「資本調達容易化法」での，連結決算書の免責条項（商法典第292a条）を踏まえ，さらにEUにおけるIAS適用の義務化など，今後の改革動向をも見据えた，連結会計論の新しい展開部分である。

本書の5人の訳者は，京都での研究会（企業会計制度研究会）を拠点に，長年にわたり，ともにドイツ会計制度と理論の研究に取り組んできた仲間である。この同じメンバーによる共同研究の成果は，すでに3年前，『ドイツ会計の新展開—国際化への戦略的アプローチ—』（森山書店，1999年5月）として世に問うたところである。そこでは，1970年代以降の会計グローバリゼーションの巨大な潮流の中で，ドイツ商法会計制度がこれにどう対応し，そのための自己変革をどう遂げようとしているのか，すなわちドイツ的会計レジームの"防御"と"妥協"のダイナミズムが仔細に跡づけられている。それによって，90年代後半までの，国際的対応のドイツ的戦略と国内制度改革の基本的特徴をほぼ明らかにしえたと思っている。しかも，そうしたドイツでの動きは，その制度的特性において多くの点で類似性をもち，文化的親和性をもつとすらいわれ

るわが国のそれを透視し，方向を見極める上で，いくつかの重要な示唆を含むものであった。

その後，引きつづき同じ問題意識のもとに，ドイツの動向を跡づけ，研究を重ねていく過程で，ドイツ的会計レジームの改革動向を俯瞰しつつ，そこでの焦点とされている連結会計の問題を系統的に扱い，その論理づけに力を注いできたベェトゲ教授の研究に出会うこととなった。よく知られているように，ベェトゲ教授は，これも1991年の初版以来，版を重ねた『貸借対照表論』(Bilanzen；2001年の第5版は，キルシュ，ティーレらとの共著）の著者として，また会計国際化に対応する国内制度改革の中心的担い手として，理論レベルでも制度レベルでも，大きな影響力をもつ研究者である。こうした，我々の共同研究の継続と発展の中で，いわばごく自然に，あるいは避けがたい道程として，ベェトゲ教授の連結会計論を研究対象に選ぶこととなった。その意味で，本書は，3年前の共同研究・『ドイツ会計の新展開』の続編の性格をもつものということができる。

研究対象を連結会計として，共同研究を進めていくうちに，これを広くわが国の学界や実務界に伝えて，会計国際化の発展動向への的確な対応と判断に資するべく，できるだけ忠実に紹介する必要を強く感じるようになった。

とはいえ，ベェトゲ教授らの著書は，660ページを超える大著である。それを日本語版として全訳の形で出版することは，今日の諸事情からしてきわめて困難なことと考えざるをえなかった。そこで，全訳ではないが，ベェトゲ教授らの著書の内容を，構成上の基本点をおさえた上で，できるだけ「忠実な紹介」に撤して，本書のような形での出版を決意したのである。その意味では，本書は，それ自体，抄訳というべきものであるが，それは前述の経緯からして，1つの研究対象として十分に読み込み，消化してきた素材である。単なる訳書にとどまらないという本書の性格は，特に解題として冒頭に記した「序章」によって読み取っていただけるものと思う。

ベェトゲ教授らの著書を，本書の形で出版するにいたったもう1つの理由は，第5版の出版にむけて，ベェトゲ教授らが講座をあげて改訂作業に取り組

んでいた，ちょうどその時期にメンバーの一人である稲見亨教授が，ミュンスター大学での1年余にわたる在外研究の機会を得たことである。したがって，研究会では，彼の地にいる稲見教授とのリアルタイムの連絡関係の中で，ベトゲ教授らの改訂作業とほぼ同時進行の形で，ドイツ連結会計論の研究を進めることができた。まさに天与の幸運という他はない。その上，本書の形での日本語版の出版やそれに伴う翻訳権の許諾など，ベトゲ教授側との煩雑な交渉の一切を稲見教授が引き受けてくださった。その意味で，本書の出版は，稲見教授の存在と働きに負うところが大きい。記して感謝を申し上げる次第である。

ベトゲ教授からは，本書のために，第5版の草稿そのものを提供していただいたことをはじめ，いよいよ本書の完成を前にして，彼自身のポートレートや，我々の研究に対する熱いメッセージ・日本語版への序文など，特段の配慮をいただいた。いま，この序文を手にして，2000年9月，筆者がミュンスターを訪ねた折，大学近くの古いレストランで，ご当地自慢の地ビールやワインを飲み交わしながら，ドイツ商法会計法の改革問題やGoB論についてベトゲ教授と語り合う中で，本書の出版の意義を確信したことを想い起している。

抄訳とはいえ，基本的に本書は，ベトゲ教授らの著書の翻訳であることには変わりない。訳語その他の点で，思わぬ過誤を犯しているかもしれない。特に訳語について言えば，原語の意味を損ねずに，しかも日本語として一般に通用している専門用語を用いることに努めたが，実際には翻訳作業の中で，当てるべき訳語に苦しんだことも事実である。例えば，〈Konzern〉を〈連結集団〉としたり，〈Konzernbilanz〉を〈連結会計〉としたりしたことなどがそれである。読者諸賢のご指摘，ご叱正をいただければ幸いである。

なお，本書において考察の対象とし，訳出を試みた原著『連結会計論』の該当箇所は次のとおりである。

原著　第Ⅱ章「連結決算書の目的と諸原則」（27〜79頁）　　　　本書　第1章
　　　第Ⅲ章「連結決算書の作成義務」（81〜116頁）および　　　　　　第2章

第Ⅳ章「連結範囲の区分」（117〜140頁）
第Ⅴ章「統一性の原則」（141〜189頁）　　　　　　　　第3章
第Ⅵ章「全部連結」（191〜289頁）　　　　　　　　　　第4章
第Ⅶ章「比例連結」（389〜419頁）および　　　　　　　第5章
第Ⅷ章「持分法」（421〜458頁）
第Ⅸ章「連結会計の個別問題」（478〜535頁）　　　　　第6章
第Ⅹ章「連結附属説明書および連結状況報告書」（563〜611頁）　第7章

　いま大学は，かつてない厳しい状況の中で，これに対応するさまざまな改革に追われ，誰しもが超繁忙の渦の中で時を過ごしている。5人の訳者もその例外ではない。本書の出版が，予定した時期より大幅に遅れたのもそのためである。研究の時間が確保できないあせりと，研究への止みがたい渇望とのジレンマを抱えながらの，研究会への参加は，それだけにかえって新鮮で期待に満ちたものである。恒例の研究会を自由で闊達な議論の場とし，研究の深まりと展望を確信できるよう，つねに心をくだいて下さった加藤盛弘教授をはじめ，企業会計制度研究会の諸先生には心からお礼申し上げたい。
　また本書を，3年前の成果の続編として，故宮上一男先生の霊前に報告することをお許し願いたい。
　そして最後に，今日の厳しい出版事情の下で，本書の出版を快くお引受けいただいた，森山書店の菅田直文社長に衷心より感謝申し上げる。難渋をきわめながらも，本書がこうして日の目を見ることができたことを，一同，何より嬉しく思っている。
　本書によるささやかな成果を，研究のさらなる発展への里程塚とし，新しい地平を切り拓くため，いっそうの精進を誓いたい。

　　2002年5月　におい立つ新緑のキャンパスを臨んで
　　　　　　　　　　　　訳者を代表して　佐　藤　博　明

訳者（執筆者）紹介

佐 藤 博 明　静岡大学長　　　　　　　　　　序章, 第1章
(President Dr. Hiroaki SATOH, Shizuoka University)

川 口 八 洲 雄　大阪産業大学教授　　　　　　第6章, 第7章
(Prof. Yasuo KAWAGUCHI, Osaka Sangyo University)

木 下 勝 一　新潟大学教授　　　　　　　　　第4章
(Prof. Katsuichi KINOSHITA, Niigata University)

佐 藤 誠 二　静岡大学教授　　　　　　　　　第2章(前), 第3章
(Prof. Dr. Seiji SATOH, Shizuoka University)

稲 見　　 亨　西南学院大学教授　　　　　　　第2章(後), 第5章
(Prof. Dr. Toru INAMI, Seinan Gakuin University)

監訳者略歴

佐藤 博明（さとう・ひろあき）

1935年	北海道　八雲町に生まれる
1958年	明治大学商学部卒業後，同大学院商学研究科修士課程および博士課程を経て
1963年	静岡大学文理学部講師，同人文学部助教授　同教授
1988年	商学博士（明治大学）
1997年	静岡大学長　現在に至る
著　書	『会計学の理論研究』（1981年　中央経済社） 『ドイツ会計制度』（1989年　森山書店）
編　著	『ドイツ会計の新展開』（1999年　森山書店）

著者との協定
により検印を
省略します

ドイツ連結会計論
（れんけつかいけいろん）

2002年11月25日　初版第1刷発行

監訳者　©佐 藤 博 明

発行者　菅 田 直 文

発行所　有限会社　森山書店　東京都千代田区神田錦町
1-10林ビル（〒101-0054）
TEL 03-3293-7061　FAX 03-3293-7063　振替口座 00180-9-32919

落丁・乱丁本はお取りかえします　印刷／製本・㈱シナノ

本書の内容の一部あるいは全部を無断で複写複製する
ことは，著作権および出版社の権利の侵害となります
ので，その場合は予め小社あて許諾を求めてください。

ISBN 4-8394-1965-5